우리
괴물을
말해요

일러두기
이 책은 국립국어원의 한글 맞춤법 규정을 따랐으며, 장편소설을 비롯한 단행본은 「」,
논문·기사·단편소설은 「」, 잡지나 신문은 《》, 연극·영화·그림·음악 등의 예술작품과
방송 프로그램은 〈〉로 구분했다.

대중문화로 읽는
지금 여기 괴물의 표정들

우리
괴물을
말해요

이유리 · 정예은 지음

아이들은 자다가 종종 무언가에 소스라치게 놀라 울면서 깨곤
합니다. 겁먹은 아이들을 지배하는 것은 이런 종류의 망상들입니다.
침대 밑에서 불쑥 튀어나올 것만 같은 손목이라거나. 꼭 닫힌 옷장
속에 숨어 있는 누군가라거나. 거실에서 슬금슬금 돌아다니는 누군
가의 발소리라거나….

모두가 무서워하는 것 속엔 무엇이 숨어 있을까요? 거기에는 우
리를 나약하게 만드는, 정체 모를 것에 대한 공포가 스며들어 있습
니다. 하지만 때론 그 공포가 우리를 성장시키기도 합니다. 그것의
정체에 대해 차츰 깨닫게 될 때, 우리는 비로소 그것과 맞서 싸울
수도 있습니다. 공포는 '해리포터' 시리즈에 나오는 볼드모트 경처
럼, 차마 두려워서 이름을 부르지 못하고 남겨 둔 자리에 고이기 때
문입니다.

제목에서 알 수 있듯 이 책은 괴물에 관한 이야기입니다. 흡혈귀,
기생수, 거대 괴수, 괴물보다 더 괴물 같은 인간들…. 괴물은 인간의
내면이자 시대의 내면이 투영된 존재들입니다. 사람들은 공포영화

에 등장하는 괴물들을 보고 깜짝 놀라 눈을 감았다가, 이내 실눈을 뜨고 다시금 화면을 바라봅니다. 두려워하면서도 바라보는 이유, 무엇일까요. 어쩌면 그들이 우리와 서로 닮았기 때문은 아닐까요. 그렇기에 그들이 우리를 두렵게 하는 이유에 대해 아는 일은 우리에 대해 아는 것이기도 합니다. 두려움의 이유를 깨닫는 순간, 그 존재를 똑바로 바라볼 힘도 생기니까요. 그래서 저희는 대중문화 속 괴물들의 이미지에 인문학적 프리즘을 비추어, 그들을 우리가 사는 지금 여기로 불러 모으고자 했습니다.

고대 이집트인들은 이름이 영혼을 구성하는 요소 중 하나라고 믿었습니다. 우리를 두렵게 하는 괴물의 이름을 부르는 순간, 우리는 그것과 서로 닮은 데가 있는, 하지만 그것에 맞설 나약하지만 또 강인하기도 한 우리의 영혼에 대해서 알게 됩니다. 이 책을 읽는 분들과 함께 이 시대가 품고 있는 '괴물'의 면면, 우리 영혼의 가장 기괴한 장을 천천히 들여다보았으면 합니다.

2018년 여름에 이유리, 정예은

차례

뱀파이어와의 인터뷰
VS
렛미인

불멸하는
매혹자

이토록 낭만적인
괴물이라니!

이 세상에서 가장 낭만적인 괴물은 무엇일까요? 아마도 대부분의 사람이 '뱀파이어'라고 대답할 것입니다. 우리는 뱀파이어라는 말을 들으면 자동적으로, 하얗고 창백한 피부를 가진 미남자와 그에게 선택받은 인간 여자의 로맨스를 떠올립니다. 대표적인 작품으로 '트와일라잇' 시리즈를 들 수 있겠죠.

뱀파이어는 좀비와 더불어 현대 괴물 서사의 주인공으로 가장 많이 등장하는 존재입니다. 사실, 괴물이라는 표현도 어색합니다. 왜냐하면 괴물이라고 불리기에 그들은 너무나 아름답거든요. 공작이 암컷을 유혹하기 위해 비단보 같은 것을 펼치듯, 뱀파이어들은 먹잇감을 끌어들이기 위해 성적 매력을 한껏 발산합니다. 요부, 팜므 파탈을 뜻하는 말 뱀프vamp가 뱀파이어vampire에서 왔다는 사실만 보아도 뱀파이어가—성별과 상관없이—유혹자로 여겨졌다는 것을 알 수 있지요. 하지만 과거의 기록과 민담을 살펴보면, 뱀파이어는 좀비나 늑대인간에 가까운 존재였습니다. 자아도 없고, 매력도 없는 흉물에 지나지 않았죠.

　뱀파이어가 매력적인 존재로 변모한 것은 18세기부터였습니다. 과학혁명과 산업혁명을 거치며 종교의 힘이 약해지고, 이성과 합리가 새로운 질서로 자리매김하던 시절이었죠. 세상에 과학기술보다 경이로운 게 없던 때이기도 했고요. 뱀파이어와 같은 초자연적인 존재들은 자연스레 미신의 영역으로 내몰릴 수밖에 없었습니다. 퇴물 취급을 받던 뱀파이어에 새 생명을 불어넣은 것은 낭만주의 운동이었습니다. 새로운 질서가 정립되면 그에 반하는 세력이 생겨나는 법. 이성보다는 신비를, 합리보다는 매혹을 중요하게 여기던 낭만주의자들은 예술작품을 통해 초자연적인 존재들을 화려하게 부활시켰습니다. 그중 가장 주목받은 존재가 뱀파이어였죠.

　물론 옛 모습 그대로는 아니었습니다. 불그스름하던 낯빛은 창백하게 바뀌었고, 톱니 같던 뻐드렁니는 날렵한 송곳니로 대체되었으며, 대머리는 검고 풍성한 머리칼로 뒤덮였습니다. 수북한 털도 사라졌지요. 성형수술 수준의 메이크오버를 거친 뱀파이어는 예술가들의 뮤즈로 다시 태어났습니다. 낭만주의 작가들은 뱀파이어를 '죽음도 무릅쓸 만큼 달콤한 열정'으로 그려냈죠. 각종 예술작품에서 신비롭고 매혹적인 존재로 그려지면서 뱀파이어의 외모는 진화를 거듭했습니다. 그리하여 영화 〈뱀파이어와의 인터뷰〉에 이르러서는 톰 크루즈와 브래드 피트가 뱀파이어 역할을 맡게 됩니다. 이쯤 되면 끝판왕, 진화의 최종단계에 도달했다고 봐도 되겠지요?

나는 뱀파이어로서
세상의 아름다움을 마셨다

〈뱀파이어와의 인터뷰〉는 앤 라이스의 소설을 원작으로 한 영화입니다. 이 소설의 성공으로 앤 라이스는 총 11권에 달하는 '뱀파이어 연대기'를 발표하게 됩니다. 갓 태어난 현대적인 뱀파이어에게 낭만과 멋을 덧입혀주었죠. 〈뱀파이어와의 인터뷰〉에 등장하는 뱀파이어들은 박물관에 전시된 옛 왕족의 보석처럼 그 옛날의 느낌을 간직하면서도 여전히 반짝반짝 빛을 발하며 사람들을 현혹합니다. 사람들은 그 보석이 다른 차원에—진열장 너머— 존재하는 걸 알면서도 매력에 이끌려 가까이 다가서고 말죠. 뱀파이어의 아름다운 외모에 반하여 스스로 그들을 따라나서는 먹잇감들처럼요.

〈뱀파이어와의 인터뷰〉는 제목 그대로 방송작가 다니엘이 뱀파이어 루이스(브래드 피트)를 인터뷰하며 시작됩니다. 루이스는 자신이 뱀파이어임을 밝히고 200년 동안 이어온 삶의 이야기를 들려줍니다. 다니엘은 처음에는 반신반의하다가 그가 뱀파이어임을 확신하고서는 기대에 부풀어 이야기를 경청하죠.

루이스가 뱀파이어가 된 것은 1791년. 그는 루이지애나에 인디고 재배농장을 가지고 있는 대지주였습니다. 루이스는 사랑하는 가족과 사별한 뒤 삶의 의미를 상실하고 맙니다. 그런 그의 앞에 레스타(톰 크루즈)라는 이름의 아름다운 뱀파이어가 나타납니다. 레스타는 무기력하게 죽음만을 기다리는 루이스의 피를 빨고 그를 뱀파이어로 만들어버립니다. 루이스는 소설에서 그때의 심정을 이렇게 이야기합니다.

> 내가 뱀파이어가 되기로 한 것은 두 가지 이유 때문이었다. 첫째
> 는 단지 매혹이었다. 레스타가 죽음의 침상에서 나를 압도했던 그
> 매혹이 첫 번째 이유였다. 또 하나는 자기 파멸에 대한 열망이었
> 다. 철저하게 저주받고 싶다는 그 열망 말이다.

 루이스가 뱀파이어의 삶을 수락한 첫 번째 이유는 바로 매혹입
니다. 사실 이 매혹이라는 단어는 작품 전체를 관통하고 있습니다.
그들은 무엇에 매혹될까요? 바로 쾌락과 아름다움입니다. 영화 속
에서 레스타에게 처음으로 피를 빨릴 때, 루이스는 고통을 거의 느
끼지 않습니다. 오히려 쾌락에 잠긴 얼굴입니다. 우리는 그 표정에
서 고통이나 불쾌감, 혐오감을 찾아볼 수 없습니다. 소설 속에서도
루이스는 직접적으로 그 쾌감에 대해서 이야기합니다.

> 레스타는 내 목에서 입을 떼지 않은 채 속삭였고, 그의 입술의 움
> 직임은 내 전신의 털을 다 곤두서게 만들었다. 성적인 쾌감과 다
> 를 바 없는 감각적 충격이 전신을 휩쓸고 지나갔다.

 영화 속에서 레스타가 루이스의 피를 빨 때 둘은 서로를 부둥켜
안은 채 하늘로 날아오릅니다(그 와중에도 루이스는 계속 피를 빨리고 있지
요). 배경으로 깔린 웅장한 음악이 그들의 상승을 더욱 극적으로 묘
사합니다. 그들이 높이 떠오르면 떠오를수록 루이스의 쾌감은 더

욱 커져가는 듯 보입니다. 레스타가 공중에 멈춰 서자 루이스는 절정을 느낀 듯 눈을 감고 입술을 벌린 채 탄식합니다. 하지만 흡혈이 끝난 뒤 쾌감은 사라지고, 루이스는 차디찬 바다로 추락하고 맙니다. 흠뻑 젖어 물가로 걸어 나오는 그의 모습은 피를 빨릴 때와 달리 초라하고 비참해 보입니다. 레스타에게 피를 빨린 이후 루이스는 몸져눕게 됩니다. 회복의 가능성도, 회복을 하고 싶다는 의지도 찾아볼 수 없지요. 그는 본의 아니게 죽음을 맛보았고, 그리하여 이제 삶과 죽음의 경계에서 서성일지언정, 인간의 삶으로는 돌아갈 수 없게 되어 버린 겁니다.

루이스뿐 아니라 〈뱀파이어와의 인터뷰〉에 등장하는 다른 인간들 역시 뱀파이어에게 피를 빨리며 고통과 경악 대신, 쾌락과 환희를 느낍니다. 어떤 피해자들은 숨이 끊어지는 순간까지 뱀파이어의 정체와 코앞에 닥친 죽음을 깨닫지 못하죠. 그들은 맹독에 쏘여 순순히 뱀의 아가리로 들어가는 먹잇감처럼, 심신이 마비되어 버린 듯합니다. 무엇이 그들을 마비시켰을까요? 바로 뱀파이어의 아름다움입니다. 그들은 뱀파이어의 아름다움에 홀려 쉽사리 그들을 따라나서고, 차디찬 입술에 취해 날카로운 송곳니가 목을 파고드는 것을 알아채지 못합니다. 〈뱀파이어와의 인터뷰〉에 등장하는 뱀파이어들은 하나같이 매혹적인 외모를 지니고 있습니다(생각해보니 인간에게도 못생김을 허락하지 않았던 것 같네요). 소설 속에서 루이스는 내내 레스타를 증오하는데요. 그러면서도 그의 얼굴이 가진 매력에 흔들리는 모습을 여러 번 보여줍니다.

뱀파이어와의 인터뷰 vs 렛미인

X
피를 나누어 마시는 레스타와 루이스.
달콤한 꿈을 꾸는 듯한 여자의 표정이 인상적입니다.

'이건 견딜 수 없어. 나는 죽고 싶다고! 너는 나를 죽일 힘이 있잖
아. 나를 죽게 해줘!'
이렇게 외치면서도 나는 그의 얼굴을 보지 않으려고, 그의 절대적
인 아름다움에 매료되지 않으려고 기를 썼다.

　　루이스와 레스타는 소설 중반에 클라우디아라는 소녀를 뱀파이
어로 만듭니다. 클라우디아 또한 굉장한 미소녀입니다. 루이스는
클라우디아가 '지금까지 보아온 여자아이들 중에서 가장 아름다웠
다.'고 단언하기까지 하죠. 그녀가 아름답지 않았다면 아마도 뱀파
이어가 되지 못하고 피를 탈탈 털려 죽음을 맞이하고 말았을 겁니

다. 이러한 외모 지상주의는 영화와 소설 곳곳에 녹아들어 있습니다. 인터뷰 도중 다니엘은 루이스의 외모에 대해 '무척이나 아름답다.'고 말하며 그가 살아 있었을 때도 미남이었는지를 궁금해하는데요. 루이스의 대답은 왠지 모르게 독자를 '울컥'하게 만듭니다.

> "(…) 보다시피 내 얼굴은 무척 하얗고 매끈해서 사람의 얼굴이라기보다는 곱게 다듬은 대리석처럼 보이지 않나?"
> "예, 사실 무척 아름답습니다. 그런데 제가 궁금한 건… 아니, 그래서 어떻게 됐죠?"
> "너는 내가 살아 있을 때 미남이었는지 궁금한 것인가?"
> 뱀파이어가 묻자 젊은이는 고개를 끄덕였다.
> "그랬지. 내 얼굴에서 달라진 것은 전혀 없어. 나는 내가 잘생겼다는 것을 몰랐다. (…)"

뱀파이어들은 동료를 선택할 때뿐 아니라 먹이를 고를 때에도 귀족적인 아름다움을 중시합니다. 레스타는 '아름답고 전도유망한 젊은이'를 죽일 때 가장 큰 쾌감을 느끼고, '귀족들의 피가 스릴 넘친다.'는 말을 서슴없이 하며, '백인의 피'에 집착하기도 합니다. 애초에 레스타가 루이스를 파트너로 선택한 이유도 그가 미남에 돈이 아주 많은 대지주였기 때문이지요. 둘 중 뭣이 더 중하냐고 묻는다면 레스타는 아마도 경제력이라고 대답했을 겁니다. 하루하루 살아나가기도 벅찬 세상에 영생이라니, 엄청난 스케일의 재정설계가 필요할 수밖에 없었겠죠. 루이스의 말에 따르면 레스타에게는 '몇백 년

뱀파이어와의 인터뷰 vs 렛미인

이 지나도 자신을 보좌해줄 수 있는 투자자 내지는 경영자'가 필요했던 것입니다. 이렇듯 뱀파이어의 세계에는 인간 세계와 별반 다르지 않은 ―혹은 더욱 강력한― 세속의 논리가 존재합니다.

> 우리가 살고 있는 에레보스(지구와 지옥 사이의 암흑계)에도 귀족이 있게 마련이거든.
>
> ―『뱀파이어와의 인터뷰』, 레스타의 말

하지만 세속의 논리만 존재한다면, 뱀파이어가 세상에서 가장 낭만적인 괴물로 손꼽히는 일은 없었겠지요. 뱀파이어는 아름다운 외모와 귀족적인 생활상 말고도 또 다른 매력을 지니고 있습니다. 매력 대신 특권이라 칭하는 게 더 정확한 표현일지도 모르겠네요.

클라우디아의 실제 모델은 작가 앤 라이스의 딸 미셸이라고 합니다. 미셸은 백혈병에 걸려 어린 나이에 세상을 떠났고, 앤 라이스는 이로 인해 매우 고통스러운 시간을 보내야 했지요. 앤 라이스는 『뱀파이어와의 인터뷰』를 집필하며 죽은 딸 미셸을 소녀 뱀파이어 클라우디아로 부활시켰습니다. 그녀에게 클라우디아는 이미 죽은 딸이자, 영원히 죽지 않는 딸이었던 겁니다. 죽은 딸을 되살려내고 싶었던 앤 라이스의 소망은, 죽은 아내를 되찾고자 명계로 내려갔던 오르페우스의 소망과 맞닿아 있습니다. 사랑하는 이와 죽음을 뛰어넘어서까지 함께하고픈 이 소망은 인간이라면 누구나 품을 만한 것이죠. 이 소망을 실현시킬 수 있는 특권은 뱀파이어를 한층 우월하고 낭만적인 존재로 거듭나게 합니다. 뱀파이어에게 그것은 마음만 먹으면 어렵지 않게 줄 수 있는 것이니까요. 그것도 내가 주고 싶은 상대에게만.

실제로 과거의 기록과 민담을 살펴보면 죽은 아이가 한밤중에 찾아와 문을 열어달라고 애원하여 가족을 전부 뱀파이어로 만들거나, 뱀파이어가 생전의 아내를 방문하여 사랑을 나누고 아이까지 가지는 이야기를 발견할 수 있습니다. 생전에 맺은 인간관계가 사후에까지 영향을 미치는 것이죠. 그중 가장 안타까운 이야기는 애정관계에 기인한 것입니다. 뱀파이어가 된 걸 알았다 한들 죽은 아이, 죽은 남편의 부탁을 거절할 수 있는 이가 몇이나 될까요? 과거의 뱀파이어는 이렇게 인간의 감상적인 부분을 공략하여 제 배를 채우고, 원하는 바를 이루었습니다.

현대의 뱀파이어는 생전의 인간관계에 큰 의미를 두지 않습니다. 대신 뱀파이어가 된 뒤 시작된 사랑에 큰 의미를 부여합니다. 그리고 그 사랑이 죽음의 기로에 놓였을 때 기다렸다는 듯이 영생을 선물합니다. 죽이는 서사에서, 살리는 서사로 변모한 것이죠. 우리는 뱀파이어가 이 특권을 행사하는 모습을 어렵지 않게 찾아볼 수 있습니다. 영화 '트와일라잇' 시리즈에서 에드워드가 벨라를 살려내는 장면이나, 영화 〈박쥐〉에서 상현(송강호)이 태주(김옥빈)를 살려내는 장면을 예로 들 수 있겠네요. 이런 장면들의 특징은 그렇잖아도 아름다웠던 뱀파이어의 연인이 부활을 계기로 한층 더 아름다워진다는 겁니다. 그래서 사랑은 더욱더 깊어지고요. 사랑으로 충만한 한 쌍의 뱀파이어는—루이스의 말마따나—세상의 아름다움을 마시고 다닐 테지요. 인간은 원 플러스 원으로 죽어나가겠지만⋯.

시골 호러에서
도시 호러로

뱀파이어의 발원지를 동유럽으로 보는 것은 어느 정도 일치된 견해입니다. 뱀파이어에는 동유럽 지역이 지닌 여러 특징이 녹아들어 있지요.

동유럽의 슬라브족은 대지가 죄인의 육체는 받아주지 않는다고 믿었다 합니다. 혹한의 날씨 때문에 매장된 사체가 간혹 부패하지 않았던 것도 이러한 믿음의 근거가 되었다고 하네요. 슬라브족은 이 믿음을 발전시켜 죄인, 주술사, 늑대인간 등은 사후에도 육체가 소멸되지 않고 그대로 뱀파이어가 된다고 생각했습니다. 자살 등 부자연스러운 죽음을 당하는 자도 마찬가지로 뱀파이어가 된다고 생각했고요.[1]

동유럽의 종교적 특징도 뱀파이어의 발생에 이바지했습니다. 1054년 교회 대분열이 일어나면서 동방교회는 로마교회로부터 분리되어 독자 노선을 걷게 되었습니다. 로마교회가 가혹한 방식으로 미신을 탄압했던 반면, 동방교회는 미신에 관대한 편이었죠. 동방교회는 뱀파이어와 같은 미신을 인정하는 대신, 교회의 힘만이 이들을 다스릴 수 있다고 설파했습니다. 예를 들어 뱀파이어의 저주를 멈추게 하려면 교황이 파문 선고를 거둬주기만 하면 되었죠.[2] 즉 미신을 교회의 영향력 안에 가둬두려 했던 것입니다. 슬라브족이 민간신앙을 통해 믿어온 뱀파이어, 늑대인간과 같은 존재들은 교회의 영향력 안에서 명맥을 유지할 수 있었지요.

×
프란시스코 고야, 〈이성의 수면이 괴물을 낳는다〉

동유럽의 국가들은 서유럽과 달리 도시화가 이루어지지 않고 경제발전이 뒤처진 곳이 많았습니다. 서유럽에서 발생한 르네상스, 계몽주의 같은 인간-이성 중심의 사상도 뒤늦게 전파되었지요. 그나마도 대도시에만 전파되었고요. 그러다 보니 교회의 권위가 건재할 수밖에 없었고, 카르파티아 산맥이나 트란실바니아처럼 주요 교통로와 멀리 떨어진 산악지대에서는 미신이 지속될 수 있었습니다(카르파티아 사람들은 최근까지도 문명세계와 격리되어 있었다고 하네요).[3] 황야를 얼리는 혹독한 추위, 칠흑같이 어둡고 긴 밤, 첩첩산중에 고립된 산골마을, 메아리치며 울려 퍼지는 늑대 소리… 동유럽은 자연환경적으로 미신이 발생하기 알맞은 장소였습니다. 뱀파이어는 동유럽의 기나긴 밤 속에서, 이성의 혼곤한 잠 속에서 싹튼 괴물인 셈이죠.

하지만 도시화가 진행되며 상황은 달라집니다. 일본의 경우를 살펴볼까요? 일본 에도시대에는 장기간 권력을 잡은 정권에 의해 일본 최초로 260년이나 평화가 계속되었습니다. 기근도 줄어 시가지가 생기고 인구도 늘었으며, 사람도 아니고 귀신도 아닌 괴이한 존재들은 히닌부라쿠(천민의 집단 거주지) 등과 함께 일반 사람들의 눈에서 멀어졌지요. 그전에는 산이 어둠의 대표였지만 도시화가 된 이후에는 시가지의 구석진 곳에 어둠이 생겨 거기에 요괴가 살았습니다. 생활의 일부가 된 요괴는 점점 몸집이 작아져 무서운 대상이 아니라 사랑받는 대상이 되었죠.[4]

괴물은 인간을 따라 이동합니다. 당연한 이야기지요. 괴물은 인간에게 보이기 위해 존재하니까요. 놀래주기 위해서든, 피를 빨기 위해서든, 인간을 밟아 죽이기 위해서든, 괴물은 인간 앞에 나타나야만 합니다. 그러니 좀비는 쇼핑몰에, 뱀파이어는 술집에 출몰하는 거죠. 킹콩은 해골섬에서 뉴욕으로 강제 이송되고요.

인간이 그러하듯 괴물도 새로운 장소에 따라 변화합니다. 요괴가 시가지에서 살기 위해 몸집을 줄이고 귀여워졌다면, 뱀파이어는 번화한 도시에서 살기 위해 극도로 세련되어졌습니다. 외모를 가꾸는 건 물론이고 유려한 말솜씨와 패션 감각까지 갖추게 되었죠. 이방인이 넘쳐나고 사건 사고가 끊이지 않는 대도시에서 인간에게 접근하려면 우선 호감을 사야 하는데, 옛 모습으로 접근했다간 호감을 사기는커녕 굶어 죽기―혹은 맞아 죽기―십상이니까요. 그렇다고 카르파티아 산맥이나 트란실바니아로 돌아갈 수도 없는 노릇이고요(돌아가도 굶어 죽을 확률이…). 그렇게 동유럽 산골마을의 뱀파이어

×
사랑받을 필요가 없었던 요괴 갓파의 옛 모습_{왼쪽}.
사랑받을 만큼 귀여워진 요괴 갓파의 최근 모습_{오른쪽}.

뱀파이어와의 인터뷰 vs 렛미인

는 미국 뉴올리언스에서 도시형 뱀파이어로 진화했습니다.

〈뱀파이어와의 인터뷰〉에는 여러 장소가 등장하지만 주된 배경은 루이지애나의 뉴올리언스입니다. 루이지애나는 프랑스 탐험대가 1682년 미시시피강 삼각지대까지 남하해 그 주변 지역을 프랑스 영토라고 주장하며, 그곳을 루이 14세를 기리는 뜻에서 '루이지애나'라고 부른 데서 유래했습니다. 나중에 나폴레옹이 1500만 달러에 팔아넘기면서 미국 소유가 되었지요. 그 때문에 루이지애나는 미국 땅이지만 프랑스의 냄새가 물씬 풍기는 땅이었습니다. 즉 루이지애나는 미국에 있지만 유럽의 전통을 물려받은 도시였고, 루이스와 레스타도 그 유럽의 전통에 포함된 인물이었습니다. 루이스 퐁듀락도 프랑스계 이민자이고(이름도 프랑스식이죠), 레스타도 프랑스 영주(가난하긴 하지만)의 막내아들이거든요. 그들은 프랑스가 루이지애나를 헐값에 팔아넘긴 데 분노하고, 프랑스 혁명을 깎아내리며, 미국에 살면서도 프랑스를 계속해서 그리워합니다.

뉴올리언스New Orleans도 프랑스와 연관된 지명으로, 새로운 오를레앙Nouvelle-Orléans이란 뜻을 지니고 있습니다. 뉴올리언스는 작가 앤 라이스가 성장한 도시이기도 한데요. 실제로 뉴올리언스에 가보면 앤 라이스가 묘사한 장소들을 어렵지 않게 찾아볼 수 있다고 하네요('앤 라이스 투어'라는 이름의 여행상품도 있답니다). 세인트루이스 묘지와 늪지대, 크레올 문화와 부두교의 전통을 간직한 뉴올리언스는 뱀파이어 연대기의 토대가 되기에 알맞은 도시였습니다. 특히 어리고 무지한 뱀파이어들이 살아가기에 알맞은 도시였지요.

X
뉴올리언스의 밤거리를 누비는 뱀파이어 가족.
왼쪽부터 클라우디아, 루이스, 레스타.

이것이 뉴올리언스였다. 참으로 매력적이고 근사한 곳이었다. 이런 곳에서는 잘 차려입은 뱀파이어가 가스등 아래 이리저리 우아하게 걸어다녀도 수많은 이국적인 사람들 때문에 별로 눈에 띄지 않았다. 혹시 눈에 띄어 어떤 사람이 걸음을 멈추더라도 "저 사람 좀 봐. 너무 창백하고 빛나 보이는군. 움직이는 모습도 특이하고." 하며 부채로 입을 가리고 속삭이는 게 고작이었다. 이런 도시에서는 뱀파이어가 고양이처럼 좁은 골목을 헤매고, 어두워진 술집에 가서 탁자 위에 머리를 기댄 채 잠든 선원의 옆을 지나다녀도 누구 하나 눈치채지 못했다. 심지어 천장이 높은 고급 호텔에 가서 발을 쿠션 위에 얹고 레이스 이불을 무릎에 덮은 채 고개

　　　　　　　　　　　　뱀파이어와의 인터뷰 vs 렛미인

를 떨구고 있는 외로운 여인 옆을 지나가도 그녀는 꺼질 듯한 불빛에 손을 뻗는 그 가늘고 흰 손가락도 보지 못했다.

―『뱀파이어와의 인터뷰』, 루이스의 말

뉴올리언스 사람들은 대부분 뱀파이어를 알아보지 못하고 희생됩니다. 희생되고 또 희생되어도 뱀파이어들은 건재합니다. 뉴올리언스는 외지인이 끊임없이 유입되는 상업도시였고, 인구가 계속해서 불어나고 있었기 때문에 뱀파이어들이 매일 밤 살인을 저질러도 사회적 이슈가 되지 못합니다. 저렇게 죽여대는데 어떻게 들통이 안 나지? 하는 생각이 들 정도로 뱀파이어들의 식생활은 안전하게 유지됩니다(마침 뉴올리언스가 살인율이 높은 도시이기도 했죠). 사실 〈뱀파이어와의 인터뷰〉의 세계에는 햇빛 이외에 뱀파이어의 목숨을 위협하는 존재가 거의 없습니다. 경찰의 수사도, 생계의 위협도, 종교의 힘도 그들을 위험에 빠뜨리지 못합니다. 또 그들은 아름다운 이들만 뱀파이어로 만들기 때문에 계속해서 매력적인 외모와 섹시한 분위기를 무기로 손쉽게 먹잇감을 포획합니다. 늙지 않기 때문에 그들의 무기는 녹슬지 않고 영원히 힘을 발휘할 수 있습니다.

심지어 소설 속 유럽에서는 뱀파이어가 하나의 유흥거리가 되어 있습니다. 부르주아들은 뱀파이어들이 하는 연극을 관람하며 그들이 무대 위에서 한 여자의 생명을 빼앗아도 그것이 살인임을 감지하지 못하고 오락으로 즐깁니다. 오히려 이들의 진짜 모습을 알아보는 것은 흑인 노예들입니다. 그들은 타고난 육감으로―지진파를 감지하는 야생동물처럼―루이스와 레스타가 인간이 아닌 초자연적인 존재임을 알아차리지만 결국 그들에게 몰살당하고 맙니다.

달콤한 착취에 대한
선망과 공포

> 뉴올리언스에서 설탕은 삶의 본질과도 같다. 너무 달콤해서 치명
> 적인 것이 될 수도 있고, 너무 유혹적이라서 다른 가치 있는 일들
> 을 모두 잊게 할 수도 있다.

〈뱀파이어와의 인터뷰〉에서 가장 오싹한 부분은 뱀파이어가 지닌 기묘한 아름다움과 흡혈 행위에서 발생하는 정체 모를 쾌락입니다. 그런 점에서 루이스가 말하는 뉴올리언스의 설탕은 뱀파이어의 본질에 대해 이야기하는 듯합니다. 독자는 『뱀파이어와의 인터뷰』를 읽으며 '뱀파이어는 정말 무서운 괴물이구나.'라든지 '괴물 새끼들, 다 죽어버려!' 같은 감정은 별로 느끼지 못합니다. 우리가 루이스와 레스타를 보며 느끼는 공포는 우리 또한 그들에게 매혹당하고 말리라는 두려움에서 비롯됩니다. 작중 희생자들처럼 그들의 외모와 매력에 홀려, 피를 다 내어주면서도 알아차리지 못하고 싸늘한 희생양이 되고 말리란 공포. 매력적이면서도 치명적인 존재가 행하는, 달콤한 착취에 대한 공포 말입니다.

우리는 괴물이 나오는 작품을 접하면서 그 괴물이 되고 싶단 생각을 거의 하지 않습니다. 좀비가 되고 싶다든지, 킹콩이 되고 싶다

든지, 에일리언이 되고 싶다든지 하는 감정은 느끼지 않죠. 그리고 그들이 죽을 때 안타까움을 느끼지도 않습니다. 그러나 뱀파이어는 다릅니다. 우리는 클라우디아가 햇빛에 쏘여 재가 되는 장면에서 깊은 슬픔을 느낍니다. 그리고 그녀를 잃은 루이스를 안쓰럽게 여기지요. 루이스가 자신의 삶을 끔찍한 것으로 묘사하는데도, 그 이야기를 다 들은 다니엘은 "지금 저를 뱀파이어로 만들어주세요!" 하고 애원합니다.

그처럼 우리는 아름답고 초인적인 힘을 가진 뱀파이어를 보며 한번쯤은 그들이 되어보고 싶다는 생각을 하게 됩니다. 독자와 관객의 눈에, 손쉽게 피를 빼앗기는 시시한 인간보다는, 그들의 피를 빨고 아름다움과 영생을 누리는 뱀파이어 쪽이 훨씬 매력적으로 보이거든요. 우리는 그러한 선망이 잘못되었다는 사실을 충분히 알면서도 뱀파이어의 삶을 꿈꿔봅니다. 뱀파이어의 존재를 알게 된 뒤 인간을 '하찮다'고 말하는 다니엘의 대사만 보아도 그 선망이 얼마나 뜨거운 것인지 짐작해볼 수 있습니다.

> 당신은 인간의 삶이 어떤지 몰라요! 다 잊은 거라고요. 자기가 한 이야기가 무슨 의미인지도 모르고 있어요. 그게 나같이 하찮은 인간에게는 어떤 의미로 다가오는지 전혀 모를 거예요.

그런데 이처럼 사람의 마음을 사로잡는 뱀파이어들의 매력은 상당히 귀족적입니다. 그들은 일을 하지 않고도 풍족한 생활을 누리며, 선택받은 이들에게만 뱀파이어로서의 삶을 선물해줍니다. 영화의 마지막 장면에서 레스타가 다니엘의 피를 흡입하고 생명력을 얻은 다음 가장 먼저 하는 일은 때 타고 낡은 블라우스의 소맷깃을 펼치는 것입니다. 레이스 소맷깃을 우아한 손동작으로 정돈하는 레스타의 모습은 뼛속까지 귀족입니다. 이러한 귀족적 성질은 비단 〈뱀파이어와의 인터뷰〉뿐 아니라 여러 뱀파이어 서사에서 반복적으로 나타납니다.

현대에 와서는 귀족의 개념이 사라졌지만 그래도 대부분의 뱀파이어는 빈곤의 문제에 얽매이지 않는 귀족의 특권을 지켜내고 있습니다. 그들의 고뇌는 대부분 우아한 성격을 띱니다. 한때는 자신과 같은 종족이었던 인간의 피를 빤다는 자괴감, 그런 고민에 빠진 자신과 달리 야만스럽게 인간의 피를 취하는 다른 뱀파이어들에 대한 혐오감, 사랑하는 이의 죽음을 거듭 지켜봐야 하는 영생의 고통…. 이는 〈뱀파이어와의 인터뷰〉에서 루이스가 끊임없이 하는 고민이기도 하지요(오죽하면 레스타는 그를 두고 '여전히 징징거린다.'고 비아냥대기까지 합니다). 대부분의 괴물이 '식욕'과 '파괴욕'에 지배당하고 그것만을 위해 날뛰는 데 반해 뱀파이어는 선문답과 참으로 고상한 질문들에 많은 시간을 할애합니다. 그들에게 생활에 대한 고민은 없습니다. 오직 존재에 대한 고민만이 있을 뿐이죠. 마치 '노예를 부리는 시민'이기 때문에 '철학'에 골몰할 수 있었던 그리스의 철학자들처럼요.

루이스와 레스타의 흡혈도 자세히 들여다보면 상당히 귀족적입니다. 무엇보다 피를 '마시기만' 한다는 점이 그러합니다. 보통 뱀파이어는 희생자를 잡아먹는 일이 결코 없습니다. '피만' 마신다는 점이 다른 괴물과 뱀파이어를 구분 짓는 가장 큰 특징이기도 한데요. 〈뱀파이어와의 인터뷰〉를 보면 그 피도 실컷 마시지를 못합니다. 죽은 자의 피를 마시면 뱀파이어의 목숨도 위험해지거든요. 그래서 심장이 멎을 때까지만 마시고 버립니다. 이 얼마나 심각한 낭비(?) 입니까. 배는 찼는데 맛은 계속 음미하고 싶어서 음식을 삼키지 않고 도로 뱉어냈던 로마 귀족들처럼, 뱀파이어는 '음식을 낭비'합니다. 인간의 피를 조금만 빨고 내다 버리는 데에도 별다른 죄책감을 느끼지 않죠. 누군가는 고작 피라고 할 수도 있겠지만, 글쎄요. 그건 피가 세상에서 가장 비싼 액체라는 사실을 간과한 발언이겠죠.

하이퍼 리얼리티 속 뱀파이어들

반대로 영화 〈렛미인〉은 뱀파이어의 귀족적이고 낭만적인 측면이 거의 제거된 작품입니다. '렛미인Let The Right One In'이란 제목은 뱀파이어의 옛 습성에서 비롯되었습니다. 초창기의 뱀파이어는 누군가로부터 초대를 받았을 때만 집 안에 들어갈 수 있었거든요. 〈렛미인〉 역시 욘 아이비데 린드크비스트의 소설을 영화화한 작품인데요. 이 작품은 뱀파이어를 소재로 하면서도 〈뱀파이어와의 인터뷰〉와 사뭇 다른 세계를 보여줍니다.

　〈렛미인〉의 배경은 눈 덮인 스웨덴으로, 황량하기 그지없는 풍경의 연속입니다. 사람들은 대부분 집 밖에 나오려 하지 않고 그래서 놀이터고, 숲이고, 거리고, 거의 인적이 없습니다. 완벽한 복지국가라는 틀 안에서 주인공들의 삶은 나락으로 떨어질 걱정이 없지만(사경을 헤매는 범죄자도 의학기술을 총동원하여 필사적으로 살려냅니다), 삶의 무료함을 타개할 방법이 없어 지루하고 폐쇄적인 매일을 견뎌나갑니다. 주인공 오스카는 그 정적인 사회에서 소리 소문 없이 왕따를 당하는 소년입니다. 그는 사람을 죽이는 상상을 하며 텅 빈 놀이터에서 칼로 나무를 찌르는데, 그곳에서 뱀파이어 엘리를 만나게 됩니다.

엘리는 호칸이라는 남성과 함께 오스카의 옆집에 살고 있습니다. 볼품없는 중년의 사내 호칸은 엘리에게 피를 구해다주는 조력

×
영화 〈렛미인〉의 엘리와 오스카.
엘리는 오스카의 초대 없이 그의 집에 들어간 탓에 피를 흘립니다.

뱀파이어와의 인터뷰 vs 렛미인

자인데요. 피를 구하는 일에는 언제나 어마어마한 위험이 따릅니다. 〈뱀파이어와의 인터뷰〉의 배경인 뉴올리언스와 달리 스웨덴은 변화 없이 정체된 사회이기 때문에 누군가의 죽음이 큰 이슈가 되고, 쉽게 발견됩니다. 단골 술집에 못 보던 얼굴이 나타나기만 해도 다들 관심을 가지고 쳐다보니, 신원을 숨기는 일이 쉽지 않지요. 호칸이 살인에 실패하고 제일 먼저 하는 일도 사람들이 자신을 알아보지 못하도록 얼굴에 염산을 붓는 일입니다. 자신의 신원이 들통나 엘리가 위험에 처하지 않도록 말이죠.

호칸이 피를 구하는 과정은 너무나 현실적이고, 그래서 녹록지 않습니다. 우선 사람을 기절시켜야 하고, 그를 거꾸로 매달아 상처를 낸 뒤 플라스틱 통에 피를 담습니다. 심장이 멎을 때까지만 피를 빨고 시체를 버리는 그런 여유는 찾아볼 수 없습니다. 그는 한 시체에서 가능한 한 많은 피를 얻으려 합니다. 그다음에는 사람들의 눈에 띄지 않는 곳까지 시체를 옮기는 수고가 남아 있습니다. 젊었을 때는 몰라도 나이 든 호칸에게는 굉장히 힘에 부치는 일입니다. 그의 살인행각은 결국 들통나고 그는 엘리에게 마지막으로 피를 제공한 뒤 죽습니다. 엘리는 그의 피를 마시고 난 뒤 오스카를 찾아가죠. 오스카는 그런 상황도 모르고 엘리에게 애인이 되어달라고 합니다.

"엘리, 나랑 사귈래?"
"사귀는 사람이랑 특별하게 하는 거 있어?"
"없어."
"그냥 평소 때랑 똑같은 거야?"

"그래."

"그럼 사귀어도 돼. 같이 있자."

"그래도 돼?"

"응."

"좋아."

뱀파이어 엘리의 삶 역시 귀족적인 것과는 동떨어져 있습니다. 엘리는 낡은 옷을 입고 있으며, 손톱에는 때가 끼어 있고, 피를 마시지 못하면 몸에서 지독한 악취가 납니다. 외모도 스웨덴 사람들과는 사뭇 다른 중동이나 동유럽풍입니다. 그래서 유난히 눈에 더 잘 띕니다. 엘리는 혼자서는 피를 구하기가 쉽지 않아 호칸이 구해다주기만을 기다려야 합니다. 그리고 그 피에는 대가가 있죠. 소아성애자인 호칸에게 몸을 주어야 한다는 점입니다(클라우디아도 환경이 달랐으면 같은 대가를 치르며 살아갔을지도 모르죠). 12세의 육체를 가지고 200년을 살아온 엘리에게는 언제나 인간 조력자가 필요했을 테고, 그들 모두에게 무거운 대가를 치러야 했겠지요. 엘리가 '엘리아스'라는 남자 이름을 잃고, '다리 사이에 있던 것'을 잃고, 여자도 남자도 아닌 존재가 된 것도 그 대가의 일부였을 겁니다. 사귀자고 하는 오스카의 말에 "특별하게 하는 거 있어?"라고 묻는 엘리의 말이 의미심장하게 다가오는 것도 그 때문이고요.

엘리에게 흡혈은 〈뱀파이어와의 인터뷰〉에서 루이스가 말한 매혹과는 아주 거리가 멉니다. 이 점은 〈뱀파이어와의 인터뷰〉와 〈렛미인〉이 뱀파이어의 흡혈을 보여주는 방식에서도 차이가 납니다.

뱀파이어와의 인터뷰 vs 렛미인

카라바조, 〈바쿠스〉^{왼쪽}

카라바조, 〈병든 바쿠스〉^{오른쪽}

엘리의 앳되고 중성적인 얼굴, 국적을 알 수 없는 창백한 인상, 곱슬거리는 검은 머리카락, 손톱에 때가 긴 짤막한 손가락은 카라바조 작품 속 바쿠스들을 떠올리게 합니다. 하이퍼리얼리티 세계의 뱀파이어는 취하고 병든 신의 모습을 닮아 있습니다. 그들은 볼품없는 신처럼 '초인'이지만 '병자'이고, '포식자'인 동시에 '낙오자'입니다.

〈뱀파이어와의 인터뷰〉에서는 적당히 피를 빨기 때문에 옷에 묻히 거나 턱으로도 잘 흘리지 않지요. 입술만 적당히 피로 물들일 뿐입니다. 하지만 엘리는 턱과 옷에 피를 철철 흘려가며 굶주린 짐승처럼 게걸스럽게 피를 마십니다. 오스카가 자신의 손을 칼로 베어 피를 흘리자, 바닥에 떨어진 피를 개처럼 핥아먹던 엘리의 모습은 그에게 흡혈이 무엇을 의미하는지를 여실히 보여줍니다.

엘리에게는 레스타처럼 백인이니 아름다운 젊은 사람이니 가릴 여유가 없습니다. 그리고 엘리에게 피를 빨리는 사람들 역시 전혀 황홀해하지 않습니다. 마치 사자에게 목을 물어뜯기는 것처럼 비명을 지르며 고통에 몸부림치지요. 소설 속에서 비르기니아란 중년 여성은 엘리에게 피를 빨리고도 살아남아 뱀파이어로 변합니다. 그러나 그녀는 조금도 기뻐하지 않습니다. 자신이 가장 사랑하던 이들마저도 '먹이'로 보게 되고, 오로지 '피를 마시는 일'만을 생각하는 삶. 이 삶은 그녀에게 지옥과도 같습니다. 그녀는 자신의 피로 허기를 달래고, 병원에 입원하여 침대에 팔다리를 묶고 버텨보지만 역부족입니다. 결국 그녀는 뱀파이어로 살지 않기 위해 햇빛에 몸을 노출시켜 죽음을 택합니다. 뱀파이어의 삶이 너무나도 고통스러웠기 때문입니다. 〈뱀파이어와의 인터뷰〉에서 다니엘이 루이스에게 뱀파이어가 되게 해달라고 매달렸던 것과는 정반대의 선택이지요.

서사 작품이 손쉽게 낭만을 획득하는 방법 중 하나는 귀족의 특성을 모방하는 것입니다. 원래 로맨스 장르에서 자주 사용하는 방법이지요. 신데렐라 스토리에서는 필수적인 요소이기도 하고요.

돈과 권력이 있으면 일단 할 수 있는 게 많아지고, 낭만적인 상황을 연출하기도 훨씬 수월해지거든요. 하지만 이러한 낭만성이 제거되었을 때 뱀파이어 서사는 비극이 되거나 코미디가 되어버립니다.

〈렛미인〉은 귀족의 특성이 제거된 뱀파이어를 비정하면서도 아름답게 그려낸 작품입니다. 뱀파이어를 소재로 한 또 다른 영화 〈뱀파이어에 관한 아주 특별한 다큐멘터리〉는 귀족의 특성이 제거된 뱀파이어를 블랙코미디의 주인공으로 재조명했습니다. 이 영화 속에서 뱀파이어들은 집안일 분배를 두고 말다툼을 하고(피 묻은 그릇을 5년간 설거지하지 않은 게 문제였죠), 거울에 모습이 비치지 않기 때문에 옷을 잘 입었는지 알 수 없어 서로를 일일이 그려줍니다. 그렇게 잔뜩 차려입고 시내로 나가서는 "호모들!"이란 조롱을 듣고(지나치게 오래 살다 보니 패션 감각이 남다릅니다), 그냥 들어가도 된다고 말하는 클럽 문지기에게 제발 우리를 초대해 달라고 애걸복걸을 하지요. 해가 지지 않았을까 벌벌 떨며 커튼을 들춰보는 건 일상이고, 이가 안 좋아서 야간 진료하는 치과를 수소문하기도 합니다. 그저 뱀파이어의 기본 특성을 고스란히 간직하고 있을 뿐인데 이들은 저절로 우스갯거리가 됩니다. 로맨스란 장르가 가진 낭만성, 혹은 전염성이 뱀파이어에 대한 인식을 어떻게 변화시켰는지 알 수 있는 대목이지요.

영화 〈뱀파이어에 관한 아주 특별한 다큐
멘터리〉에서 뱀파이어 비아고는 인간 여성
캐서린을 너무 오래 짝사랑한 나머지 그녀
가 94세가 되었을 때에야 뱀파이어로 만듭
니다. 캐서린은 94세의 모습으로 영원히 살
게 되었지만 개의치 않습니다. 비아고는 자
신이 캐서린보다 4배나 나이가 많다며, 도
둑놈(?) 소리를 들어도 상관없다고 말하죠.
낭만과는 거리가 멀지만… 젊음과 아름다
움에 얽매이지 않는 비아고야말로 진정한
사랑꾼일지도 모르겠습니다.

불멸의 서사
뱀파이어

우스갯소리로, 뱀파이어가 제일 살기 힘든 나라가 한국이라고들 합니다. 마늘이 듬뿍 들어간 음식들, 서울 하늘을 뒤덮은 십자가에 방문 전도, 길거리 전도, 밤새 불이 꺼지지 않는 거리, 무덤을 파고 나오기엔 너무나도 높다란 봉분들…. 과거의 뱀파이어라면 하루를 못 살고 다들 염라대왕과 조우했겠지만, 이런 특징들은 이제 뱀파이어의 약점이 되지 못합니다. 뱀파이어는 치명적인 약점을 하나둘 없애나가며, 더욱 강력해지고 있습니다. 과거에는 목숨을 위협하던 햇빛도 이제는 뱀파이어의 피부를 다이아몬드처럼 반짝이게 하는 특수조명 역할을 합니다(트와일라잇 시리즈). 과거의 뱀파이어가 단순히 피에 굶주린 괴물이었다면 지금의 뱀파이어는 아름다운 초인처럼 느껴집니다. 재미있는 점은 뱀파이어가 약점을 극복하고 강력해질수록, 사람들이 이 괴물에게 더 깊이 매료된다는 것입니다.

페르시아에서 발견된 선사시대의 항아리에는 피를 빨아먹으려고 하는 괴물과 한 남자가 싸우는 그림이 그려져 있습니다. 그리스 로마 신화에는 어린아이를 유괴해 피를 빨거나 잡아먹는 괴물 라미아가 등장합니다. 히브리 신화에 등장하는 릴리트도 아이들의 피를 빠는 괴물이지요. 아즈텍의 신 시페 토텍에게는 인간의 피가 제물로 바쳐졌으며, 고대 페루에는 최강의 전사들을 습격하여 피를 빨아먹는 신이 존재했다고 합니다. 고대 인도의 경전 『아타르바베다』에서는 밤에는 인간의 피와 살을 먹고 낮에는 숨어버리는 나찰을 찾아볼 수 있습니다.

고대로부터 전해 내려온 흡혈귀라는 환상은 장구한 역사를 자랑합니다. 그리고 이 환상은 인간의 필요와 목적에 의해 다양한 역할을 수행해왔습니다. 흡혈귀는 한때 블라드 체페슈나 엘리자베스 바토리 같은 귀족 살인마의 상징이었고, 교회에 의해 페스트 창궐의 원인으로 지목되었으며, 예술가들의 간택을 받아 낭만과 탐미의 아이콘으로 미화되기도 했습니다. 마르크스는 흡혈귀를 노동자를 착취하는 자본가에 빗대었지요. 또 흡혈귀는 상극의 존재인 히틀러와 유대인, 모두와 동일시되기도 했습니다. 문화산업에 의해 백마 탄 왕자로 분하기도 했고요. 이렇듯 흡혈귀는 인간 역사의 한 부분이자, 고갈되지 않는 상징입니다. 불멸을 획득한 서사이기도 하고요. 뱀파이어라는—피비린내 옅어진—이름과 함께.

과거 뱀파이어 서사에서는 선과 악, 문명과 야만, 기독교와 이교도의 대결을 다루었습니다. 오늘날의 뱀파이어는 무엇과 무엇의 대결이라기보다는 신흥 귀족 계급의 상징처럼 보입니다. 그들은 상류층 비밀 클럽처럼 뱀파이어라는 특권을 공유하며 자신들의 부와 아름다움을 지켜나갑니다(먹이는 한정되어 있기 때문에 동료를 함부로 늘릴 수는 없는 노릇입니다. 내 배를 가득 채우려면요). 과거의 뱀파이어들과 달리 자본주의 사회 속 뱀파이어들은 거부할 수 없는 매력을 지닌 인기인입니다. 뱀파이어가 주로 등장하는 장르가 로맨스와 액션이라는 것만 봐도, 그들이 얼마나 대중적인 캐릭터로 진화했는지 알 수 있습니다.

뱀파이어와의 인터뷰 vs 렛미인

어쩌면, 이 아름답고 인기 있는 괴물은 외모가 추악하고 무조건 인간을 먹어치우는 괴물보다 더 공포스러운 존재일지 모릅니다. 추악한 괴물 앞에서 약자는 그저 먹이일 뿐이나, 매력적인 괴물 앞에서 약자는 먹이이자 스스로 매혹되는 포로이기 때문입니다. 뱀파이어, 그들이 보여주는 강자의 매혹이 어디까지 계속될지, 갈수록 강자독식으로 가는 우리 사회에서 뱀파이어의 매력은 어디까지 확대될지, 흥미롭게 지켜볼 만한 일입니다.

아름다움이란 무시무시할 정도로 끔찍한 것이란다! 무서운 것이지, 아름다움은 규정되지 않은 것이고 결코 규정할 수도 없는 것이며 신이 던진 유일한 수수께끼이니까. 거기에는 양극단이 맞물려서 온갖 모순이 공존하고 있단 말이야.

— 도스토옙스키, 『까라마조프 씨네 형제들』

워킹데드
VS
미스트

살아남기
위해
갇힌 사람들

지상에 펼쳐지는 생지옥
'좀비 아포칼립스'

이제는 하나의 장르로 자리매김한 '좀비물'의 시초를 꼽는다면, 조지 로메로 감독의 '좀비 3부작'을 들 수 있겠습니다. 우리는 보통 피부가 거무죽죽하게 썩어 들어갔거나, 온몸에 구더기가 들끓는 그런 끔찍한 모습으로 좀비를 상상하죠. 그러나 초기의 좀비들은 오늘날 우리가 생각하는 좀비와 달리 아주 준수한 모습을 하고 있습니다. 안색이 창백하고 걷는 것이 약간 부자연스러울 뿐 인간과 별 차이 없는 모습으로 등장하죠.

더 자극적인 것을 원하는 관객의 요구에 힘입어, 좀비는 지금의 끔찍한 몰골이 됐습니다. 신체능력도 업그레이드되었지요. 힘없이 흐느적거리며 뒤뚱대는 좀비는 이젠 구닥다리 취급을 받습니다. 좀비는 점점 민첩해지고 힘도 세졌죠. 심지어 뛰기도 합니다. 〈월드워 Z〉 같은 영화에 이르러서는 철문도 때려 부수는 슈퍼 좀비가 되죠. 인간의 신체능력을 초월한 좀비 떼가 철인3종 경기 참가자 같은 기세로 희생자들에게 달려드는 모습을 보면 입이 딱 벌어집니다.

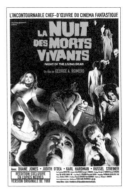  

좀비를 스크린에 처음 등장시켜 '좀비 호러물'의 장르를 연
조지 로메로 감독의 좀비 3부작 · 왼쪽부터 차례로
〈살아 있는 시체들의 밤〉, 〈시체들의 새벽〉, 〈시체들의 날〉.

생지옥도 이런 생지옥이 없습니다.

그들에게 남은 것은 오로지 식욕, 식욕뿐이죠. 그 영원히 멈추지 않을 것만 같은 끔찍한 식욕에서 우리는 탐욕스러운 현대인의 모습을 겹쳐 보게 됩니다. 영화에서 좀비들이 자주 출몰하는 장소로는 백화점 같은 대형 쇼핑몰이 있는데, 이것은 어느 정도 의도된 연출입니다. 〈살아 있는 시체들의 밤〉이 1968년 처음 개봉되었을 당시, 비평가들은 거대자본에 점령당한 중산층을 좀비에 빗댔습니다. 생기 없는 얼굴로 카트에 거침없이 물건을 쓸어 담는 인간들의 모습과, 끝도 없이 생존자들을 질겅질겅 먹어치우는 좀비의 모습에는 뭔가 비슷한 데가 있죠. 자연스레 '종말'이라는 단어가 연상되는군요. 종말론이 대두되기 시작하면 마트의 식료품부터 동나니까요.

'아포칼립스Apocalypse'라는 용어가 있습니다. 신약성경의 마지막 권 「요한계시록」에는 세상의 종말에 대한 여러 은유가 담겨 있습니다. 바로 이 「요한계시록」에 등장하는, 세상의 종말을 지칭하는 말이 아포칼립스입니다. 세기말처럼 사회가 불안해지는 시기에는 사이비 종교 단체들이 종말이 왔다며 열심히 사기를 쳐서 신도들을 모으죠.

좀비는 아포칼립스 세계관의 한 축을 지탱합니다. 좀비와 종말은 잘 어울리는 한 쌍이죠. 영화 〈새벽의 저주〉에서는, 한 목사가 '지옥이 꽉 차 들어갈 자리가 없다면 죽은 자는 지상으로 돌아와 산 사람을 쫓는다.'고 말하는 장면이 나옵니다. 세상에, 지옥도 놀이공원에서 줄 서듯이 대기해야 들어갈 수 있다니…. 그렇게 보면 좀비는 저승에서 지상으로 반품된 시한폭탄이라고 할 수도 있습니다. 좀비가 '반품 완료' 되는 순간 지상에는 종말이 도래하겠죠. 실시간 아포칼립스가 펼쳐지는 것입니다.

그리고 그 아포칼립스 속에서 변해가는 사람들이 있습니다. 자신을 지키기 위해 몸부림치다 변해가는 사람들 말이지요. 앞으로 우리는 그들이 '좀비'라는 비이성적 재앙을 받아들이며 변해가는 모습을 지켜볼 것입니다. 아포칼립스는 본래 그리스어에서 유래되었는데, '베일을 벗기다', '드러내다'라는 뜻입니다. 살아 있는 시체들, 죽어도 죽지 않는 존재들 사이에서 살아남은 사람들의 본성은 비구름이 걷히듯 천천히 드러납니다. 그들이 인간으로 남을지, 아니면 좀비로 남을지는 더 지켜봐야 알 일이겠지요.

스스로를 가둔 사람들
『워킹데드』와 〈미스트〉 그리고 〈곡성〉

드라마로도 제작되어 큰 인기를 모은 만화 『워킹데드』의 주인공은 경찰관 릭 그라임스입니다. 그는 범죄자에게 총격을 당하는 바람에 병원에서 한 달간 혼수상태로 누워 있다 깨어나죠. 릭은 병원이 좀비들로 가득 찬 것을 발견하고 혼비백산합니다. 황급히 집으로 돌아가지만 아내와 아들은 온데간데없고, 거리는 텅 비어버렸지요. 릭은 빈집에 숨어 살고 있던 사람들에게 도시가 좀비들에게 점거당했으며, 통신수단까지 모두 끊겨버렸다는 사실을 전해 듣습니다.

릭은 아내와 아들을 만날 수 있을지도 모른다는 희망을 안고 처가가 있는 애틀랜타로 향합니다. 그러나 애틀랜타 역시 좀비로 가득 차 있습니다. 망연자실해 넋을 놓고 있는 그를 한 청년이 적시에 구해줍니다. 청년은 릭을 살아남은 사람들의 캠프로 데려가면서, 정부가 '그래야 보호하기 쉽다.'는 이유로 사람들을 한데 모아놓는 바람에 피해가 더 컸다고 이야기해줍니다. 좀비들에게는 그 사람들이 종합선물세트나 다름없었던 것이죠.

릭은 다시 만날 수 없을 거라 생각했던 아내와 아들을 캠프에서 만나고 신에게 깊이 감사드립니다. 또 오랜 친구 셰인이 자기 가족을 인도해주었음을 알게 되고 그에게도 감사를 표하죠. 그러나 셰인은 릭을 반기는 눈치가 아닙니다. 릭이 오고부터 캠프의 권력 구도는 변하게 되죠.

릭은 캠프에 제일 늦게 합류했지만, 점차 리더로서의 위치를 공고히 합니다. 그는 캠프에 무엇이 제일 필요한지를 판단하는 사람이 됐습니다. 그는 좀비와 싸우려면 더 많은 무기가 필요하다는 판단하에, 죽음을 무릅쓰고 총포상에서 총기를 구해옵니다. 비상시에 대비해 캠프 사람들에게 총 쏘는 기술을 가르치기도 하지요. 심지어 일곱 살 난 자기 아들에게까지 총을 쥐여줍니다. 그러나 릭의 결정에 모두가 찬성하는 것은 아닙니다. 특히 셰인이 그렇지요.

리더는 '판단'하는 사람입니다. 좀비물에서 리더는 매우 중요한 역할을 맡습니다. 위기 상황에서 내린 판단이 얼마나 적합했는지에 따라 그룹의 존폐가 결정되니 말입니다. 리더의 판단이 잘못되면 사람들이 몰살될 수도 있지요. 그럼에도 릭은 리더로서 자신의 판단력을 확신합니다. 더 안전한 곳으로 캠프를 옮기자는 판단도 그러한 맥락에서 이루어진 것이지요. 날씨는 점점 추워지고, 식량은 바닥나려 하며, 좀비 떼는 계속해서 몰려옵니다. 릭은 자신의 판단이 최선이라고 믿어 의심치 않습니다.

그러나 셰인은 정부에서 구조대를 보내줄 거라며 릭의 제안에 반대합니다. 그러던 어느 날 캠프를 습격한 좀비에게 사람들이 죽게 되면서 둘의 갈등은 더욱 격해지죠. 여기서 셰인이 하는 말에 주목할 필요가 있습니다. "이런 염병할, 그건 내 잘못이 아니야!" "내 탓이 아니라고 했잖아, 이 망할 자식아!" 릭이 오기 전까지 캠프의 실질적인 리더였던 셰인은 자기 고집으로 사람들이 희생된 것을 쉬이 인정하지 못합니다. 결국 셰인은 릭과 둘만 남게 되었을 때 '네가 오기 전에는 모든 것이 괜찮았다.'며 그를 죽이려 합니다. 그러나 그보다 먼저 릭의 아들이 쏜 총에 죽고 말죠.

워킹데드 vs 미스트

『워킹데드』의 모든 이야기는 이 일화의 연장선에 있습니다. 사람들이, 안전한 곳을 찾아 헤매며, 갈등하죠. 그러나 천지가 산송장들로 둘러싸여 있기에, 그 어디도 안전하지 못합니다. 안전하다고 생각한 곳에도 좀비는 잠복해 있습니다. 그리고 한시름 놓았다고 생각할 즈음 갑자기 튀어나옵니다. 그렇기 때문에 사람들은 유목민처럼 계속 이동해야 합니다. 다만 『워킹데드』의 생존자들이 유목민과 다른 점은, 이동함에도 불구하고 갇혀 있는 것이나 다름없다는 점이죠.

영화 〈미스트〉에서, 슈퍼마켓에 물건을 사러 갔던 사람들은 정체 모를 안개에 둘러싸입니다. 그 안개 속에 무엇이 도사리고 있는지 아무도 모르죠. 안개 밖으로 나가는 순간, 그들은 정체불명의 생명체들에게 공격당해 처참히 죽습니다. 그렇게 사람들은 슈퍼마켓에 갇히고 맙니다.

〈미스트〉는 좀비영화는 아니지만 그와 구조가 유사합니다. 두려움에 휩싸인 사람들은 '종말이 왔다.'고 선동하는 광신도 카모디 부인에게 점차 종속당하는데요. 처음부터 사람들이 카모디 부인의 말을 다 믿은 것은 아니었죠. 카모디 부인이 '종말의 때가 왔고, 우리는 속죄해야 하며, 창조주를 만날 준비를 해야 한다.'고 역설했을 때 사람들은 냉담한 반응을 보입니다. 엿이나 먹으라고 욕하기도 하죠. 심지어 한 노부인은 옥수수 캔을 카모디 부인의 얼굴에 던지기까지 합니다.

그러나 오늘 밤 괴물들이 습격할 거라는 카모디 부인의 말이 현실로 이루어지면서 분위기는 반전됩니다. 독침을 가진 벌레들이 슈퍼마켓의 불빛을 보고 날아들고, 그것들을 잡아먹으려고 나타난 괴물이 유리창을 깨면서 카모디 부인의 '예언'은 실현되죠.

설상가상으로 카모디 부인의 몸에 달라붙은 벌레가 그녀를 쏘지 않고 그냥 날아가 버리면서, 그녀는 졸지에 신성한 존재로 거듭납니다. 그렇게 카모디 부인은 슈퍼마켓 안의 '사이비 교주'로서 첫발을 내딛습니다. 그녀를 따르는 사람은 점점 더 늘어나지요.

영화 속 한 인물은 카모디 부인을 따르는 사람들을 두고 이렇게 이야기합니다. "충분히 겁에 질리게만 하면 뭐든 다 하게 할 수 있소. 해결책이든 뭐든 약속을 주는 사람한테 사람이 몰리는 거요."

영화 초반부, 아직 괴물이 등장하기 전 카모디 부인은 사람들에

×
영화 〈미스트〉의 한 장면.
오른쪽에 가방을 든 여자가 바로 광신도 카모디 부인입니다.

워킹 데드 vs 미스트

게 조롱의 대상이었습니다. 카모디 부인의 위상이 변화한 것은, 사람들에게 '두려움'이 생긴 이후죠. 두려움이 생기면 우리의 이성은 마비됩니다. 이성을 지키며 불안에 떨기보다는, 비이성에 투신하여 불안에서 벗어나기를 택하는 것이죠.

> "우린 문명인이잖아요."
> "그럼요. 기계가 돌아가고 119에 전화가 된다면요. 하지만 그런 걸 다 없애고 사람들을 어둠 속에 던져넣고서 공포에 확 질리게 하면 규칙은 사라지고 인간의 원시성이 드러나죠."
> ―〈미스트〉, 아만다와 데이빗의 대화

〈미스트〉는 크게 보면 안에 남으려는 사람들과, 더 안전한 장소를 찾아 밖으로 떠나려는 사람들의 대결구도로 펼쳐지는 이야기입니다. 떠나려는 이들이 바깥의 괴물보다 더 견딜 수 없는 것은, 완전히 이성을 잃은 내부의 인간입니다. 사람들은 슈퍼마켓 안에 단순히 물리적으로만 갇힌 것이 아니라, 정신적으로도 완전히 갇혀버리고 맙니다.

영화의 제목인 '안개'는 많은 것을 포괄하고 있습니다. 사람들은 눈을 뜨고 있으면서도 한 치 앞을 볼 수 없고, 안개 밖으로 나아갈 수도 없지요. 그 안개 속에서 실체가 있는 것은 오로지 공포심뿐입니다. 그리고 그 공포심이 사람들을 가두지요.

영화 〈곡성〉도 〈미스트〉와 비슷한 주제를 다루고 있습니다. 평화로운 마을 곡성에 의문의 사건이 연달아 일어납니다. 환각 상태에 빠진 남편이 아내를 찔러 죽인 사건, 원인 모를 화재로 일가족이 죽은 사건 등 흉흉하기 이를 데 없죠.

경찰관 종구는 딸 효진의 몸에 피해자들과 같은 발진이 생기고, 효진이 이상한 발작을 계속하자 이 사건에 깊이 몰입합니다. 그러다 모든 사건의 중심에 일본에서 온 한 남자가 관련되어 있는 것을 알게 되는데요. 현장조사를 하다 만난 의문의 여자 무명 역시 이 외지인의 위험성을 경고합니다.

종구는 동료 경찰관과 함께 외지인의 집에 침입하는데, 그곳에는 피해자들의 사진이 붙어 있는 작은 사당이 차려져 있었습니다. 그곳에서 효진의 실내화가 발견되고, 종구는 이 모든 사건의 범인이 외지인임을 확신합니다. 하지만 외지인은 추궁하는 종구에게 '말해도 믿지 않을 것이다.'라며 코웃음을 칩니다.

'말해도 믿지 않을 것'이라는 외지인의 말은 〈곡성〉을 관통하는 메시지이기도 합니다. 관객 또한 점점 의문에 휩싸입니다. 악한 것이 외지인인지, 아니면 무명인지. 이들의 정체는 무엇인지. 효진의 굿을 해준 무당은 믿을 수 있는 사람인지. 과연 누구를 믿어야 하는지. 믿을 사람이 있기는 한 건지. 무엇 하나 확신할 수 없습니다. 관객을 현혹시키는 장치가 계속 등장하면서 판단력은 점점 흐려지니까요.

영화의 종반부, 무명은 종구를 붙들고 '닭이 세 번 울기 전 집에 가서는 안 된다.'고 하는데요. 하지만 무명을 믿지 말라는 무당의 전화를 받고서 종구의 마음은 흔들립니다. 의심이 생긴 순간, 무명이

워킹데드 vs 미스트

피해자들의 물건을 지니고 있는 것이 눈에 들어오죠. 의심이 생기기 전에는 눈에 띄지 않았던 것들입니다. 결국 종구는 집으로 뛰어갑니다.

> 그들은 너무나 무섭고 두려워 유령을 보는 줄로 생각하였다.
> 그러자 예수님께서 그들에게 이르셨다.
> "왜 놀라느냐? 어찌하여 너희 마음에 여러 가지 의혹이 이느냐? 내 손과 내 발을 보아라. 바로 나다. 나를 만져보아라. 유령은 살과 뼈가 없지만, 나는 너희도 보다시피 살과 뼈가 있다."
> —「누가복음」 24장 37~39절

'닭이 세 번 울기 전 집에 가서는 안 된다.'는 무명의 말에서 우리는 예수를 부정했던 베드로를 떠올리게 됩니다. 예수는 십자가형을 받기 전날 제자들이 자신을 버리고 도망갈 것을 예언하는데, 베드로는 자신만은 그러지 않을 것이라며 확신에 차 이야기합니다. 하지만 예수는 "닭이 두 번 울기 전에 너는 세 번이나 나를 모른다고 할 것이다."라고 재차 말합니다. 결국 그 예언은 실현되지요.

〈곡성〉의 나홍진 감독은 인간의 공포심이 불신 속에서 어떻게 증폭되는지를 잘 포착했습니다. 절대로 배신하지 않으리라 확신하고도 결국 예수를 부정했던 베드로처럼, 우리가 강력히 믿었던 것들은 닭 울음소리처럼 흩어지고 말지요. 〈곡성〉의 부제는 '절대 현혹되지 말라'입니다. 영화는 관객을 의심의 구렁텅이로 빠뜨립니다. 우리의 마음이 흔들리는 순간, 두려움은 의심으로, 의심은 혼란으로

영화 〈곡성〉의 한 장면.
일본어를 할 줄 아는 부제를 대동해 외지인의 집에 다시 찾아간 종구.
그러나 부제의 일본어 실력은 초급 수준에 불과하기 때문에,
소통이 원활히 이루어지지 않습니다.
이 소통 불가능성은 〈곡성〉의 주제인 '불신'과도 연결되어 있습니다.

〈곡성〉의 마지막 부분에서 동굴에 숨어든 외지인은 정체를 묻는 부제에게
'넌 내가 악마인지 아닌지 그 의심을 확인하러 온 것 아니냐,
내가 나의 진짜 정체를 말한다고 한들 뭐가 달라지겠느냐.'며 손을 보여줍니다.
그 손에는 예수의 성흔과도 같은 흔적이 남아 있습니다.

계속해서 그 얼굴을 바꾸지요. 〈미스트〉에서 슈퍼마켓 안에 갇힌 사람들처럼, 〈곡성〉의 관객 역시 불신의 안개 속을 헤매게 되는 것입니다.

『워킹데드』의 릭 일행은 안전한 곳을 찾아 헤매다, 허셸의 농장에 머무르게 됩니다. 허셸은 차마 좀비들을 죽이지 못하고 창고에 가두어놓았는데, 거기에는 그의 아들도 있습니다.

좀비는 그저 썩어가는 송장일 뿐이라고 릭이 일갈하지만, 허셸은 좀비들이 언젠가 인간으로 돌아올 것이란 믿음을 버리지 않습니다. 그러나 좀비 하나를 창고에 새로 가두려다가 허셸의 자식들이 목숨을 잃는 사태가 벌어집니다. 허셸은 릭 일행을 탓하며 떠나라고 소리치고, 그들은 새로운 보금자리를 찾으러 떠나죠. 그리고 철조망으로 둘러싸인 교도소를 발견합니다.

릭은 교도소를 처음 발견하던 순간 이렇게 말합니다. "완벽해. 이제 여기가 우리 집이야." 그들이 새로 점찍은 장소가 교도소라는 것은 의미심장합니다. 교도소는 죄수를 가두는 곳이죠. 그러나 역으로 말하면, 좀비들로부터 그들을 지키기에는 이만한 장소가 없는 셈입니다. 이 말은 그들이 스스로를 가두어야 비로소 살아갈 수 있다는 뜻도 됩니다. 영화 〈살아 있는 시체들의 밤〉에서도, 좀비들이 집을 둘러싸자 집 안에 있던 사람들은 모든 창문에 못질을 합니다. 그들은 둘러싸였고, 나갈 수도 없습니다. 나가는 순간 저 거대한 좀비 무리의 일원이 되어 희생자를 찾아 헤매게 되겠죠. 그들이 살아남을 수 있는 방법은 하나뿐입니다. 스스로를 가두는 것.

릭 일행은 좀비를 죽이며 교도소로 진입합니다. 교도소는 식량이 쌓여 있는 창고를 비롯해 샤워실과 도서관도 구비된 환상적인 공간이었습니다. 모든 것이 완벽해 보였습니다. 일행은 자신들이 발견한 새 보금자리에 한껏 들뜨지요. 그러나 불행은 예기치 않게 찾아오는 법입니다. 어린 연인 루시와 크리스는 영원히 함께 있자며 동반자살을 꾀하는데, 그만 루시만 죽어버립니다. 그리고 사람들은 죽은 루시가 천천히 좀비로 변하는 것을 목격합니다.

좀비에게 물리거나 상처를 입은 사람만 좀비가 되는 것이 지금까지의 상식이었습니다. 그러나 루시는 좀비에 물리지 않았는데도 좀비로 변해버렸죠. 이건 늙어 죽든, 병으로 죽든, 자살하든, 아무튼 그 어떤 방법으로 죽든지 간에, 일단 죽으면 누구나 좀비가 된다는 뜻입니다. 좀비로 변한 루시를 보며 일행은 자신들에게는 그 어떠한 해결책도 없다는 것을 절실히 깨닫게 됩니다. 좀비가 되지 않기 위해 스스로를 가두었지만, 죽음에서까지 도망칠 수는 없기 때문이죠.

허셸은 좀비들을 가두려 했습니다. 그러나 그것은 불가능한 일입니다. 왜냐하면 좀비들은 파도처럼 밀려 들어오기 때문이지요. 원의 바깥쪽에서, 중심으로요. 그리고 그 중심에는 아직 죽지 않은 예비 희생자들이 있습니다. 그래서 그들은 스스로를 가두었습니다. 좀비들로부터 자신들을 지키기 위해서 죄수의 신세를 자처한 것입니다. 그리고 급기야 그들은 죽음의 수인이 됩니다. 영원히 벗어날 수 없는 굴레에 갇힌 것이죠.

우린 저 산송장들에게 둘러싸여 있어. 그 속에서 살다가… 마침내

숨이 끊어지면 저렇게 돼! 우린 빌려온 시간을 사는 중이야. 우리가 살아가는 순간순간은 모두 저놈들한테서 훔쳐온 거야! 저 바깥에 있는 놈들을 봐. 죽으면… 우리도 저렇게 돼. 당신들은 그렇게 생각하겠지. 우린 저 산송장들한테서 목숨을 지키려고 이 담장 안에 숨어 있다고! 아직도 모르겠어? 우리야말로 산송장들이야!

-『워킹데드』, 릭의 말

변해가는
사람들

『워킹데드』의 스토리 작가 로버트 커크먼은 '여는 글'에서 이렇게 이야기했습니다.

『워킹데드』에서는 사람들이 극단적인 상황에 어떻게 대처하는지, 또 그러한 상황이 사람들을 어떻게 변화시키는지 탐구하려 한다. 그 탐구는 긴 시간 동안 이어질 예정이다.

커크먼의 말대로, 『워킹데드』는 거대한 피로감 속에서 점차 변해가는 사람들의 모습에 포커스를 맞추고 있습니다. 누군가는 몇 번이고 담금질된 철처럼 단련되고, 누군가는 모래성처럼 와르르 무너지는가 하면, 누군가는 미치지요. 법률회사에서 사무직으로 일하던 여성 안드레아는 처음에는 총도 제대로 쏠 줄 몰랐지만 일행 가운데 제일가는 명사수로 활약합니다. 그녀는 정신적으로도 점차 강해져, 좀비에게 부모를 잃은 두 아이의 엄마가 되어주기도 합니다.

그런가 하면 애인의 바람 현장을 목격한 캐럴은 딸이 보고 있음에도 자살을 시도하죠. 얼마 뒤 그녀는 릭의 아내에게 셋이서 부부가 되자는 황당한 제안을 하기도 합니다. "전에 릭이 했던 말… 세상이 다신 예전으로 못 돌아갈 거랬잖아. 그러니까 우리끼리 새 삶을 시작해야 한댔잖아…. 이젠 옛날 법 같은 거 지킬 필요 없잖아. 우리가 새로 만들면 되잖아." 캐럴의 정서는 극도로 불안해 보이죠. 사람들은 그런 그녀를 안쓰럽게 바라보지만, 캐럴은 자신을 가엾이 여기는 자들의 시선에 넌더리를 냅니다. 결국 캐럴은 스스로 좀비에게 몸을 던져 죽습니다.

좀비가 된 딸을 집 안에 개처럼 묶어놓고 기르는 우드버리 마을의 '주지사'는 변해버린 사람들 중 단연 백미라 할 만합니다. TV도 없는 지금, 우드버리 마을의 유일한 오락거리는 좀비를 피해 마을에 찾아든 외부인에게 결투를 시키는 겁니다. 야외 스타디움 가장자리에 좀비들을 묶어놓고 살아 있는 두 사람을 싸우게 하는 거죠. 누구라도 뒷걸음쳤다가는 좀비들의 훌륭한 간식거리가 되고 맙니다. 일종의 '결투' 쇼입니다. 이 쇼를 지휘하는 이가 주지사입니다. 그는 패자의 몸뚱이를 좀비로 변한 딸에게 먹이로 던져줍니다.

지금 이 사태가 처음 시작됐을 때, 생존자들이 모여서 집단을 만들었어. 안전을 위해 동네 사람들끼리 뭉친 거야. 친구들… 이웃

들… 그 사람들이 내 아내와 딸을 강간했어.

-『워킹데드』, 에이브러햄의 말

　사람들은 변해갑니다. 파국을 맞으면서요. 그중 릭의 변화는 드라마틱합니다. 처음으로 좀비를 죽이며 눈물을 흘리던 그는, 좀비로부터 캠프의 일행을 지키려 안간힘을 쓰면서 변해갑니다.
　교도소의 원주인이었던 죄수들이 쿠데타를 일으켰을 때, 무너진 철조망 틈으로 좀비 떼가 밀려 들어온 적이 있었습니다. 일행은 일단 죄수들과 협력하여 좀비 떼를 쳐부수는데, 릭은 혼란한 틈을 타 실수인 척 쿠데타 주동자를 쏘아버리죠. 나중에 이 일이 밝혀지자 릭은 소리칩니다.

> 나를 리더로 만든 건 이 사람들이야. 난 이 사람들의 기대에 부응해야 했어. 그래서 모두를 안전하게 지켜야 했어. 그래서 덱스터를 쏜 거야.

신호도 가지 않는 수화기를 들고 자기가 어리석었다며 독백하는 릭.

릭은 점차 자신을 합리화하기 시작합니다. 그는 인간이고자 하지만, 이 세계에서 살아남기 위해서는 인간다움의 기준도 달라져야 합니다. 매일매일 펼쳐지는 생지옥 속에서 릭의 판단력은 점점 힘을 잃어갑니다. 그는 안에서부터 무너지고 말지요.

모든 게 변했어. 세상 자체가 변했단 말이야. 그러니까 우리도 함께 변해야 해. 무슨 말인지 알겠어? 다시 텔레비전을 볼 날이 올 것 같아? 다시 은행에 갈 날이? 장 보러 갈 날이? 애들을 학교에 데려다줄 날이? 그날이 올 것 같아? 절대로 안 와! 선택해, 그 슬픈 진실을 받아들이든가 아니면 주저앉아서 기약 없이 기다리든가! 그저 가만히 앉아서, 스스로 짐승이 아니라고 믿고 싶어서 만들어낸 덜떨어진 규칙들을 따를 수도 있어. 그러다가 죽어버리면 그만이니까!

결국 릭은 끔찍한 사태들을 겪으며, 리더로서 가졌던 확신을 모두 잃어버립니다. 그 이후부터 그는 결정을 내리기 두려워하는 사람이 됩니다. 자신이 내린 결정으로 인해 모두가 파멸하는 경험은, 한 사람을 완전히 망가뜨리기에 충분하지요. 슬픈 것은, 그렇게 망가진 릭을 남은 사람들이 경계한다는 것입니다. 사실 이런 위기 상황에서는 리더의 판단도 아무 소용이 없습니다. 좀비와 싸우다 지쳐 문득 거울을 들여다보면, 좀비의 몸뚱어리처럼 썩어 들어가는 정신이 있을 뿐입니다.

살아남은 사람들은 일상으로 돌아가기 위해 좀비가 출몰하기 이

워킹 데드 vs 미스트

전에 했던 것들을 합니다. 교도소의 발전기를 돌려 영화를 상영하고, 채소밭을 일궈 토마토를 수확하고, 책을 읽죠. 이 모두가 '삶'을 지속하기 위한 방법인 것입니다.

살고자 하는 의지는 생물에게 지극히 당연한 것이지만, 좀비 아포칼립스를 맞은 인간들에게 그 과정은 너무도 험난하죠. 『워킹데드』의 포커스는 길모퉁이에서 갑작스레 나타나는 좀비들이 아니라 어떻게든 살아남으려는 사람들에 맞추어져 있습니다. 그들은 좀비와 싸우는 동시에 자신과도 싸웁니다. '인간'으로서 살아남을 것인가, '짐승'으로서 살아남을 것인가의 간극에서 말이지요. 살아가는 것이 곧 투쟁임을, 『워킹데드』는 우리에게 보여줍니다. 그 눈물겨운 투쟁을 무엇이라 부를 수 있을까요.

"우리한텐 선택의 여지가 없어.
살아남을 수만 있다면 무슨 짓이든 해야 해. 살 수만 있다면."
끔찍한 사건들을 겪고 나서 릭은 변했습니다.

『워킹데드』는 캐릭터와 함께하고자 하는 생각에서 태어났다. 그러므로 우리는 주인공 릭 그라임스가 인간으로 남아 있는 한 그와 쭉 함께할 터이다. 나는 『워킹데드』가 릭의 지난한 삶을 보여주는 연대기가 되기를 바란다. 그다음에 릭에게 무슨 일이 닥치는지, 우리는 결코 궁금해하지 않을 것이다. 우리는 볼 것이다. 그리하여 『워킹데드』는 결코 끝나지 않는 좀비영화가 될 것이다.

　　　　　　　　　　　　　　　　－『워킹데드 1』, 로버트 커크먼의 여는 글

인간이 만드는 좀비
『나는 좀비를 만났다』

좀비가 되었다가 다시 살아 돌아왔다고 주장한 사람이 있었습니다. 아이티의 농부 '나르시스'의 이야기입니다.

1962년 봄, 나르시스는 갑작스러운 두통과 고열로 병원 응급실에 실려 갑니다. 그는 피를 토하다 사흘 만에 죽었습니다. 그리고 20시간 동안 냉동창고에 보관되어 있다가 묘지에 묻혔습니다. 두 명의 의사가 그의 죽음을 확인했고, 가족이 직접 사망증명서에 사인했죠.

그러나 18년 뒤, 이 시체는 멀쩡히 살아 있는 모습으로 여동생 앞에 나타납니다. 혼비백산한 여동생에게 나르시스는 토지상속 문제로 다투었던 형이 주술사에게 의뢰해 자기를 좀비로 만들었다고 털어놓습니다. 그는 아이티 북부의 농장에서 2년 동안 다른 좀비들과 함께 노예로 일했다고 진술했는데, 조사결과 사실로 밝혀졌습니다. 과연 이 놀라운 이야기를 어떻게 받아들여야 할까요.

1982년 인류학자이자 저명한 민속식물학자 웨이드 데이비스는 사람을 좀비로 만드는 '좀비 독약'에 대한 연구를 의뢰받고 아이티로 떠납니다. 이 연구의 목적은 현대 마취의학에 도움이 될 만한 신약 개발에 있었죠. 데이비스는 좀비 농부 나르시스와의 인터뷰를 진행하고, 부두교의 밀교의식에 입회하는 등 다년간의 조사를 통해 '좀비 독약'의 실체에 점차 근접해갑니다. 그리고 그것은 '좀비를 만드는 것은 독약이 아니라 인간'임을 확신하는 과정이기도 했습니다.

카리브해에 위치한 섬나라 아이티는 프랑스의 식민지였습니다. 프랑스는 대규모 사탕수수 농장을 건설해 아이티인들을 착취했죠. 농장주들은 노예들에게 갖은 박해를 가했습니다. 눈이나 귀에 대못을 박기도 하고, 철로 된 재갈을 물려 끌고 다니기도 했으며, 몸에 설탕가루를 뿌려 개미 떼에게 뜯어 먹히게 하기도 했지요. 그들에게 흑인 노예는 인간이 아니었기 때문에 가능했던 일입니다.

이런 폭정 속에서 아이티인들은 부두교 비밀조직을 중심으로 공동체를 지켜나갔습니다. 이 조직 안에서 아이티인들의 결속은 유지될 수 있었습니다.

여기서 우리가 주목할 점은, 이 비밀조직의 수장들이 공동체에 해악을 끼치는 인물을 처벌하는 방식입니다. 그들이 사용한 방법은 바로 '좀비로 만들어버리는 것'입니다. 여기에 사용되는 약물이 '좀비 독약'이죠. 마치 『로미오와 줄리엣』에서 줄리엣을 가사 상태로 만들었던 독약과도 같습니다. 아이티인들에게 좀비가 되는 것만큼

_X

아이티의 화가 엑토르 이폴리트가 그린 좀비 그림.
포박당한 좀비들은 온순한 양처럼 주인에게 복종합니다.

두려운 일은 없었습니다. 좀비가 된다는 건 공동체에서 버려졌다는 낙인과도 같기 때문입니다.

우리나라에도 비슷한 형벌이 존재했습니다. 뇌물을 탐한 탐관오리에게 주로 행해졌던 조선시대의 '팽형烹刑'인데요.[1] 구한말까지도 존재했습니다. 참고로 팽 자는 삶을 팽烹 자입니다. 팽형을 문자 그대로 풀면, '물에 삶아 죽이는' 형벌이라는 뜻입니다. 오, 아직 놀라진 마세요. 인간 백숙이 되는 건 아닙니다. 그 옛날 중국에선 실제로 삶아 죽였다고 하는 얘기도 들려오는 것 같지만 말입니다.

팽형의 방법은 이러합니다. 일단 저잣거리 한복판에 커다란 아궁이를 만들고 큰 가마솥을 겁니다. 그 밑에는 장작을 쌓아두죠. 모든 게 준비되면, 포도대장이 죄인에게 죄명을 선고하고 '너는 이제

워킹데드 vs 미스트

죽은 사람이다.' 하고 명합니다. 보통은 그걸로 끝이지만, 대충 끓여 미지근한 물에 죄인을 담갔다 꺼내기도 합니다. 삶지는 않지만 삶는 시늉은 하는 거죠.

그 후 물에 젖은 죄인은 가족에게 인도되는데, 이때부터 죄인은 산 사람처럼 행동해서는 안 됩니다. 가족 역시 진짜로 죽은 것처럼 곡을 하며 이 살아 있는 시체를 운반해 가야 합니다. 장례도 치러야 하죠. 때문에 건넌방에 멀쩡히 살아 있는데 집 안에 빈소를 차려놓고 조문을 받는 한 편의 코미디가 연출되는 것입니다.

이 이후부터 죄인은 집 안에 갇혀 가족하고만 살아야 합니다. 이미 죽은 사람이므로, 친지건 벗이건 아무도 만나러 와서는 안 됩니다. 이름이 있지만 당연히 불리지 않죠. 호적과 족보에는 사망으로 기록됩니다. 설상가상으로 팽형을 언도받은 날에는 가족이 친히 제사까지 지내줍니다. 그날이 세상을 떠난 날이나 다름없기 때문이죠.

아이티에서 좀비가 된 이들도 마찬가지였습니다. 실제로 다시 돌아온 나르시스는 가족에게 전혀 환영받지 못했습니다. 티 팜이라는 여인 역시 나르시스와 비슷한 전철을 밟았습니다. 죽었다가 좀비가 됐고, 3년 만에 가족 곁으로 돌아왔죠. 그러나 티 팜의 어머니는 '그 애는 신의 뜻에 따라 죽었다.'면서 그녀를 거부합니다.

엄연히 그들은 좀비 주술의 피해자이지만, 결코 무고하지는 않습니다. 좀비가 되기 전에 그들은 공동체의 질서와 결속을 깨는 부도덕한 존재였습니다(좀도둑이었다든가, 싸움닭이었다든가… 심지어 욕쟁이여도!). 가족과 이웃은 좀비가 되었던 이들의 부도덕함을 데이비스에게 증언해주었습니다. 좀비로 변한 사람들이 살아 돌아온다 해도,

아무도 반기지 않을 것입니다. 부두교 사회에서 좀비가 되는 것은 사회적 합의에 의한 정당한 처벌이었기 때문입니다.

좀비는 그 자체로 비상식적인 재앙입니다. 모든 생명체는 죽으면 시체가 되어 썩어 문드러집니다. 그것이 자연의 순리이자 상식이지요. 그러나 썩어가면서도 먹잇감을 찾아 배회하는 좀비는 우리가 알고 있던 기존의 상식을 뒤엎는 괴물입니다.

한편으로는, 그 좀비들 역시 다른 좀비에게 사냥되기 전까지는 희생자에 불과했다는 점에 주목해야 할 것입니다. 하지만 일단 좀비로 변하는 순간, 그들은 그저 살아 있는 인간을 게걸스레 탐식하는 괴물이 될 뿐이죠. 좀비는 '피해자'와 '가해자', 그 양면을 모두 갖추고 있는 셈입니다.

조선시대 팽형을 당했던 죄인들과 약물로 좀비가 되었던 아이티 좀비들의 양상을 비교해보면, 공동체에서 버려진 피해자라는 점에서 닮았습니다. 그러나 한편으로 그들은 공동체에 해악을 끼친 가해자이기도 합니다. 그렇게 생각해보면, 그들은 사회적 '좀비'나 다름없는 셈입니다. 공동체가 그들에게 내린 형벌 역시, 그들을 '가두는 것'이었습니다. 사회에서 버려졌다는 낙인을 찍어서요.

대개 팽형을 언도받으면 그 이후의 대처방법은 두 가지였습니다. 스스로 자결하거나 '사회적 타살'을 견디거나. 사람이 하는 일이다 보니 억울한 이들도 있었겠지요. 그러나 자결한 자는 억울함이 밝혀졌을 때 명예회복이 가능해도, 팽형을 택한 자는 그렇지 못했습니다. 때문에 팽형을 언도받으면 대부분 자결을 택했습니다. 외로움이 죽음보다 더 끔찍한 고통이라는 것을 알고 있었기 때문이겠죠.

아이티는 프랑스에 맞서 무장혁명을 일으켜 최초의 흑인 독립공화국이 됩니다. 그 중심에는 부두교가 있었습니다. 아이티인들에게 부두교는 곧 삶이었습니다. 심지어 그것은 좀비로 변한 사람들에게도 마찬가지였습니다. 부두교 주술사들은 좀비 주술에서 실질적인 것은 주술일 뿐, 약물은 부수적인 것에 지나지 않는다고 이야기합니다. 어쩌면 희생자에게 내재된 고립에 대한 공포가 그들을 자포자기 상태로 이끄는지도 모릅니다. 그리고 그 무기력함이, 바로 좀비의 실체일지도 모를 일입니다.

좀비가 비추는 시대상

조지 로메로 감독은 한 인터뷰에서 이렇게 밝힌 바 있습니다. "좀비는 현존하는 재난을 뜻하는 것으로, 사람들이 문제에 제대로 대응하지 못하고 있다는 이야기"라고요. 좀비물의 대부격이라고 할 수 있는 로메로 감독의 좀비 3부작 이후 영화판에는 좀비를 다룬 이야기들이 쏟아져 나왔고, 공포물에 굶주린 사람들을 열광하게 만들었죠. 좀비영화의 양상도 점차 다양해졌습니다. 좀비와 인간의 로맨스를 그린 〈웜 바디스〉, 사람을 해치지 않도록 상품화된 좀비 하녀가 등장하는 〈미스 좀비〉, 말도 하고 총도 쏘는 신개념 좀비를 다룬 〈데드 스노우 2〉 등. 이 모든 좀비물의 공통된 특징이 있다면, '통제할 수 없는 재난'에 포커스를 맞추고 있다는 점입니다. 그리고 이

재난은 우리 시대가 겪고 있는 문제와도 상통합니다.

인류는 많은 재난을 겪으며 성장해왔습니다. 허리케인이나 쓰나미, 대지진처럼 인간의 힘으로는 어찌할 수 없는 자연재해도 있었지만, 대부분의 재난은 1, 2차 세계대전을 비롯하여 인종청소와 핵실험에 이르기까지 인간 스스로 자초한 것이었죠. 그러나 인류는 어떻게든 돌파구를 찾으려 노력했습니다. 때로는 역사로부터 깨달음을 얻고, 때로는 스스로에게 제재를 가하며 재난이라는 이름의 거인들을 차례차례 쓰러뜨렸습니다. 그것이 직립한 인간 '호모 에렉투스'에서 생각하는 인간 '호모 사피엔스'로의 변화입니다.

그러나 재난을 통제할 수 있다는 오만한 믿음이 깨질 때 비로소 우리는 인간이 얼마나 나약하고 무력한지 철저히 깨닫게 됩니다. 그것을 가장 잘 보여주는 장르가 바로 좀비물입니다.

인간들은 사냥꾼에게 쫓기는 토끼처럼 좀비에게서 달아나기 위해 발버둥 칩니다. 좀비에게 식탐밖에 남아 있지 않듯이 쫓기는 인간에게는 생존 본능만이 남아 있죠. 그러나 잠시나마 좀비에게서 벗어났을 때 지친 그들에게 엄습하는 것은 죽음의 공포입니다. 죽음은 살아 있는 그 누구도 피할 수 없는 것이지만, 우리는 평소 그것에 대해 잘 생각하지 않죠. 그러나 죽음을 목전에 둔 인간은 이전까지와는 다른 눈으로 세상을 바라보게 됩니다. 갑작스레 시한부 선고를 받은 이들이 그렇듯이 말입니다.

좀비에게 쫓기는 인간들은 그때부터 '도망치는 삶'을 살게 됩니다. 〈월드 워 Z〉에서 가장 인상적인 장면은 좀비를 피해 예루살렘 방벽 안으로 무사히 대피한 사람들이 환호하며 노래를 부르는 모습

노랫소리에 자극받아 성벽을 기어오르는 〈월드 워 Z〉의 좀비들.

인데요. 그러나 그 환희의 노랫소리는 좀비들을 자극하고, 좀비들은 결국 성벽을 기어올라 예루살렘을 아수라장으로 만듭니다. 아이러니하지요. 이제 살았다는 안도의 노랫소리가 공포에 질린 자들의 비명으로 바뀌다니 말입니다.

인간은 좀비에게서 도망칠 수 있을지는 몰라도, 죽음이라는 근원적인 공포에선 도망치지 못합니다. 공포에 질린 인간이 숨을 참는 것은 들키지 않기 위해서죠. 바로 죽음에게요.

좀비를 퇴치하는 방법은 머리를 공격하는 것입니다. 다리나 팔 따위를 자르는 것은 아무 짝에도 소용없습니다. 관건은 머리입니다. 머리. 총알을 박든 도끼로 쪼개든 뇌를 완전히 터뜨리는 것만이 좀비를 죽일 수 있는 가장 확실한 방법이죠. 그러나 보통 우리가 생각하기에 인간의 죽음과 가장 밀접하게 연계된 기관은 심장입니다.

흡혈귀를 죽일 때도 심장에 말뚝을 박으니까요.

좀비는 왜 심장이 아니라 머리를 공격해야 죽을까요? 이성이 마비된 존재이기 때문입니다. 이성은 동물과 인간을 가르는 가장 큰 척도죠. 그러나 일단 좀비에게 물리는 순간, 우리가 인간으로서 지키고자 노력했던 가치들은 전부 사라집니다. 인간다움의 기준도 리셋되지요. 가장 큰 비극은 여기에 있습니다. 이성에 기초한 철학과 지식, 도덕과 윤리, 인간의 존엄성, 그 모든 것이 무화되고 스러지는 겁니다. 남는 것은 이성을 상실한 채 돌아다니는 썩어가는 몸뚱이뿐입니다.

좀비물은 거대한 비이성이 사회를 잠식해가는 과정을 그리고 있습니다. 그리고 그것은 또한 현대의 재난이기도 합니다. 매스컴에서 내보내는 가짜 뉴스를 아무 의심 없이 곧이곧대로 믿는 사람들을 생각해보면 이해가 쉬울 것입니다.

한국형 좀비 블록버스터의 시초로 평가받는 영화 〈부산행〉의 첫 장면은, 고속도로 한복판에 자리 잡은 방역업체가 트럭을 소독하는 것에서부터 시작합니다. 방역업체는 별거 아니라며, 인근 바이오 단지에서 약품이 조금 샌 것뿐이라고 하죠. 그러나 관객은 그다음 장면에서 차에 치여 죽은 고라니가 관절이 기괴하게 꺾인 채 다시 일어나는 것을 보게 됩니다. 앞으로의 일이 심상치 않게 흘러갈 것을 익히 짐작할 수 있지요.

좀비 바이러스는 빠르게 전국에 퍼져나갑니다. 그러나 정부는 좀비 사태를 폭력 시위로 은폐하려 합니다. 언론 역시 정부의 말을

워킹데드 vs 미스트

그대로 받아쓰며 '안심하라'는 무의미한 뉴스를 내보낼 뿐이죠. 정부와 언론은 진실과는 전혀 상관없는 이야기를 하고, 사람들은 그 말을 별 저항 없이 믿습니다. 그러한 과정을 거치며 사태는 걷잡을 수 없이 커져갑니다.

좀비 아포칼립스는 멀리 있지 않습니다. 좀비에 감염된 사람들은 처음에는 의식을 서서히 잃다가, 끝끝내는 이성을 잃어버리고 맙니다. 〈부산행〉에서 이성이 마비된 좀비들은 객차의 문을 열지 못합니다. 어둠 속에서 다른 사물을 볼 수도 없지요. 이러한 점을 이용해, 주인공들은 좀비로 가득 찬 KTX에서 한 칸 한 칸 나아갑니다. 살아남기 위해, 그리고 소중한 이들을 지키기 위해서요. 그들의 모습은 비이성적인 좀비들과 대비되며 숭고하게 그려집니다.

이성이란, 감각만으로는 다 알 수 없는 그 너머의 무언가를 자각하는 힘입니다. 우리가 잊어버려서는 안 되는 것입니다. 왜냐하면, 우리는 인간이기 때문이지요.

> "(…) 아직도 모르겠어요? 이제 내 안에는 아무것도 안 남았어요. 아무것도. 난 이미 오래전에 죽은 것 같아요."
> "잊었어요? 이제 사람들은 죽어도 죽지 않아요. 어때요. 다시 살아날 때가 된 것 같지 않아요?"
> ─『워킹데드 15』, 릭과 안드레아의 대화

토미에
VS
카르멘

증식하는
팜므 파탈

살아남으려는
의지로 가득 찬 '한 조각'

이토 준지의 만화 『토미에』의 주인공 토미에는 헤어날 수 없는 매력을 가진 굉장히 아름다운 여자로 그려집니다. 새하얀 피부, 찰랑이는 긴 생머리, 미인의 상징인 눈 밑의 애교점까지. 일단 그녀를 한 번 보면, 남자들은 마치 파리지옥에 끌려가는 날벌레들처럼 행동하게 됩니다. 그녀는 심각한 나르시시스트에다 사치스럽고, 지독히도 이기적이지만, 그런 것은 아무래도 상관없죠. 토미에를 사랑하게 된 수많은 남자는 그녀의 말이라면 살인도 불사합니다. 남자들을 파멸로 이끄는 여자, '팜므 파탈'의 전형입니다.

19세기 말, 1890년대의 사회 분위기는 극도로 회의적이었습니다. 급격한 도시화로 인구는 기하급수적으로 늘어났지만, 대부분의 사람은 비참한 생활을 면치 못했죠. 그 시대의 분위기를 가장 예민하게 감지한 이들은 예술가들이었습니다. 그 때문일까요. 예술가들은 퇴폐적이고 파괴적이며 병적인 것에 극도로 집착합니다. '팜므 파탈' 역시 그러한 맥락에서 생겨난 말입니다.

팜므 파탈의 이미지는 크게 두 가지 키워드로 설명됩니다. '요부'와 '악녀'. 이들은 치명적인 성적 매력으로 남자를 유혹해 끝내는 파멸시키고 말죠. 팜므 파탈의 원형은 신화 곳곳에서 찾아볼 수 있습니다. 바위에 앉아 노래를 부르며 선원들을 유혹해 암초에 휘말리게 하는 그리스 신화의 '세이렌'이나, 유대교의 신비주의적 교리를 담은 카발라에 나오는 아담의 첫 아내 '릴리트' 등을 예로 들 수 있지요. 아담은 릴리트와 잠자리를 가질 때마다 그녀를 넘어뜨려 자신의 밑에 두려 했는데, 릴리트는 이러한 아담의 행동을 거부했습니다. 결국 릴리트는 아담을 비웃으며 홍해 근처로 옮겨 가 살았고, 거기서 악마들과 난잡하게 어울리며 하루에 100명의 악마를 출산합니다. 신은 그래서 아담에게 이브라는 순종적인 새 아내를 만들어줄 수밖에 없었죠.[1)

×
프란츠 폰 슈투크, 〈스핑크스〉

19세기 이후 팜므 파탈의 이미지는 여러 부분에서 재해석됩니다. 그중 눈에 띄는 것은, 결코 벗어날 수 없는 '불가항력적인 매력'이 추가되었다는 것입니다. '아침에는 네 발, 점심에는 두 발, 저녁에는 세 발인 것은?'이라는 수수께끼로 유명한 괴물 스핑크스는 고대 이집트에서 생겨났으며, 초기에는 남성의 모습이었다고 합니다. 하지만 이 역시 19세기 낭만주의 예술가들의 손을 거치면서 여성의 형태로 재탄생되었고, 남성을 유혹하는 강렬한 마성의 상징이 되었지요.

헤롯 왕 앞에서 반라로 춤을 춘 뒤, 그 답례로 세례자 요한의 잘린 목을 원했다는 신약성경의 '살로메'는 예술가들의 단골 소재였습니다. 오스카 와일드의 희곡 버전에서, 살로메는 자신이 아무리 유혹해도 돌아보지 않는 세례자 요한에 대한 애증 때문에 그를 죽음으로 몰아넣고 잘린 목에 열렬히 입을 맞추죠. 약간 으스스하기도 하지만, 그 들끓는 광기야말로 그 당시 예술가들이 그토록 집착하던 '낭만'의 실체였습니다. 그리고 낭만적인 이야기들의 끝에는 항상 파멸과 죽음이 있었습니다. 우리가 현재 찾아볼 수 있는 수많은 팜므 파탈은 그 파괴적이고 강렬한 서사들로부터 태어난 것입니다.

팜므 파탈은 현대에 와서는 '나쁜 여자'나 '섹시한 여자' 등으로 그 의미가 많이 축소되었는데요. 사실 팜므 파탈은 좋든 싫든 자신이 거스를 수 없는 어떤 운명 때문에 모두를 지옥행 급행열차로 이끌고 가는 그런 여자입니다. 그리고 그 운명은 그녀를 소유하고자 하는 남자들의 병적인 욕망과 집착에서 비롯되죠. 토미에의 이야기 역시 그러한 맥락에서 읽을 수 있습니다.

사실 토미에는 남자를 유혹한 뒤, 그가 자신을 찢어 죽이게끔 유도하는 요괴입니다. 토미에에게 빠져든 남자들은 자기도 모르게 토미에를 '찢어 죽이고픈' 이상한 충동에 시달리게 됩니다. 그리고 결국 그녀를 갈기갈기 찢고 나서야 자신의 행동을 자각하죠. 진짜 이야기는 여기부터입니다. 토미에의 조각들은 각기 수십 개, 수백 개의 토미에로 증식합니다. 100조각으로 찢겼다면 100명의 토미에가, 200조각으로 찢겼다면 200명의 토미에가 생기는 겁니다.

토미에와 견줄 수는 없지만 비슷한 수준의 재생력을 가진 동물이 있는데요. 바로 초등학교 과학시간에 한 번쯤 들어봤음직한 '플라나리아'입니다. 플라나리아는 몸을 가로로 잘랐을 때 머리 쪽의 단면에서는 꼬리가, 꼬리 쪽의 단면에서는 머리가 자라나는 경이로운 재생력을 가진 동물입니다. 100조각 이상으로 잘려도 재생된 전례가 있는데요. 이 때문에 재생의학계에서는 중요한 연구 표본이라고 합니다. 어쩌면 이토 준지가 토미에의 모티브를 여기서 따왔을지도 모를 일이죠.

재생에 관한 이야기는 그리스 신화에도 많이 등장합니다. 인간에게 불을 훔쳐다 주는 바람에 제우스의 노여움을 산 프로메테우스는 코카서스산에 포박된 채 독수리에게 간을 뜯어 먹히는 형벌에 처해지는데요. 낮 동안 독수리에게 뜯겨 너덜대는 간이 밤새 재생되기 때문에, 해가 뜨면 그는 또다시 고통받게 됩니다.

헤라클레스가 열두 가지 과업을 완수할 때 처치한 괴물 히드라

X

페테르 파울 루벤스, 〈포박된 프로메테우스〉왼쪽
루이 셰롱, 〈히드라를 퇴치하는 헤라클레스〉오른쪽

도 빼놓을 수 없습니다. 레르나의 늪지대에 살던 뱀 히드라는 아홉 개의 머리를 가진 괴물이었는데, 이 중 한 개의 머리는 불사의 존재였습니다. 잘라내도 잘라내도 이 불사의 머리에서 계속 새로운 머리가 자라나는 바람에, 헤라클레스는 결국 칼로 자른 부분을 횃불로 지져 다시는 재생하지 못하도록 했습니다. 하지만 이 모든 것이 토미에의 재생능력에 비하면 애교 수준일 뿐이네요.

토미에의 재생력은 암세포와도 비슷한 점이 있습니다. 암은 영어로 Cancer라 하는데, 이는 원래 황도 십이궁의 게자리를 일컫는 말입니다. 의사 히포크라테스가 유방암 환자들의 핏줄이 겉으로 도드라진 모습이 마치 게와 닮았다 하여 붙인 이름이 바로 Cancer입니다. 한번 물면 절대 놔주지 않는 게의 집게발처럼, 암은 정말 끈질

토미에 vs 카르멘

기고 집요한 세포지요.

인체는 60조 개가 넘는 세포로 이루어져 있습니다. 이 세포들이 나이가 들고 노화를 거치며 점점 그 기능을 다하는 겁니다. 하지만 암세포는 좀 다릅니다. 일단 생겨나면 죽지 않고 영원히 살 것처럼 온몸을 헤집죠. 암의 제일 무서운 점은 그것이 다른 조직을 침범하거나 다른 장기로까지 전이된다는 것입니다. 마치 뻗어나가는 나무 뿌리와 같지요. 암은 끝없이 증식하려 합니다. 토미에처럼요.

'증식'은 토미에가 자신의 개체수를 늘려가기 위해 택한 전략입니다. 토미에를 사랑하게 된 남자들이 그녀를 토막 내고 싶은 충동에 휩싸이는 것은 결코 우연이 아닙니다.

토미에가 특히 끔찍한 이유는 토미에의 조각들이 토막 나기 전의 모습으로 다시금 자라나고 있는 것을 목격할 때의 충격 때문입니다. 이 경이로운 재생력은 부러진 가지에서 새 잎이 나는 생명의 숭고함과는 달리 그 비정상적인 모습으로 인해 소름 끼치고 징그러운 것이 됩니다.

토막 난 조각뿐 아니라 카펫에 튄 핏방울에서까지 증식하는 등 토미에의 증식 방법은 실로 무궁무진합니다. 스트레스를 심하게 받을 경우 머리에서 새로운 토미에의 형상이 튀어나오기도 하며, 그녀의 피를 수혈받거나 장기를 이식받은 희생자는 자아를 잃고 토미에로 변해가지요. 그녀는 거의 신종 암세포와 다름없는 수준으로 재생하며 또 증식해갑니다. 염산 같은 독성 약물에 담가놓아도 재생 속도가 조금 늦어질 뿐, 토미에를 완전히 죽일 수는 없습니다. 토미에를 제거하는 방법은 불에 태워 완전히 없애는 것뿐입니다. 하지만 이미 타다 남은 재에서도 재생된 전력이 있기 때문에, 말 그 대로 '완전히' 불태우지 않으면 아무 소용이 없습니다. 영원히 죽지 않고 재생하는 아름답고 끔찍한 괴물, 그것이 바로 토미에입니다.

돌아오는 죄책감과 마녀사냥

공포 서사의 핵심은 '죽은 줄 알았는데 실은 죽지 않았다.'는 것인데요. 개봉 당시 수많은 아이의 밤잠을 설치게 한 영화 〈나이트메어〉의 악당 프레디의 경우를 보죠. 그는 십대 소년소녀들을 연쇄 살해하다가 결국 희생자들의 부모에게 불타 죽었습니다. 그리고 20년이 흐른 뒤 다시 돌아와서, 새로 태어난 아이들의 꿈에 들어가 갖은 방법으로 복수를 합니다. 이 설정의 치사한 점은 꿈속에서 그에게 공격당해 팔을 베이면 현실에서도 똑같이 팔을 베인다는 점이죠.

프레디는 토미에처럼 '죽여도 죽여도 살아 돌아오는 존재'입니다. 그 존재로부터 도망치고 싶어도 그럴 수 없다는 것, 그리고 그 앞에서 그저 속수무책이라는 것, 이러한 점들 때문에 더욱 끔찍한 이야기가 되죠. 프레디의 희생자들은 잠을 자지 않으려 노력하지만, 어쨌거나 잠을 자지 않고 버티는 데에는 한계가 있지 않겠습니까!

토미에는 예의 그 끔찍한 재생력으로 '증식'하여 우리에게 돌아오고 또 돌아옵니다. 정신분석학의 창시자 지그문트 프로이트는 우리가 의식에서 멀리 떨어뜨려둔 것들이 다시금 돌아오는 것을 '억

토미에 vs 카르멘

압된 것의 귀환'이라 설명했습니다. 우리가 시체를 매장하는 이유는 그것이 썩어가는 것을 차마 맨눈으로 지켜볼 수 없기 때문입니다. 그래서 땅속에 파묻어 그 존재를 잊으려 하는 것입니다. 물리적으로나, 정신적으로나 말이죠.

공포영화에서 무덤을 파헤치고 기어 나오는 공동묘지의 시체들은 우리가 잊으려 했던 '죽음'들을 다시금 환기시킵니다. 토미에 역시 귀환합니다. 여기, 절단된 신체가 있습니다. 예컨대 팔목이라고 하죠. 자연스럽게 우리는 이 잘린 팔목의 나머지 부분을 상상하게 됩니다. 이 팔목의 주인은 누구지? 팔목 윗부분은 어디로 갔지? 다리는? 발목도 잘린 것인가? 머리는 어떻게 됐지? 상상력은 또 다른 공포를 만들어냅니다.

그 때문에 토미에가 보여주는 것이 비록 잘린 팔목 한 토막일지라도, 우리는 거기서 그 이상의 것을 보게 됩니다. 우리가 불편함을 느끼는 이유는 그 출처를 짐작할 수조차 없는 토미에의 한 조각이 우리의 상상력 안에서 크리스마스 입체 카드처럼 펼쳐지는 것을 견딜 수 없기 때문입니다. 토미에의 끔찍함은 그녀의 경이적인 재생력과 독자의 상상력이 결합하는 순간 비로소 완성되는 것입니다.

> 실제의 삶이 혼돈이건만, 상상의 세계엔 끔찍하도록 논리적인 뭔가가 있었다. 죄악의 발꿈치를 쫓아가 물도록 개를 푸는 것이 상상력이었다. 모든 범죄가 기형의 새끼를 치도록 하는 것이 상상력이었다.
>
> ─오스카 와일드, 『도리언 그레이의 초상』

『토미에 PART 1』에서 토미에는 담임선생과 불륜을 저지른 여고생으로 처음 등장하는데요. 반 학생들이 다 같이 간 체험학습 도중, 토미에는 아무래도 임신한 것 같다며 부인이랑 헤어지지 않으면 관계를 학교에 폭로하겠다고 선생을 협박하다 발을 헛디뎌 절벽 밑으로 떨어져 죽습니다. 그리고 사실을 은폐하고자 했던 선생과 반 친구들에 의해 42조각으로 토막 나죠.

토막 난 토미에는 반 아이들에게 공평하게(?) 나뉘어 처리되었습니다. 이렇게 사건은 일단락되는 듯 보이나, 죽은 토미에가 멀쩡히 다시 등교함으로써 학교는 아수라장이 됩니다.

우리는 토미에를 '억울하게 죽은 이가 귀신이 되어 가해자 앞에 다시 등장하는' 서사 구조로 다뤄볼 수도 있습니다. 그녀 역시 살인자에게는 '잊고 싶은 존재'입니다. 하지만 그 '잊고 싶은 존재'가 멀쩡히 살아서 돌아올 때, 그들은 우리가 생각지도 못했던 파괴적인 힘을 가집니다. 스티븐 킹의 소설 『캐리』의 주인공 왕따 소녀 캐리는 파티 날 자기에게 돼지 피 양동이를 뒤집어씌워 조롱한 사람들을 무시무시한 염력으로 몰살시키며, 영화 〈13일의 금요일〉의 살인마 제이슨 역시 또래 아이들 때문에 강에 빠져 죽은 뒤 가면을 쓰고 재등장하여 살육의 축제를 벌입니다.

『변신 이야기』에 나오는, 페르세우스에게 죽은 괴물 메두사 역시 마찬가지입니다. 그녀는 눈이 마주친 자들을 돌로 변하게 하는 것으로 유명하죠. 하지만 인간 시절 그녀는 탐스러운 머리카락을 가진 절세미녀였다고 합니다. 그녀에게 한눈에 반한 남자들이 매일같이 줄을 섰지요. 바다의 신 포세이돈도 마찬가지였습니다. 그러던 어느 날, 포세이돈은 아테나의 신전에서 메두사와 보란 듯이 사랑을 나눕니다. 그 장면을 우연히 목격한 아테나는 분노한 나머지 메두사의 머리털을 흉측한 뱀 떼로 바꿔버리고 그녀를 괴물로 만들죠.

후에 메두사를 퇴치한 페르세우스는 그 머리를 아테나에게 바치는데, 아테나는 그것을 자신의 방패에 달았다고 합니다. 메두사의 머리는 죽어서도 한을 풀지 못한 채 전장의 선봉에 서서 자신을 쳐다보는 모든 것을 돌로 만들어버립니다.

잊힌 자들이 귀환할 때, 그들은 우리가 마음 깊숙이 팽개쳐둔 죄책감을 함께 몰고 옵니다. 공동체에서 내쳐진 자들이 괴력을 가진 존재로 변하여 기존의 공동체를 파괴하는 것, 그것이 바로 공포 서사의 핵심입니다.

『토미에』의 첫 에피소드에서, 토미에는 분명 희생자였죠. 그녀가 42조각으로 토막 난 이유는 피해자인 그녀를 제외한 학생 수가 42명이었기 때문입니다. 심지어 그들이 토미에를 토막 낼 당시 그녀는 아직 살아 있었지만, 그들은 그 사실을 알고도 살인을 멈추지 않았지요.

그들은 토미에의 조각을 나눠 갖고, 그것을 적당한 곳에 버렸습니다. 그러나 그렇게 토막 난 토미에가 엄청난 재생 능력으로 증식하면서, 토미에의 이야기는 그 서막을 올리게 됩니다.

한 가지 질문을 해볼까요. 토미에는 스스로 자기 몸에 상처를 입힐 수도 있습니다. 예컨대 새끼손가락 한 마디를 자른다고 가정해보죠. 그녀의 재생력은 상상을 초월하므로 새끼손가락 한 마디

정도야 금방 자라날 것이고, 그렇게 하면 별 힘을 들이지 않고도 간단히 증식할 수 있겠죠. 그러나 그녀는 그렇게 하지 않습니다. 왜 그럴까요.

게다가 부활한 토미에는 아무도 죽이지 않습니다. 다만 다시 나타날 뿐입니다. 토미에의 특이한 점은 자기를 죽인 대상에게 보복하지 않는다는 것입니다. 그녀는 정말이지 아무것도 하지 않습니다. 마치 아무 일도 없었다는 듯이, 그 기묘하고도 서늘한 미소를 지으며 다시 나타날 뿐입니다. 그러나 돌아온 토미에는 그녀를 토막 낸 살인자에게는 분명 '잊고 싶은 존재'이자 '다시금 억압하고 싶은 존재'일 수밖에 없습니다. 살인은 반복되고, 그녀는 다시금 증식하죠.

사진과 초상화 속의 본질
『도리언 그레이의 초상』

『토미에 PART 1』의 여러 에피소드에서 불운하게 토미에와 엮이는 사진부 소녀 츠키코는 우연히 토미에의 사진을 찍게 되는데요. 사진 속 토미에가 마치 분열하려는 듯이 겹쳐 보이는 모습에 경악을 금치 못합니다.

사진의 한자는 베낄 사寫, 참 진眞을 씁니다. 진실을 본뜨다, 베끼다라는 뜻이죠. 사물의 형태를 정확하게 사생한다는 의미입니다. 사진에 토미에가 이렇게 찍히는 것은 그녀의 본모습이 그렇기 때문입니다.

츠키코의 사진에 찍힌 토미에의 모습.

『토미에 PART 2』의 '화가' 편에도 비슷한 내용이 나오죠. 촉망받는 화가 모리는 토미에를 뮤즈 삼아 그녀의 모습을 그립니다. 하지만 천신만고 끝에 완성한 그림 속의 토미에는 츠키코의 사진에서처럼 이상한 모습입니다. 모리는 츠키코와 마찬가지로 토미에의 '본질'을 파악하는 능력을 갖춘 사람인 것입니다(토미에는 능력 없는 최악의 화가라며 독설을 퍼붓지만…). 본질을 꿰뚫어볼 수 있는 사람들은 토미에의 본모습을 알아봅니다. 그녀는 '분열하려는 괴물'이자, '분열' 그 자체입니다. 분열이란 나뉘려고 하는 의지입니다. 끝도 없이 양쪽으로 찢어져 나가려는 것이죠.

『토미에』에서 중요한 설정 중 하나는 증식한 토미에들이 서로를 만났을 때 일어나는 일들입니다. 기껏 그렇게 증식했으면 좀 사이좋게 지내도 좋을 법한데, 증식한 토미에들은 왜인지는 모르지만 서로를 미친 듯이 싫어합니다. 그뿐만 아니라 완전히 죽여버리고 싶어하죠.

그녀는 남자들이 자기를 찢어 죽이게 하면서까지 증식을 꾀하지만, 분열한 토미에들은 정작 서로에게 극심한 살의를 느낍니다. 토미에들은 결코 공존할 수 없습니다. 심지어 제 몸에서 분열 중인 토미에와도 싸우죠. 서로 이 가짜를 당장 죽여버리라고 소리 지르기 때문에 토미에에게 종속된 노예들은 누구 말을 들어야 할지 몰라 우왕좌왕합니다.

고대인들은 몸을 두고 '영혼이 담긴 그릇'이라고 생각했습니다. 그러나 서구 철학에서 몸은 곧잘 영혼보다 열등한 것으로 다루어졌고, 심지어 영혼의 감옥으로 취급되기도 했지요. 로마 황제이자 철학자인 마르쿠스 아우렐리우스는 "사람은 시체를 가지고 다니는 작은 영혼"이라는 말을 남기기도 했습니다.[2]

인간의 몸을 재해석하려는 시도들은 근대 후기에 이르러서야 본

토미에 vs 카르멘

서로 상대방이 가짜라고 주장하며 살의에 불타는 토미에들.

격적으로 이루어집니다. 프랑스의 철학자 메를로 퐁티는 '몸'을 새롭게 바라보고자 했던 사람입니다. 그는 우리의 몸과 의식이 뒤엉켜 있음을 지적하며, 나쁜 습관이 몸에 배는 것처럼 몸과 의식이 분리될 수 없음을 이야기했지요. 어쩌면 그것이 바로 '영혼이 담긴 그릇'의 진짜 의미일지도 모릅니다. 고대인들의 말처럼 몸이 '영혼이 담긴 그릇'이라면, 토미에의 몸에는 토미에의 영혼이 담겨 있는 셈이죠. 설령 그것이 찢겨지거나 토막 난다 해도 마찬가지입니다. 사진에 찍힌 그녀의 본질(영혼)이 그러하듯, 그녀의 몸 역시 분열하려는 의지로 가득 차 있는 것입니다.

오스카 와일드의 소설 『도리언 그레이의 초상』에는 자기 초상화와 얼굴을 맞바꾼 청년 '도리언 그레이'가 나옵니다. 금발에 푸른

눈, 발그레한 장밋빛 뺨을 한 상당한 꽃미남이죠. 쾌락주의자이자 탐미주의자였던 도리언은 자신의 아름다운 초상화를 보고 좌절합니다. 자신은 점점 늙겠지만 이 초상화는 언제나 그대로일 거라고, 자신 대신 초상화가 늙는다면 영혼이라도 내어주겠다고요.

어떤 악마가 그 말을 주워들었는지는 몰라도, 그때부터 도리언 대신 초상화가 늙는 기이한 현상이 일어납니다. 이 사실을 알게 된 뒤부터, 도리언은 약물에 찌들고 범죄자들과 어울리는 등 방탕한 생활을 거듭합니다. 연인이었던 여배우를 매정하게 버려 자살하게 만들기도 하지요. 그렇지만 너무도 순수한 얼굴을 하고 있었기 때문에, 누구도 그가 그런 짓을 했다곤 믿지 않습니다. 도리언의 생기 넘치는 아름다움이 그의 죄에 가면을 덧씌워준 겁니다.

도리언은 점점 늙어가는 초상화를 보면서 불안해하는 동시에, 누군가가 초상화를 볼까 봐 두려워합니다. 그래서 외딴 방에 초상화를 숨겨놓고 문을 잠가버리죠. 그 방에 출입할 수 있는 것은 오로지 도리언뿐입니다. 이따금씩 그가 초상화를 들춰볼 때마다 그 몰골은 점점 더 추하고 사악하게 변해가는데, 그는 그때마다 질겁하며 혐오감에 몸서리칩니다. 자신의 영혼이 부패하는 것을 실시간으로 들여다보는 건 어떤 기분일까요. 도리언은 악행을 잊으려고 또 다른 악행을 저지르며, 죄의 늪으로 깊이 잠겨 들어갑니다.

"안다는 건 치명적이지. 사람을 매료시키는 건 불확실함이란다.
안개가 끼면 사물이 훌륭해 보이거든."

"길을 잃을 수도 있어요."

X

영화 〈도리언 그레이의 초상〉의 한 장면.
도리언 그레이가 자신의 초상화를 보고 있습니다.

"모든 길은 똑같은 지점에서 끝난단다, 글래디스."

"어떤 지점이오?"

"환멸이지."

　　－『도리언 그레이의 초상』, 헨리 경과 글래디스 공작부인의 대화

　몇십 년간 늙지 않고 아름답게 빛나던 도리언 그레이의 얼굴은 그의 본모습이 아니었습니다. 그의 실체는 그의 초상이었죠. 아무도 가지 않는 밀실 안, 자주색 덮개 밑의 캔버스에 그려진 얼굴, 그것이 도리언 그레이의 본모습입니다. 토미에의 실체도 사진 속에서 드러납니다. 그 속에는 끝도 없이 찢겨져 나가려고 하는 그녀의 본질만이 남아 있습니다. 어쩌면 수많은 남자들이 토미에를 찢어 죽이고

싶어 하는 것은 '분열'이라는 그녀의 본질이 그들에게 빙의되기 때문인지도 모릅니다. 진실이란 때론 마주하기 너무도 참혹한 것이지요.

또 다른 팜므 파탈
〈카르멘〉

> 모든 여자는 쓸개즙처럼 쓰다.
> 그러나 달콤한 순간도 있으니, 하나는 침대에 있을 때이고 다른 하나는 죽었을 때이다.
>
> ―프로스페르 메리메, 『카르멘』 서문에서

비제의 오페라 〈카르멘〉은 팜므 파탈 이야기의 전형이라고도 할 수 있습니다. 순진한 군인 돈 호세를 유혹해 파탄에 빠뜨리는 악녀 카르멘이 주인공이지요. 〈카르멘〉은 오페라로 더 유명하지만, 원작은 프로스페르 메리메의 1845년작 소설입니다. 원작의 카르멘은 오페라 버전보다 훨씬 더 악랄하고 마성적인 여자로 그려집니다.

바스크 사람 돈 호세는 기병대 하사관으로, 곧 승진할 예정이었습니다. 그러나 세비야의 담배 공장 경비를 서면서부터 위기가 찾아오죠. 시가를 마는 여공들 중 그 특유의 아름다움으로 모두의 시선을 끄는 이가 있었으니, 바로 집시 여인 카르멘이었습니다. 남자들이 그녀의 차림새에 대해 야한 농담을 늘어놓으면, 카르멘은 보헤미안다운 뻔뻔함으로 그 모든 말에 일일이 대꾸하죠. 돈 호세는 그런 카르멘이 별로 마음에 들지 않았지만, 어느 날 그녀가 실없는 농담과 함께 입에 물고 있던 흰 꽃을 던지자 그만 마법처럼 그녀에게 홀려버리고 맙니다.

몇 시간 후 돈 호세는 공장에서 폭력 사건이 일어났다는 이야기를 듣고 출동하는데, 이럴 수가, 카르멘입니다. 동료 여공과 다투다 상대의 뺨을 칼로 그어버렸다는 군요. 세상에, 정말 화끈하네요. 단번에 카르멘의 감옥행이 결정되고, 돈 호세는 그녀를 감옥까지 호송하는 일을

×
〈카르멘〉의 포스터.

맡습니다. 그러나 그의 바스크 사투리 억양을 알아본 카르멘이 자기도 같은 고향이라며 엉터리 바스크어를 섞어 애걸하자 돈 호세는 마음이 약해져 그만 그녀를 놓친 척하고 말죠. 당연히 영창행입니다. 승진은 물 건너갔을뿐더러, 강등까지 되고 맙니다. 돈 호세는 말합니다.

그녀는 언제나 거짓말을 했어요. 그 여자가 평생 단 한 마디라도 진실을 말한 적이 있는지 저는 잘 모르겠습니다. 하지만 그녀가 말하면 저는 믿었습니다. 저로서는 어쩔 수가 없었어요.

'어쩔 수가 없는 것', 그것이 카르멘이라는 덫에 걸린 그의 숙명일지도 모릅니다. 돈 호세는 마치 술에 취하기라도 한 것처럼, 이성적인 생각을 할 수가 없었습니다. 감옥 창살 너머 어디에도 그녀와 비슷한 사람은 없었죠.

그리고 몇 달 뒤, 영창에서 풀려나온 돈 호세는 연대장 저택 앞에서 보초를 서던 중 연회장에 춤을 추러 온 카르멘과 다시 마주칩니다. 장교들이 카르멘에게 추파를 던지는 소리를 들으며 돈 호세는 '그녀에게 달콤한 말을 속삭이는 건방진 젊은 놈들의 배때기에 칼을 꽂을 생각'을 몇 번이고 하죠. 그리고 그의 말에 따르면 그가 카르멘을 제대로 사랑하기 시작한 것은 바로 이날부터였습니다. 이 병적인 집착이 훗날 돈 호세를 파멸시키는 주범입니다.

결국 돈 호세는, 어느 날 그녀가 자기 상관과 다정히 있는 모습을 보고 질투에 사로잡혀 그만 상관을 칼로 찔러 죽여버립니다. 카르멘은 교수형의 위기에 처한 돈 호세에게 함께 달아나 보헤미안의 삶을 살자고 제안하는데요. 돈 호세는 이때부터 산적 '돈 호세 나바로'로서 악명을 떨치게 됩니다.

카르멘은 돈 호세의 질투심을 자극하는 데 도가 텄습니다. 어느 날 카르멘은 감옥의 군의관을 꼬드겨 보헤미안 남편 '애꾸눈 가르시아'를 탈옥시키는데요. 돈 호세는 카르멘에게 남편이 있었다는 사실에 한 번 전율하고, 그놈이 세상에 둘도 없는 악당이라는 사실에 두 번 전율하게 되죠. 카르멘은 가르시아 앞에서 갖은 교태를 다부리며, 돈 호세가 온몸의 피가 끓어오를 듯한 질투심에 괴로워하는 것을 즐깁니다. 얼마 뒤 가르시아는 단단히 벼르고 있던 돈 호세의 손에 죽고 말죠.

카르멘은 '사업'을 하러 지브롤터에 가기도 하는데요. 말이 사업이지, 남자를 홀려 사기 결혼 한 뒤 전 재산을 갈취하는 일입니다. 돈 호세는 자신을 갖고 노는 카르멘의 변덕에 진저리를 칩니다. 그리고 그녀를 통제하고 싶어 하죠. 카르멘은 그것을 견디지 못합니다. 비극은 여기서부터 시작됩니다.

> 알아, 그거? 당신이 남편이 되고 나서부터 난 당신을 덜 사랑해. 당신이 애인일 때보다 말이야. 내가 원하는 건 자유로운 것, 그리고 하고 싶은 걸 하는 거야. 나를 막다른 길로 몰지 마. 계속 짜증 나게 하면 착한 남자 하나를 골라서 당신이 애꾸눈한테 해준 것처럼 해주라고 할 거야.

카르멘이 잘나가는 미남 투우사를 보헤미안 패거리에 끌어들이려 하자 돈 호세의 질투심은 또 발동하는데, 그때 그는 유례없이 카르멘에게 폭력을 쓰기도 합니다. 그의 정신은 점차 너덜너덜해져 극단으로 치달아갑니다. 그러나 보헤미안 일행이 급습당해 돈 호세가 크게 다쳤을 때, 카르멘은 그를 아주 극진히 간호하기도 하죠. 카르멘의 이런 일관성 없는 태도에 돈 호세는 더욱 혼란스럽습니다.

이런 짓거리는 그만두고 신대륙으로 가서 정직하게 살자고 돈 호세가 애걸하지만, 카르멘은 우리는 양배추나 심자고 태어난 사람들이 아니라며 단번에 코웃음 치죠. 그녀는 말합니다.

우리는 이방인의 돈으로 사는 거야.

파국은 점점 가까이 다가옵니다. 돈 호세는 카르멘에게 '너 때문에 파멸했다.'며 계속 함께 떠나자고 하지만 그녀는 들은 척도 않죠. 돈 호세의 태도는 카르멘을 더 질리게 만들 뿐입니다. 돈 호세는 카르멘이 '당신을 더 이상 사랑하지 않는다.'고 말하며 자신이 준 반지를 던져버리자 격분하여 그녀를 찔러 죽이고 맙니다. 그리고 경비대로 가서 자수하죠. 아카시아 꽃향기와 피 냄새가 가득한 비극은 이렇게 막을 내립니다.

잘못은 과연
보헤미안들에게 있을까?

소설 『카르멘』의 화자인 고고학자는 카르멘을 처음 보고서 이렇게 말합니다.

그것은 기이하고도 야만적인 아름다움이었다. 처음 보고는 놀라지만 잊을 수 없는 얼굴이었다. 특히 눈은 사나우면서도 관능적인

토미에 vs 카르멘

표현을 갖고 있었는데, 그 이후 나는 그 어떤 인간의 시선에서도 그런 표현을 본 적이 없다. 보헤미안의 눈, 늑대의 눈. 이 스페인 속담은 좋은 관찰을 담고 있다. 식물원에 가서 늑대의 눈을 연구할 시간이 없다면 참새를 노리는 고양이의 눈을 보라.

맹수의 눈을 하고 있는 집시들. 카르멘 역시 그러합니다. 이 소설의 마지막 문장은 다음과 같습니다. "잘못은 그녀를 그렇게 키운 보헤미안들에게 있다." 비제의 〈카르멘〉은 초연되었을 당시 큰 반향을 얻지 못했습니다. 전통적 여성상과는 한참 먼 여주인공의 성격도 한몫했지만, 대중은 천대받던 집시가 주인공인 것을 쉽사리 받아들이지 못했습니다.

15세기 말 유럽에 당도한 집시들은 '보헤미안' '이집트 사람들' '치가니' '치고이너' 등으로 불렸습니다. 집시 남자들은 주로 날품팔이로, 여자들은 손금을 보고 미래를 점치는 것으로 생활을 이어나갔죠. 이들은 이단자처럼 화형에 처해지진 않았지만, 행실이 단정치 못한 사기꾼 취급을 받았습니다.[3] 집시들이 걸치고 있는 옷만 하더라도 저질 옷감으로 만든 요란한 모양의 것이 대부분이었죠.[4] 독실한 기독교 단체들은 집시들이 정욕을 불러일으키는 춤을 추면서 스캔들을 일으킨다고 고발하기도 했습니다. 떠돌이, 방랑자, 사소한 좀도둑질을 일삼는 신뢰할 수 없는 무리들. 이들이 집시였습니다. 집시는 유럽 사회에 널리 퍼져나갔으나, 결코 뿌리내리진 못했습니다. 언제나 이방인으로서 천대받았지요.

당신은 나한테 불가능한 걸 요구하고 있어. 나는 더 이상 당신을 사랑하지 않아. 당신은 나를 사랑하지. 그리고 그 때문에 나를 죽이려고 해. 나는 아직도 당신한테 얼마간의 거짓말을 할 수 있을 거야. 하지만 그러고 싶지가 않아. 우리 사이는 이제 끝났어. 당신은 남편으로서 나를 죽일 권리가 있어. 하지만 카르멘은 언제나 자유로울 거야. 보헤미안으로 태어나서 보헤미안으로 죽을 거야.

카르멘은 '보헤미안으로 태어나서 보헤미안으로 죽겠다.'고 말합니다. 넘치는 자기애에서 오는 자유분방함이 토미에와 카르멘의 비슷한 점입니다. 팜므 파탈은 자신이 원하면 합니다. 마음이 내키면 합니다. 자기가 원하는 게 무엇인지 분명히 알고 있죠. 또한 그것을 요구하는 데에도 거침이 없습니다. 그 때문에 팜므 파탈을 사랑하는 수많은 남자는 속수무책으로 끌려가게 됩니다. 줄을 당기는 것은 언제나 팜므 파탈 쪽이죠. 그 인력은 관계에 있어선 곧 권력이 됩니다.

다시 말해 돈 호세가 카르멘에게 집착하는 이유는 그에게 권력이 없기 때문입니다. 카르멘은 돈 호세가 자신의 질투심을 유발시키려는 순간 바로 흥미를 잃고 떠나버릴 것입니다. 왜냐하면 그것은 '월권'이기 때문이죠. 카르멘이 일부러 돈 호세의 질투심을 자극하는 이유는 그가 얼마나 자기에게 빠져들었는지, 그 헌신의 척도를 확인하는 과정이기도 합니다. 한편으로는 돈 호세가 절대로 할 수 없는 일이기도 하죠.

카르멘이 돈 호세를 조련하는 것을 보면 기가 막힙니다. 돈 호세

토미에 vs 카르멘

는 카르멘과 꿈같은 시간을 보내던 중, 귀영을 알리는 북소리가 울리자 안절부절못하며 가봐야겠다고 합니다. 그러자 카르멘은 방금 전까지의 농염한 태도는 싹 거둔 채 새가슴이라며 경멸을 담아 조롱하죠. 결국 돈 호세는 또 한 번 영창을 각오하고 남지만, 다음 날 아침 카르멘은 이제 당신에게 빚은 다 갚았다며 그를 싸늘히 비웃고 떠나버립니다.

카르멘이 이토록 제멋대로 굴어도 돈 호세는 계속해서 끌려갈 수밖에 없습니다. 그는 불안이라는 목줄을 차고 있는 사람입니다. 그가 자신의 숨통을 조이는 줄을 카르멘의 목에도 채우려 하는 그 순간, 집착은 시작되는 것입니다. 불안은 관계를 좀먹고, 자신과 상대방의 영혼을 모두 갉아먹습니다. 그러나 멈출 수도 없지요. 불안은 마침표도 없이 계속해서 이어지는 문장과도 같습니다. 절벽을 향해 돌진하는 전차와도 같습니다. 어떤 길로 가든, 그 끝은 모두 낭떠러지로 나 있을 뿐이죠.

카르멘이 사악하다 불리는 것은 어쩌면 돈 호세를 유혹했기 때문이 아니라, 그 누구에게도 종속되지 않기 때문인지도 모릅니다. 카르멘은 전통적인 여성상을 결코 따르지 않습니다. 오히려 자신의 토대를 버리고 카르멘을 따라 보헤미안의 삶을 택한 것은 돈 호세였죠. 카르멘 앞에서 돈 호세는 저항할 생각도 하지 못하고 그녀의 마력에 순종합니다. 그녀 앞에서 전통적인 남성상이나 여성상은 존재하지 않습니다. 카르멘은 단지 카르멘이고 카르멘으로서 행동합니다. 거기에 돈 호세는 그저 수동적으로 끌려갈 뿐이죠. 돈 호세는 그녀에게 말합니다. "너는 악마야." 카르멘은 답합니다. "맞아."

×

훌리오 로메로 데 토레스의 그림들.
〈칸테 혼도〉^위
〈알레그리아스〉^{아래}

홀리오 로메로 데 토레스는 〈카르멘〉
의 배경이기도 한 코르도바에서 태어
나, 평생 안달루시아(스페인 남부)의 집
시 여인들을 그린 화가입니다. 〈알레
그리아스〉에서 플라멩코를 추는 여인
의 도발적 의상과 몸짓, 눈빛에서 카
르멘이 연상됩니다. '칸테 혼도'는 플
라멩코의 일종으로 '깊은 노래'라는
뜻을 담고 있습니다. 〈칸테 혼도〉도
〈카르멘〉처럼 극단의 사랑을 그려낸
작품입니다. 그림 아래, 연인을 막 살
해하고 혼란에 빠진 남자의 모습은 돈
호세를 연상케 합니다. 〈칸테 혼도〉에
는 운명, 사랑, 질투, 죽음, 모두가 녹
아들어 있는데 이 모두는 집시들이 칸
테 혼도로 노래한 주제들이기도 합니
다. 실제로 화가는 이렇게 이야기했다
고 합니다. "내 그림들은 칸테 혼도의
모티브에 지나지 않는다."

카르멘은 감옥 앞에서 도망치기 직전, 돈 호세에게 명령합니다. "넘어져요, 그다음엔 내가 알아서 할 테니." 그는 그렇게 합니다. 또 그가 상관을 죽였을 때도 카르멘은 명령합니다. "당신은 너무 멍청해서 소매치기는 할 수가 없어. 하지만 날쌔고 강하단 말이야. 배짱이 있으면 해변으로 가서 밀수업자가 되도록 해." 그래서 돈 호세는 보헤미안 무리의 일원이 되지요. 돈 호세는 그녀가 별로 힘들이지 않고 자신을 결심시켰다고 회고합니다. '명령'은 아주 달콤합니다. 포도처럼요.

카르멘Carmen이라는 이름의 어원은 본디 포도나무나 포도 열매를 뜻하는 아랍어 '까름'에서 왔습니다. 뙤약볕 아래서 새까맣게 익어가는 정열의 과일, 그것이 카르멘입니다. 포도나무는 척박한 땅에서도 잘 자라죠. 기독교에서 포도나무는 생명나무로 여겨지고, 천주교에서 포도주는 '피'로 상징되어 성체의식에 쓰이기도 합니다. 생명력의 원천, 뻗어나가는 포도덩굴과 같은 그 넘치는 자유로움의 본질이 팜므 파탈들 안에 깃들어 있습니다. 그 거침없는 자유로움이 그들을 더욱 빛나게 만듭니다. 카르멘은 여러 얼굴을 가지고 있죠. 굉장히 헌신적인 모습을 보여주는가 하면 어느 순간 차갑게 돌변하기도 합니다. 돈 호세는 카르멘에게서 어린아이 같은 천진함과 성숙한 여인의 매력을 모두 보았습니다. 심지어는 아주 잠깐이지만 '정직한 여인의 조심성'을 보기도 했지요. 그 수많은 모습 중에 무엇이 진짜고 가짜인지 구별할 필요는 없습니다. 그 모든 모습이 다 그녀이기 때문이죠. "카르멘의 기분은 우리 고향의 날씨 같았습니다. 그곳의 산에서는 해가 쨍쨍 빛날 때 폭풍우가 가장 가깝습니다." 카르멘의 얼굴을 보았다고 생각하는 순간, 그녀는 가장 멀리 가 있습니다. 그녀는 실로 무지개 같은 여자입니다. 결코 잡히지 않는.

토미에 역시 마찬가지입니다. 토미에가 매력적인 이유는 그 메마르지 않는 엄청난 자기애에 있습니다. 그녀는 자신을 따르는 남자들을 결코 사랑하지 않습니다. 토미에가 관심 있는 것은 오직 자기 자신뿐, 오만한 그녀는 자신의 미모를 증명받기 위해 남자들의 관심을 이용할 따름입니다. 그녀는 쉽사리 함락되지 않는 남자에게 집착하지만, 막상 그를 무너뜨리고 나면 비웃으며 떠나버리죠.『토미에 PART 3』'새끼손가락' 편에서, 4형제의 집에 계모로 들어간 토미에가 유일하게 관심을 보이는 사람은 못생긴 데다 열등감으로 가득 찬 막내아들입니다. 그는 토미에가 보여주는 호의를 놀리는 것이라 생각하고 외면하지요. 그럴수록 그녀는 그에게 더 매달립니다. 이야기의 마지막에서 그녀는 결국 막내아들의 마음을 사로잡는데, 그 순간 바로 '너도 이제야 놀려먹은 보람이 있는 남자들 중 하나가 됐다.'면서 깔깔대고 사라져버립니다.

토미에를 추종하는 남자들은 그녀에게 이끌리는 동시에 그녀를 혐오합니다. 그녀는 카르멘처럼 절대로 다른 사람에게 종속되지 않기 때문입니다. 토미에의 미모에 홀린 남자들은 그녀의 몸을 열렬히 원하지만, 알 수 없는 힘에 이끌려 결국 찢어버리게 되죠. 그러나 그렇게 한다고 해도 그들은 토미에를 소유할 수 없습니다. 그 조각들은 각기 또 다른 토미에로 자라나 결국 토미에 자신으로 귀결됩니다. '토미에'라는 실체는 결코 파괴되지 않는 것입니다.[5]

토미에 vs 카르멘

거스를 수 없는 힘을 가진 어떤 상대에 의해 무력하게 끌려가고 있다는 것을 확인했을 때, 우리의 마음속은 두려움으로 가득 찹니다. 그 힘을 차단하는 방법에는 두 가지가 있지요. 그 관계를 포기하거나, 아니면 그 근원을 박살 내는 것입니다. 그 외에 다른 방법은 없습니다. 그래서 돈 호세는 카르멘을 찌른 것이고, 토미에를 사랑한 남자들은 토미에의 몸을 찢은 것입니다. 그들은 열심히 합리화합니다. '그녀를 너무 사랑해서 그랬어.' '그녀가 나를 무시했기 때문이야.' '잘못은 그녀를 그렇게 키운 보헤미안들에게 있어.' 그러나 과연 그럴까요? 남자들이 그들 욕망의 근원인 토미에의 몸을 무참히 찢으며, 파국의 원인을 그녀에게 돌리는 모습은 우리에게 어떤 불편함을 던져줍니다.

중세의 마녀사냥에서 수많은 이가 마녀로 몰려 무고하게 죽은 것은 희생양이 필요했기 때문입니다. 기형아가 태어나거나, 전염병이 돌거나 대기근이 닥쳤을 때 사람들이 필요로 했던 것은 '위로'가 아니라 '이유'였습니다. 사람들에게는 자신에게 닥친 거대한 불행을 납득할 만한 이유가 필요했습니다. 그 이유가 아무리 터무니없고 허황된 것이라 할지라도 말입니다. 마녀 역시 십자군 원정 실패로 인한 사회불안의 주범으로 지목되었습니다. 그 때문에 수많은 사람이 고문에 못 이겨 거짓 자백을 하고 마녀로서 불타 죽었지요.

그렇게 죽은 이들의 재산은 전부 몰수되었고, 영주와 주교, 이단 재판관들은 짭짤한 수익을 올릴 수 있었습니다. 십자군 원정 실패의 책임에서도 한 발짝 물러나 있을 수 있었지요. 마녀사냥과 같은 집단 광기가 가능했던 것은, 이교도를 탄압한다는 명목 아래 자신들의 권력을 공고히 하려는 지배 계층의 존재 때문이었습니다. 흡혈귀와 늑대인간으로 몰린 사람들 또한 마녀와 같은 희생양이었지요. 희생양은 필요에 의해 괴물이 됩니다. 그리하여 무고한 이들의 희생은 '괴물의 죽음'으로 합리화되는 것입니다. 합리화가 무서운 건, 처음에 자신의 죄책감을 덜기 위해 왜곡한 것을 나중에는 정말로 진실이라 믿어버린다는 점이죠.

남자들은 '주체적이고 독립적인 여성'에 대한 공포와, 무책임한 연애를 즐기고 싶은 욕망을 팜므 파탈에게 투영했습니다. 19세기 말 팜므 파탈이 대유행한 덕분에, 남자들은 낯 뜨거운 애정행각을 벌이고도 스스로를 합리화할 수 있었죠. '그렇게 섹시한 여자가 유혹하는데, 어찌 안 넘어갈 수 있겠어?'[6] 설령 남자의 광적인 집착으로 인해 죽게 되더라도, 세상은 팜므 파탈을 탓할 겁니다. 책임져야 할 사람은 처음부터 정해져 있기 때문입니다. 돈 호세의 말을 되새겨볼까요.

> 이성적으로 생각해봐. 내 말 잘 들어! 모든 과거를 잊었어. 하지만 당신도 알다시피 나를 파멸시킨 건 당신이야. 당신 때문에 나는 강도가 되고 사람을 죽였어. 카르멘! 나의 카르멘! 당신을 구하게 해줘. 당신과 함께 나를 구하게 해줘.

마녀사냥은 지금도 계속되고 있습니다. 영원히 재생하는 토미에의 한 조각과도 같죠. 남자들이 간절히 원하는 동시에 파괴하고 싶어 하는 토미에의 몸은 절대 소멸하지 않습니다. 그리하여 불안과

토미에 vs 카르멘

집착, 합리화는 거대한 뫼비우스의 띠처럼 이어질 것입니다. 영원히요.

> 악녀는 태어날 때부터 존재하는 것이 아니다. 애당초 악녀를 원하는 남자들이 있을 뿐, 악녀는 그런 남자들의 창조물이다.
>
> —시오노 나나미, 『나의 인생은 영화관에서 시작되었다』

기생수
VS
블러드차일드

알파포식자의
재림

모든 생물의 미래를
지켜야 한다

지구상의 모든 동물은 다른 생명을 먹으며 살아갑니다. 초식동물은 풀을, 육식동물은 고기를, 인간은 만물을. 먹지 않고는 살아갈 수 없습니다. 또 대부분의 생명체는 다른 생명체에게 잡아먹힐지도 모르는 위기를 안고 살아갑니다. 먹이사슬의 꼭대기에 있는 생명체, 알파포식자가 아닌 이상은 그러합니다.

그리고 인간은 그 위기를 거의 느끼지 않고 살아가는 몇 안 되는 생명체에 속합니다. 먹이사슬의 꼭대기를 독점하고, 먹이사슬을 통째로 먹어치우는, 만물의 영장이니까요. 뱀, 전갈, 제비집, 소의 고환, 곰의 쓸개, 원숭이의 뇌…. 어디까지 먹어치울 수 있는지 한계를 시험하듯 인간은 정말로 많은 종을 잡아먹습니다. 그리하여 먹이가 된다는 것, 잡아먹혀서 다른 생명체의 영양분이 된다는 것, 이것은 언제부터인가 인간과는 동떨어진 이야기가 되어버렸죠.

물론 이러한 일들이 자연스럽게 이루어진 것은 아닙니다. 유인원에서 진화한 인간이 처음부터 가장 강력한 포식자였을 리 없으니까요. 인간은 알파포식자는커녕 오랫동안 먹이사슬의 하단에 위치해 있었습니다. 직립을 선택한 탓에 네발동물로서의 혜택을 잃어버렸고, 맹수가 가지고 있는 능력 역시 선천적으로 가지고 있지 않았으니까요. 맹수가 사람을 죽이고 먹어치우는 건 흔한 일이었습니다. 조선시대까지만 해도 호랑이에게 잡아먹히는 두려움이 남아 있었고, 그러한 두려움은 민담 속에 고스란히 남아 있지요(떡 하나 주면 안 잡아먹지!). 심지어 인간은 늙고 병든 포식자가 선호하는 먹이였다고 합니다. 뿔도 없고, 날카로운 이빨도 없는 데다, 소화를 방해하는 털도 없어서 기력이 쇠한 포식자에게는 안성맞춤인 먹이였던 거죠.[1]

연약한―혹은 만만한―인간을 알파포식자로 만들어준 것은 불과 도구의 사용이었습니다. 대다수의 동물은 불을 무서워했지만 인간은 불에 매료되었습니다. 불의 사용으로, 위협적인 동물들의 접근을 막고 강력한 무기를 제조할 수 있었죠. 인간은 일단 크고 무서운 동물들을 죽일 수 있는 능력을 확보한 다음, 작심이라도 한 듯 세계 곳곳에서 대대적이고 조직적으로 그들을 제거하기 시작했습니다.[2]

소만악어, 한국표범, 애리조나재규어, 갈색곰, 아틀라스곰, 자바호랑이, 아무르호랑이, 아시아사자, 바르바리사자…. 수많은 알파포식자가 멸종하거나, 멸종의 위기를 겪었습니다. 이들에게는 인간의 역습이 페스트 같은 재앙이었을 겁니다(인간의 입장에서는 성전聖戰이었겠죠). 그렇게 인간은 지구상에서 가장 강하고 잔인한 동물의 자리를 꿰찰 수 있었습니다. 인간에게 이로운 이 행위는 생태계를 파괴시켰습니다. 먹이사슬을 붕괴시키는 것은 물론 자연을 광범위하게 훼손했지요.

이와아키 히토시의 만화 『기생수』를 원작으로 한 영화 〈기생수〉는 바로 이 지점에서 시작됩니다.

> 인간의 수가 절반으로 줄어든다면 얼마나 많은 숲이 살아남을까. 인간의 수가 100분의 1로 줄어든다면 쏟아내는 독도 100분의 1이 될까. 지구상의 누군가가 문득 생각했다. '모든 생물의 미래를 지켜야 한다.'고.
>
> —영화 〈기생수 파트1〉, 타미야 료코의 말

이 '종'을 잡아먹어라

기생수寄生獸는 한자 그대로 '기생을 하는 짐승'이라는 뜻입니다. 어느 날 정체불명의 기생생물이 지구상에 착지합니다. 크기는 테니스공 정도, 개체 수는 불명. 이 기생생물은 촌충의 형태로 모습을 바꾸어 사람의 몸속에 침입해 뇌를 점령합니다. 이어서 목 위와 동화해 온몸을 움직입니다. 겉모습은 그대로인데 머리의 주인만 바뀌는 셈이죠. 얼핏 보면 인간이지만 동화된 부분은 자유로이 변형하고, 고무처럼 늘었다가 강철처럼 단단해지며 괴력을 가집니다. 기생 부분

기생수 vs 블러드차일드

영화 〈기생수〉는 이와아키 히토시의 만화 『기생수』를 원작으로 한 작품입니다. 주인공 신이치는 평범한 고등학생이었으나, 기생생물에게 오른팔을 빼앗긴 뒤 잔혹하고 강렬한 경험들을 하게 되죠. 뜻하지 않게 인간과 기생생물의 중간자적 존재가 되는 인물입니다.

전체가 '뇌'이고 '눈'이며 '촉수'인 독특한 생명체죠. 하지만 심폐기관이나 소화기관은 인간의 것을 쓰지 않으면 살 수 없습니다. 아무리 잘났어도 기생생물인 이상 숙주에서 떨어지면 죽고 말거든요.

주인공 신이치 역시 기생생물의 침입을 받습니다. 하지만 팔을 묶어 기생생물이 뇌로 올라가지 못하도록 막아버렸기 때문에, 기생생물은 머리가 아니라 팔에 기생합니다. 신이치는 기생생물의 존재를 알고 경악하지만, 곧 그 존재를 인정하고 오른손에 기생했다는 의미에서 '오른쪽이'라는 이름을 붙여줍니다. 그리고 둘은 어쩔 수 없이―신이치는 오른손을 잃지 않기 위해, 오른쪽이는 죽지 않기 위해―공생합니다. 일종의 돌연변이이자 하이브리드인 셈이죠.

영화에서는 생략되었지만, 기생생물의 특징은 자신이 기생한 대상과 동일한 종을 잡아먹는다는 것입니다. 인간에게 기생하는 것이 정석이지만, 실수로 개에게 기생하게 되면 개를 잡아먹지요. 이것은 선택의 문제가 아니라, 본능의 명령입니다. 계도나 학습 없이도 소가 풀을 먹는 것과 같은 이치죠.

사실 기생생물은 꼭 인간을 먹지 않아도 생명을 유지할 수 있습니다. 하지만 본능의 명령을 거스르기란 쉬운 일이 아닙니다. 영화 〈트와일라잇〉의 주인공 에드워드는 인간 대신 동물의 피로 연명하는 채식주의(?) 뱀파이어인데, 자신의 식생활이 두부만 먹고 사는 것과 같아서 만족스럽지 않다고 말합니다. 기생생물이 인간을 먹지 않는 건―에드워드와 마찬가지로―불만족스러운 상태를 참아내는 데 불과합니다. 에드워드야 한때 인간이었고, 인간과 사랑에 빠지기까지 하니 동물의 피가 만족스럽지 않아도 참아낼 만하지만 기생생물은 다릅니다. 인간의 감정에 공감하지 않고, 인간과 사랑에 빠질 일도 없는 기생생물로서는 '두부'만 먹을 이유가 없습니다. 인간이 채식만으로 살 수 있음에도 육식을 포기하지 못하는 것과 같지요.

> 새는 배우지도 않았는데 나는 법을 알고 있고 거미는 배우지도 않았는데 실을 짜는 법을 알고 있다. 생물은 모두 명령에 따르는 것뿐이다. 인간의 뇌를 빼앗았을 때 나 역시 명령을 받았다. '이 종을 잡아먹어라'라고.
>
> — 영화 〈기생수 파트1〉, 고토의 말

  기독교 윤리의 근본원리는 이른바 황금률Golden Rule이라는 것입니다. 황금률은 성경에서 비롯된 것으로 '남이 네게 해주길 바라는 바대로 그렇게 남을 대우하라.'는 내용을 담고 있습니다. 적어도 지난 몇백 년간 전개되어온 도덕 이론은 대부분 이 내용을 심화, 발전시킨 것들입니다. 철학자 칸트의 도덕관도 황금률을 따르고 있죠. 칸트에 의하면 도덕은 공평하고, 일관된 것이어야 합니다. 내가 어떤 행위를 하는 것이 올바른 일이라면, 타인이 그 행위를 나에게 하더라도 올바른 일이 되어야 한다는 거죠. 즉 행위의 본질에 차이가 없다면 그에 대한 도덕적 평가 역시 차이가 없어야 한다는 겁니다.

  신이치와 오른쪽이도 이 문제로 수차례 부딪칩니다. 신이치는 기생생물의 실체를 파악하고 있는 몇 안 되는 인간 중 하나입니다. 기생생물이 본격적으로 활동을 시작하고 도처에서 사람이 죽어나가자 그는 기생생물의 존재를 세상에 알려야 하지 않는가, 하는 고민에 빠집니다. 오른쪽이는 그런 신이치를 이해하지 못합니다. 오른쪽이는 말합니다. 기생생물들은 그저 먹고 있을 뿐이라고. 그건 생물이니 당연한 일이라고. 신이치는 인명은 존엄한 거라고 화를 내지만 곧 자조하게 됩니다. 인간도 소나 돼지를 태연히 먹어치우고 있으니까요. 기생생물보다 더 잔인하게 먹어치우고 있으니까요. 육류산업의 실체를 폭로한 책(예를 들면 『도살장』이나 『육식의 종말』 같은)을 몇 페이지만 읽어보아도 우리는 기생생물에게 죽임을 당하는 것이, 사육동물로 키워지다 죽임을 당하는 것보다 덜 잔인하다는 사실을 알 수 있습니다. 하지만 동물들이 보이지 않는 곳에서 죽임을 당하고, 생전과 다른 모습(예를 들면 소시지나 어묵 같은)으로 식탁에 오르기 때문에 이 사실을 쉽게 망각하곤 하지요.

애니메이션 〈파닥파닥〉도 우리의 망각을 방해하는 작품입니다. 〈파닥파닥〉의 주인공은 수족관에 갇힌 활어들입니다. 횟감에 불과한 이 물고기들은 각기 다른 개성과 개인사를 지니고 있습니다. 바다를 갈망하고, 탈출을 계획하고, 죽음의 공포 또한 느낄 줄 알지요. 몸이 썰려 죽어가는 물고기들은 애처로운 목소리로 말합니다. '살려줘.' 바닷물고기가 인간의 말로 인간과 같은 감정을 호소하는 순간 우리는 더 이상 그들을 먹이로 바라볼 수 없습니다. 우리는 인간과 유사한 감각을 지닌 존재에게 도덕적 가치를 부여하기 때문입니다. 공감의 정도가, 다른 생명체를 대하는 도덕의 기준이 되는 거죠.

실제로 먹는 문제로 인한 갈등은 타협점을 찾기가 쉽지 않습니다. 어떤 생명체도 먹지 않고는 살아갈 수 없기 때문입니다. 누구도, 무

애니메이션 〈파닥파닥〉의 한 장면.

죽은 놀래미가 싱크대에 버려지는 것을 목격한 올드넙치. 이
장면은 올드넙치의 몸에 묻은 물이 눈으로 흘러내려, 마치 눈
물이 고인 것처럼 연출되었습니다. 인간처럼.

엇도 이 문제에서 자유로울 수 없습니다. 개고기를 먹지 말자고 주장하는 순간 자동적으로 따라붙는 질문들이 있습니다. 돼지는? 생선은? 달걀은? 채소는? 다른 생명체는 안 불쌍해? 채식주의자들도 채식의 범위를 두고 치열한 논쟁을 벌이고 있습니다. 일부는 가짜 채식주의자로 몰려 비난을 당한다지요(어떻게 마요네즈를 먹을 수 있어!).

먹는 문제로 인한 갈등은 우리의 죄의식을 건드립니다. 기생생물은 이 죄의식을 극대화시키는 존재입니다. 그들은 우리가 한때 포식자의 먹이였음을 상기시키는 동시에, 계속해서 잡아먹는 포식자임을 일깨웁니다. 망각을 방해하는 건 물론이고 모순까지 지적하지요. 이쯤 되면 심판자라 불러도 무방할 듯하군요.

> 너희 인간들은 소, 돼지, 새, 생선까지 먹잖아. 온갖 종류를 다 먹어치우고 있다고. 그에 비하면 인간 한 종류만 먹는 행위가 훨씬 검소하지 않아?
>
> ─영화 〈기생수 파트1〉, 오른쪽이의 말

괴물의 희생
괴물의 구원

오른쪽이가 황금률과 칸트까지 공부했는지는 알 수 없지만, 학습능력이 비상한 것만은 분명합니다. 일본어를 무려 한나절 만에 마스터했으니까요(대학입시를 도와달라는 신이치의 부탁은 단칼에 거절합니다.

얹혀사는 주제에 좀 해주면 어때서…). 기생생물의 학습능력과 신체활용 능력은 지구상 어느 생명체와도 비교할 수 없을 만큼 뛰어납니다. 하지만 대부분의 기생생물은 이 놀라운 능력을 생존에만 활용하죠. 또 생존을 위해서라면 동족을 죽이는 일도 서슴지 않죠. 기생생물이 이토록 생존에 집착하는 데는 나름의 이유가 있습니다.

기생생물에게는 자생능력과 번식능력이 없습니다. 생존과 관련된 기본능력들이 결여되어 있는 것입니다. 그들은 자신이 어디에서 왔는지도 모릅니다. 뇌파로 동족을 감지하고 감정까지 유추해낼 수 있지만 공감은 불가능합니다. 또 기생한 대상과 동일한 종을 잡아먹기 때문에 어쩔 수 없이 동족상잔을 되풀이해야 합니다. 대부분의 기생생물은 이런 자신을 개의치 않지만, 일부는 의문을 품습니다. 타미야 료코처럼.

타미야 료코는 기생생물계의 브레인 같은 존재입니다. 기생생물의 조직에서도 중요한 역할을 하고 있지요. 그녀는 동료들과 달리 동족 전체의 미래를 설계하고, 기생생물의 존재 의미를 사유합니다. 인간을 연구하는 데에도 단연 적극적입니다. 거울을 보며 인간의 표정을 따라 하고, 인간의 신분을 이용하여 학교 선생으로 일하고, 대학수업을 청강하러 다니기도 하죠. 심지어 다른 기생생물과 관계하여 인간의 아이까지 낳습니다(뇌가 기생생물이어도 몸은 인간이기에 기생생물은 태어나지 않습니다). 수많은 시행착오 끝에 타미야 료코는 하나의 결론에 도달합니다.

인간에게 있어 기생생물이란, 기생생물에 있어 인간이란 과연 뭘

까. 내가 내린 결론은, 우리는 하나. 기생생물과 인간은 한 가족이라는 거다. 우리는 인간의 '자식'이다.

－영화 〈기생수 파트2〉, 타미야 료코의 말

타미야 료코는 감정적으로 가장 큰 변화를 겪는 기생생물입니다. 변화의 중심에는 그녀가 낳은 아이가 있습니다. 그녀는 처음에는 아이를 실험에 사용할 목적으로 낳았습니다(별 쓸모가 없으면 먹어버릴 생각이었죠). 하지만 사육하는 과정에서 아이를 신비하다고 느끼게 됩니다. 다른 종, 그것도 먹이가 되는 종의 경이로움에 감탄하면서 그녀는 세계를 다른 시각으로 바라보게 됩니다. 심지어 기생생물이 극히 약한 존재, 혼자서는 살아갈 수 없는 세포체라고 말하기까지 하죠. 그녀는 모체에 의존하는 태아에게서, 모유로 연명하는 아이에게서, 혼자서는 살아갈 수 없는 기생생물의 모습을 발견했는지도 모릅니다. 부모가 있어야만 자식이 태어날 수 있듯이 인간이 있어야만 기생생물은 존재할 수 있습니다. 기원을 알 수 없고, 후손을 남길 수도 없는 기생생물에게 인간은 생물학적으로 연결된 유일한 존재인 것입니다.

아이로 인해 타미야 료코에게는 다른 기생생물에게는 없는 감정이 생깁니다. 우리가 흔히 애착이라고 부르는 감정이. 그녀는 아이가 죽을 위기에 처했을 때에야 이 감정을 자각합니다. 그리고 아이를 죽을 위기에서 구해낸 뒤 경찰에 포위됩니다. 그녀는 기생생물임이 발각되어 아이를 안고 있음에도 경찰의 총격을 받습니다. 싸우려고만 하면 싸울 수 있었고, 도망칠 수도 있었습니다. 하지만 타

기생수 vs 블러드차일드

미야 료코는 기생생물의 부분으로 아이를 감싸고, 총알받이가 되어 죽습니다. 이것은 사실상 자살입니다. 기생생물이 스스로 죽음을 택하는 건 본능의 명령을 완벽하게 거스르는 일입니다. 심지어 타미야 료코는 인간의 모습을 하고 죽습니다. 다른 기생생물이 최후의 순간까지 싸우다 기생생물의 모습으로 죽는 것과는 확실히 비교되는 모습입니다. 다른 기생생물이 외부의 적과 싸우다 죽었다면, 타미야 료코는 자기 자신과 싸우다 죽었습니다. 그녀의 삶은 자신이 속한 종의 한계를 극복하려는 싸움이었습니다. 그리고 타미야 료코는 죽음을 선택함으로써 기생생물이라는 한계를 마침내 극복해냅니다. 그녀가 젖을 빠는 아이를 신비하다고 느꼈듯, 우리는 아이를 살리고 죽는 그녀를 신비하다고 느낍니다. 그녀의 죽음은 인간으로 하여금 다른 종, 그것도 인간을 먹는 종의 경이로움에 감탄하게 만듭니다. 그녀는 기생생물과 인간, 모두를 아우르는 포괄적 존재로 거듭난 것입니다.

> 오랫동안 생각해왔다…. 무엇을 위해 이 세상에 태어났는지. 한 가지 의문이 풀리면 또 다음 의문이 솟아 올랐지. 기원을 찾아… 끝을 찾아… 생각하면서 그냥 계속 걸어왔어…. 어디까지 걸어가도 마찬가지일지 몰라. 모든 것이 끝난다 해도 '아아, 끝났구나' 하고 생각할 뿐. 하지만… 그래도 오늘 또 한 가지 의문에 대한 해답이 나왔어….
>
> ─영화 〈기생수 파트2〉, 타미야 료코의 말

내 어린 날의
마지막 밤

인간에게 기생하는 생물을 다룬 작품 중 가장 유명한 것은 영화 '에일리언' 시리즈일 것입니다. 이 시리즈에는 인간의 몸을 숙주로 하여 번식하는 외계생명체 에일리언이 등장합니다. 에일리언은 신체적으로 완벽한 전투형태를 갖춘 생명체입니다. 성질도 대단히 사납고 공격적이라, 살아 있는 전투머신이 따로 없지요. 번식방법도 매우 폭력적입니다. 얼굴에 달라붙어 강제로 유충을 쑤셔 넣어 버리거든요. 유충은 때가 되면 가슴을 뚫고 나오는데, 숙주가 된 인간은 이 장면을 맨눈으로 목격하게 됩니다. 이는 '에일리언' 시리즈를 대표하는 장면이기도 합니다. 에일리언이 공포스러운 이유는 그것이 사방에서 달려드는 적일 뿐 아니라, 내부에서 자라나는 죽음이기 때문입니다. 닫힌 공간(우주선, 혹성, 교도소)에서 안팎으로 인간을 위협해오는 에일리언은 사실상 벗어날 길이 없는 공포입니다.

옥타비아 버틀러의 단편소설 「블러드차일드」에도 인간을 숙주로 하여 번식하는 외계생명체 '틀릭'이 등장합니다. 틀릭은 알을 낳아 인간의 몸에 주입하는데, 알 속의 유충은 인간의 피에서 양분을 얻습니다. 유충은 처음에는 피만 먹다가, 그다음에는 알껍데기를 먹고, 마지막엔 인간을 먹습니다. 인간 따위는 아랑곳 않는 에일리언과 달리, 틀릭은 유충이 인간을 먹어치우기 전에 제왕절개 비슷한 수술을 해서 그것을 끄집어냅니다. 수술 뒤에는 개복 부위를 봉합

기생수 vs 블러드차일드

미국의 SF 잡지 『ASIMOV』의 표지를 장식한
「블러드차일드」의 일러스트.

하고, 산후조리(?)에도 도움을 주지요. 고양이 쥐 생각해주는 꼴이
지만, 그것이 이 소설의 뼈대 중 하나입니다. 고양이의 쥐를 향한 사
랑. 쥐의 고양이를 향한 사랑(옥타비아 버틀러는 어떤 관점에서 이것이 아주
다른 두 존재 간의 사랑이야기라고 했지요).

　「블러드차일드」의 주인공 '간'은 보호구역에 살고 있는 인간 소
년입니다. 간의 가족은 '트가토이'라는 틀릭과 결합되어 있습니다.
결합은 틀릭과 인간을 한 가족으로 묶어주는 시스템입니다. 일종의
기브 앤드 테이크죠. 틀릭은 자신과 결합된 인간 가족을 돌봐주고,
인간 가족은 자신과 결합된 틀릭에게 '엔틀릭'을 제공합니다. 엔틀
릭은 틀릭의 알을 대신 품어주고 출산까지 하는 인간을 일컫는 말
입니다. 살아 있는 인큐베이터랄까요?

　그리고 간은 태어날 때부터 트가토이의 알을 품기로 내정되어
있는 존재입니다. 간이 거부하면 가족 중 누군가가 그 일을 대신 해

알파포식자의 재림

1　1　7

야 합니다. 간의 아버지는 살아 있는 동안 무려 세 번이나 그 일을 했죠. 트가토이도 간의 아버지가 '낳은' 틀릭 중 하나입니다.

간은 트가토이와 돈독한 유대를 맺으며 가족과 평화로운 나날을 보내고 있었습니다. 그러던 어느 날, 간은 말로만 들어왔던 엔틀릭의 '출산'을 목격하게 됩니다. 브램 로마스라는 남자는 다른 틀릭의 엔틀릭이지만, 상황이 여의치 않아 트가토이가 수술을 집도하죠. 트가토이는 로마스의 배를 가르고 피 묻은 유충들을 꺼냅니다. 로마스는 비명을 지르며 무척이나 고통스러워하지만, 트가토이는 갓 태어난 유충들에 정신이 팔려 아무것도 느끼지 못합니다. 간은 이로 인해 큰 충격을 받습니다. 그는 평생 '출산'이 틀릭과 인간이 함께 하는 좋은 일이며 필요한 일이라 들어왔고, 그 말을 믿었습니다. 그러나 그는 실제 출산을 목격하고 난 뒤 이것은 다른 무엇, 나쁜 무엇이라고 느낍니다. 살인, 혹은 식인에 가까운 무엇이라고.

> 트가토이가 그 남자를 고문하고 잡아먹는 걸 돕는 기분이었다.
> ─「블러드차일드」

트가토이는 수술을 집도하는 과정에서 틀릭의 본성을 드러냅니다. 그녀는 인간의 배 속을 헤집으며 통통하게 자란 유충들에 기뻐하고, 그 과정에서 묻어난 피를 아무렇지 않게 핥습니다. 간은 그 모습을 보고 그녀도 한때 자기 아버지의 피를 빨던 유충이었다는 사실을 새삼 떠올립니다. 로마스의 출산은 간에게, '아버지가 했던 일'과 '자신이 해야 될 일'의 실체를 적나라하게 보여줍니다. 그로 인해 간은 한 가족이라 여겼던 트가토이를 이질적으로 보게 됩니다. 인간을 아무리 위한다 해도 틀릭은 틀릭이었던 겁니다. 고양이가 쥐를 사랑할 순 있어도, 고양이보다 더 사랑할 순 없는 거지요.

> 저는 숙주 동물이 되고 싶지 않아요. 아무리 당신이라고 해도요.
> — 앞의 책, 간의 말

간은 숨겨두었던 총을 꺼내들고 트가토이에게 묻습니다. "당신은 무엇이죠? 우리는 당신에게 뭐죠?" 네, 간도 타미야 료코처럼 의문을 품게 된 것입니다. 타미야 료코가 기생생물의 존재 의미에 의문을 품었다면, 간은 숙주로서의 운명에 의문을 품습니다. 트가토이는 부탁한 적 없고, 간은 결정한 적 없습니다. 그러나 숙주의 운명은 태어날 때부터 간의 배 속에 들어 있었습니다. 간은 총구를 자신의 턱 밑에 들이댑니다. 죽음은 가장 확실하게 도망칠 수 있는 방법이고, 그 스스로 내릴 수 있는 몇 안 되는 결정 중 하나입니다.

트가토이는 묻습니다. 정말로 내 아이들을 낳느니 죽겠니? 간이 침묵하자 트가토이는 그의 누나에게 대신 알을 품게 하겠다고 말합니다. 숙주의 운명은 간을 비껴갈 수는 있어도 간의 가족을 비껴갈 수는 없습니다. 그것은 인간이 틀릭에게 얹혀사는 한 계속해서 치러야 하는 대가입니다(옥타비아 버틀러는 이를 집세라고 표현했지요). 간은 숙주의 운명을 누나에게 떠넘기고 싶은 유혹을 느끼지만 이내 떨쳐버립니다. 벗어날 길이 없다고 해서 누나를 방패막이 삼을 수는 없었던 겁니다. 간은 트가토이에게 말합니다. "나에게 해요." 이번에는 그 스스로 결정했습니다.

> "무서웠어요."
>
> 침묵.
>
> "아직도 무서워요." 지금, 여기에서는 인정할 수 있었다.
>
> "그래도 넌 나에게 왔지… 호아를 구하려고."
>
> "그랬죠." 나는 트가토이에게 이마를 댔다. 그 몸은 서늘한 벨벳 같았고, 믿을 수 없을 만큼 부드러웠다. "그리고 당신을 계속 내 것으로 두려고요." 나는 말했다. 정말로 그랬다. 이해할 수는 없었지만, 그랬다.
>
> —앞의 책

트가토이는 간의 아버지가 간의 나이였을 때, 그의 몸속에서 태어났습니다. 그 덕분에 간의 가족은 트가토이가 제공하는 공간에서 그녀의 보호를 받으며 살 수 있었습니다. 트가토이의 유충들은 간의 피를 먹고 자라나, 간의 살에서 태어날 것입니다. 간은 트가토이의 보살핌을 받으며—아버지가 그랬던 것처럼—기대 수명보다 훨씬 오래 살 것입니다. 그리고 건강하게 오래 사는 만큼 여러 번 출산을 하게 되겠지요.

틀릭과 인간 가족은 그렇게 결합됩니다. 결합은 기생을 공생화하고, 틀릭과 인간 가족 사이에 감정적 유대를 형성합니다. 출산을 앞두고 자신과 결합된 틀릭을 찾는 브램 로마스의 모습이나, 트가토이를 계속 자신의 것으로 두려고 숙주의 운명을 받아들이는 간의 모습은 틀릭만큼이나 이질적으로 느껴집니다. 결합이란 시스템은 쥐로 하여금 고양이를 사랑하게 만듭니다. 고양이가 자신의 배를 가른다 해도 해치지 못할 만큼.

> 당신을 쏘지는 않았을 거예요. 당신은 아니에요.
>
> ─앞의 책, 간의 말

「블러드차일드」는 다음과 같은 문장으로 시작됩니다. "내 어린 날의 마지막 밤은 집에 가면서 시작되었다." 간은 트가토이의 첫 번째 알을 착상시킨 그 밤을 유년의 끝으로 회상합니다. 인간은 '인간을 죽이거나 노예로 만들려는 이들'로부터 도망쳐 틀릭에게 왔습니다. 틀릭은 그런 인간에게 보호구역을 주고 그 대가로 자기 알을 품어줄 것을 요구했죠. 보호구역은 틀릭이 인간에게 준 삶의 터전인 동시에 인간을 가두는 우리입니다. 숙주로서의 운명은 에일리언처럼 벗어날 길이 없는 공포입니다. 간은 그 공포 앞에서 처음에는 죽음을, 다음에는 희생을 결정합니다. 간은 그렇게 어른이 됩니다. 공포를 사랑하는 법을 배우고, 삶의 일부로 받아들이며.

쉰인
존재들

영화 〈기생수〉의 평범한 고등학생 신이치도 기생생물의 존재로 인해 변합니다. 심지어 그 기생생물과 세포가 섞여버리기까지 합니다. 신이치가 기생생물에게 일격을 당하고 죽을 뻔했을 때, 심장을 복구하는 과정에서 오른쪽이의 일부가 신이치의 몸속으로 흡수되어 버렸거든요.

이로 인해 신이치는 초인 수준의 신체능력을 갖게 됩니다. 신체만 초인이 되면 좋으련만 정신도 초인이 되어버리지요. 신이치는 가까운 사람의 죽음에도 눈물을 흘리지 않고, 살육의 현장에서도 금세 평정을 되찾는 강심장이 됩니다. 신이치는 기생생물과 비슷해진 자신에게 환멸을 느끼는 한편, 모르는 사이 벌써 뇌까지 먹혀버린 건 아닌지 두려워합니다. 다행히 타미야 료코의 죽음으로 인해 눈물을 되찾으며 인간의 감정은 돌아옵니다. 하지만 그렇다고 해서 그가 예전의 신이치로 돌아간 것은 아닙니다. 그는 여전히 섞인 존재입니다. 가슴 아파하고 눈물 흘리는 섞인 존재로 성장했을 뿐이지요.

신이치를 초인으로 만든 것은 오른쪽이의 세포였지만, 어른으로 만든 것은 오른쪽이와의 공생이었습니다. 신이치는 오른쪽이를 만나고 새로운 차원의 경험을 합니다. 그리고 그 경험들로 인해 세계를 다른 시각으로 바라보게 됩니다. 이것은 기생생물이 언어를 사용하는 생명체였기에 가능한 변화였습니다. 오른쪽이는 인간의 언어로 기생생물 특유의 사고방식을 전개합니다. 신이치는 오른쪽이의 말에 반발하고, 고뇌하고, 공감하고, 납득하며 적으로 여겼던 오른쪽이를 친구로 받아들입니다. 매일같이 이야기를 나누다 보면 자기 오른팔을 빼앗은 괴물과도 농담 따먹기를 하게 되는 것이죠(때로는 그것의 눈치도 보게 되고요). 「블러드차일드」의 트가토이도 말로 인간과 틀릭 모두를 조종할 줄 압니다. 괴물에게 언어는 강력한 무기입니다. 공감능력이라는 인간의 열린 마음을 공략할 수 있기 때문입니다. 이것이 언어가 가진 친화력입니다.

신이치는 타미야 료코처럼 자신이 속한 종의 한계를 극복하지는 못합니다. 다만 그 한계를 인정하게 됩니다. 최강의 기생생물 고토를 죽이며 신이치는 말합니다. "미안하다." 그가 수많은 기생생물을 죽이며 처음으로 한 사과입니다. 사과만으로는 부족해 눈물까지 쏟아내지요. 가까운 사람이 죽기라도 한 것처럼. 예전의 신이치였으면 괴물을 해치웠다며 기뻐했을 겁니다. 자기 덕분에 희생자가 줄어들었다며 우쭐했을지도 모르죠(실제로 그는 기생생물을 찾아 한 마리씩 죽여나가리라 결심한 적이 있습니다).

하지만 신이치는 죽지 않으려고 발버둥 치는 고토를 보며 불쌍하다고 느낍니다. 죽이고 싶지 않다는 감정을 인류의 적에게서 느끼게 된 것입니다. 신이치는 처음에는 회피하지만 결국 고토를 제 손으로 죽입니다. 그러면서 말합니다. "미안해. 우리는… 인간은… 이렇게라도 살고 싶으니까…." 그는 더 이상 인명은 존엄하다고 말하지 않습니다. 대신 인간의 한계와 개인의 무력함을 인정하고 있는 그대로 바라봅니다. 신이치는 그렇게 어른이 됩니다. 괴물을 연민하는 법을 배우고, 하나의 생명체로 받아들이며.

오른쪽이도 변화를 피해갈 수는 없었습니다. 그의 변화는 고토와의 일전에서 두드러지게 나타납니다. 고토는 애초에 이길 수 없는 상대였습니다('나는 싸우기 위해 태어났다.'는 전투머신을 무슨 수로 이기겠어요). 오른쪽이와 신이치는 나름대로 작전을 짜내지만 실패합니다.

피투성이가 되어 아이를 안고 있는 **타미야 료코**^위와
고토를 죽이기 전 미안하다고 사과하는 신이치^{아래}.

신이치가 고토를 안고 있는 장면은, 타미야 료코가 아이를 안고
있는 장면과 겹쳐집니다. 이 장면에서 신이치는 고토를 마치
갓난아기처럼 안고 있습니다. '기생생물은 인간의 자식'이라
했던 타미야 료코의 말을 떠올리기라도 한 것처럼.

오른쪽이는 혼자 몸으로 고토의 공격을 막아내며 소리칩니다. "둘 다 죽을 필요는 없어! 빨리 가!" 중요한 것은 자신의 생명뿐이라던 오른쪽이가 너라도 살아남으라며 남의 등을 떠밀고 있는 것입니다. 신이치는 망설이지만 죽음의 공포를 극복하지 못하고 결국 오른쪽이를 남겨둔 채 도망칩니다. 간이 누나를 방패막이 삼아 숙주로 살아가는 공포에서 도망치려 했듯이. 오른쪽이는 도망치는 신이치의 뒷모습을 보며 이렇게 말합니다.

> 잘 가라, 신이치…. 처음 널 만났을 때, 네 뇌를 빼앗지 않아 다행이었어….
>
> —영화 〈기생수 파트2〉, 오른쪽이의 말

타미야 료코가 끊임없는 연구로 인간의 마음을 이해할 수 있었다면, 오른쪽이는 신이치와의 공생으로 인간의 마음을 이해할 수 있었습니다. 물론 완벽한 이해에는 가닿지 못합니다. 인간이 물고기의 고통에 공감하지 못하듯, 고양이가 쥐의 비명에 아무것도 느끼지 못하듯, 사자가 전속력으로 달아나는 사슴의 공포를 짐작하지 못하듯, 대부분의 종은 다른 종의 감각에 대해 몰이해합니다. 같은 종끼리도 공유할 수 있는 감각은 한정되어 있지요. 원작에서 오른쪽이의 말처럼 서로를 이해할 수 있는 것은 거의 점에 불과할지도 모릅니다. 하지만 그 점이 있기에 우리는 다른 생명체를 죽이고 싶지 않다고 생각합니다. 다른 생명체를 더 많이 이해하고 싶다고 생각합니다. 그 점은 우리로 하여금 인간을 다른 시각으로 바라보게 합니다. 인간의 시각으로는 절대 들여다볼 수 없는 부분까지.

타미야 료코의 말에 따르면 인간은 수십, 수백, 수만, 수십만이 모여 하나의 생물을 이뤄내는 존재입니다. 자신의 머리 바깥에 또 하나의 거대한 뇌를 갖고 있는 존재이기도 하지요. 이는 유대감의 다른 표현입니다. 유대감의 사전적 의미는 '서로 밀접하게 연결되어 있는 공통된 느낌'입니다. 인간은 종족적 유대감을 느끼기에 자신만 위하지 않고 작게는 내 가족, 크게는 인류까지 위하려 합니다. 오른쪽이가 특히나 이해가 가지 않는다고 했던 '헌신'이라는 개념도 유대감에서 비롯된 것이지요. 이것은 확실히 대부분의 기생생물에게는 없는 개념입니다. 하지만 일부 기생생물에게는 유대감의 씨앗 같은 감정이 생겨납니다. 동족 전체의 미래를 위해 노력한 타미야 료코나, 인간과 공생하며 유대감을 나눈 오른쪽이는 이 씨앗에서 새싹까지는 틔워냈습니다. 비록 숲을 이루지는 못했지만, 이 정도면 한 생명체가 존재했던 의미로는 충분하지 않을까요.

야성은 죽지 않는다
다만 사라질 뿐이다

우리는 인간이 잡아먹히는 이야기에 격렬한 불쾌감을 느낍니다(도덕이고 자시고…). 이것은 일반적인 살인사건을 접할 때와는 확연히 다른 감각입니다. 내가 잡아먹히는 것처럼 몸서리가 나고 온몸의 털이 곤두서지요. 이런 반응은 본능적이고 즉각적으로 일어납니다. 이는 우리 몸과 유전자에 각인되어 있는 포식자에 대한 공포 때문입니다. 인간과 알파포식자 사이의 야생의 역사에서, 오랫동안 우리는 확실히 쫓기는 쪽이었습니다. 이런 상황 때문에 우리 뇌 속에서는 수백만 년 전부터 공포모듈fear module이 만들어져 지속되었고, 진화과정에서 더 정교하게 발전되었지요.

공포모듈은 공포를 일으키도록 만들어진 우리 몸속의 경보체계입니다. 지금 우리는 잡아먹히거나 포식자에게 쫓길 확률이 거의 없지만 이 체계는 여전히 남아 있습니다. "인간이 잡아먹히는 게 그렇게도 싫은가?"라는 오른쪽이의 질문에 신이치가 버럭 화부터 내는 것도 이 때문입니다. 이성이 작동하기 이전에 경보가 울려버리는 것이죠(기생생물 정도면 최고 수준의 경보가 울리겠지요?). 이 경보체계는 위협적인 존재를 생각하는 것만으로 발동이 될 정도로 예민합니다. 평소에는 억제되어 있지만, 공포를 유발하는 뭔가를 보거나 듣거나 경험하면 뇌 속에서 폭탄이 터진 것처럼 공포가 분출되어 심신을 압도해버리지요.[3]

포식자와 그들이 불러일으킨 공포는 우리 몸과 유전자뿐 아니라 신화, 종교, 예술, 서사문학에도 깊은 흔적을 남겼습니다. 사자를 예로 들어봅시다. 이집트 신화에서 사자는 태양의 '살아 있는 권위'이자, '죽음'과 '사후세계'를 상징했습니다. 전쟁과 역병의 여신 세크메트는 암사자의 모습을 하고 있으며, 인간을 잡아먹는 괴물 스핑크스도 사자의 몸에 인간의 머리가 달린 모습을 하고 있지요. 성경에는 사자에 대한 언급이 최소 130번 이상 나옵니다. 성경에서 사자는 힘과 권위를 상징하며, 동물의 왕으로 묘사됩니다. 이 덕분에 사자는 서양에서 왕을 상징하는 동물이 되었습니다. 그리스 신화에서 사자는 호시탐탐 생명을 노리는 죽음의 힘을 상징합니다. 헤라클레스는 12가지 과업 중 하나인 네메아의 사자를 물리쳐 죽음으로부터 벗어날 수 있었죠. 그는 사자의 가죽을 갑옷으로 걸치고 다녔는데, 이는 헤라클레스의 상징이 됩니다.

사자 이야기에서 알 수 있듯이, 알파포식자는 인간을 먹는 괴물인 동시에 무자비한 신의 다른 얼굴이었습니다. 인간은 그들을 두려워하는 동시에 동경하였습니다. 알파포식자는 인간이 갖고 싶어하는 자질(인내력, 집중력, 용감함, 강인함, 민첩성 등)을 두루 갖춘 존재였습니다. 그래서 목숨을 위협하는 존재임에도 불구하고 신성시되었던 겁니다. 인간은 알파포식자처럼 강한 존재가 되고자 그들을 부족의 토템으로 삼았습니다. 헤라클레스처럼 그들의 가죽을 몸에 걸치고 다니기도 했지요. 바이킹의 전사 베르세르크Berserker('ber'는 곰을, 'serker'는 옷을 뜻합니다)는 전장에 나갈 때 곰 가죽을 걸쳤다고 합니다. 곰 가죽을 걸치면 곰처럼 광포한 힘을 가질 수 있다는 믿음이 있었기 때문입니다.

베르세르크처럼 자진해서 동물과 섞이려 한 인간도 있었지만, 본의 아니게 동물과 섞여버린 인간도 있었습니다. 후자의 대표 격이 바로 늑대인간입니다. 늑대인간에 관한 이야기는 세계 곳곳에 퍼져 있습니다. 늑대가 사는, 혹은 예전에 살았던 곳에는 거의 예외가 없다고 해도 좋을 정도로 늑대인간에 대한 전설이 있습니다. 이는 늑대가 온 세계에 서식하고 있었기 때문일 것입니다.[4]

늑대인간의 기원은 인간이 수렵민족이었던 시대로 거슬러 올라

기생수 vs 블러드차일드

프란시스코 데 수르바란, 〈네메아의 사자를 처치하는 헤라클레스〉

갑니다. 늑대는 수렵민족의 가장 강력한 라이벌이었습니다. 사냥 대상(소, 돼지, 사슴, 염소, 양 등)이 겹치다 보니 저절로 경쟁구도가 형성되었던 거죠. 수렵민족은 늑대의 사냥능력을 존경하여 가장 뛰어난 사냥능력(혹은 전투능력)을 가진 사람에게 '늑대'라는 호칭을 붙여주었습니다. 늑대라 일컬어지는 사람들은 자신들의 조상이 늑대였고, 그 소질을 이어받았기 때문에 다른 인간보다 더 강하며 뛰어나다고 믿었습니다.[5] 베르세르크와 같이 늑대 가죽을 걸침으로써 그 힘을 가지려 한 전사 집단도 존재했지요.

늑대의 위상이 추락한 것은 인간이 목축을 시작하면서부터입니다. 인간은 정착생활을 하면서 숲의 일부를 주거지로 만들고 그곳에서 가축을 길렀습니다. 점점 보금자리를 잃어가던 늑대는 보름달이 뜨면 울부짖으며 인간의 주거지로 내려와 가축을 잡아먹었고, 가끔은 인간을 해치기도 했습니다. 그리하여 늑대는 인간의 무의식에서 선망의 대상이자 결코 화해할 수 없는 증오의 대상으로 자리 잡게 되었습니다.

이 증오를 전 유럽적인 현상으로 만든 것은 종교의 힘이었습니다. 중세의 기독교는 길들여지지 않는 늑대의 야성을 악의 상징으로 규정하고, 늑대의 야성을 동경하는 것을 금지했습니다. 늑대인간 이야기가 대대적으로 유행하기 시작한 것도 이 무렵입니다. 늑대에 대한 공포와 금기가 늑대인간이란 괴물을 만들어낸 것입니다.[6] 중세 이래 유럽에서 '섞는다'는 것은 매우 부정적인 개념이었습니다. '섞거나' '이것저것 그러모으는' 행위는 신이 만든 세계의 순수함을 깨는 악마적인 소행이라는 것이 교회 측의 주장이었죠.[7] 그래서 중세 종교화에는 악마가 인간과 절반쯤 섞인 모습으로 그려져 있습니다.

늑대인간은 마녀와 함께 이단으로 몰려 무자비한 탄압을 받았습니다. 늑대도 이 광풍을 피해갈 수는 없었습니다. 한 종의 세균을 제거하기 위해 장 속에 있는 모든 세균을 죽이는 항생제처럼, 인간은 무차별적으로 늑대를 학살했습니다. 늑대에 대한 반감은 중세가 끝난 뒤에도 계속되어 기어코 늑대를 멸종위기종으로 만들었습니다. 늑대는 그렇게 신성을 박탈당하고 사라져가는 동물로 전락했습니

동물과 섞인 존재들.
〈레 트루아 프레르Les Trois-Freres의 마법사〉왼쪽.
구석기 초기에 그려진 것으로 추정되는 동굴벽화로,
그림 속 마법사는 인간과 동물을 합쳐 놓은 듯한 모습을 하고 있습니다.
힌두교의 삼주신三主神 비슈누의 네 번째 화신 나라싱하가운데.
나라싱하는 산스크리트어로 '사자인간'이라는 뜻입니다.
늑대인간을 다룬 영화 〈늑대소년〉의 포스터오른쪽.
늑대소년은 분노하면 늑대로 변해서 폭주합니다.

다. 이제 늑대는 동화 속에서나 인간을 잡아먹는 존재입니다. 그들이 불러일으킨 공포는 기능을 상실하고 퇴화하여 흔적만 남아 있습니다. 마치 흔적기관처럼.

영화 〈기생수〉의 원작자 이와아키 히토시는 인간 외의 동식물, 즉 사람들이 존엄하게 여기지 않는 생명들이 강대한 힘을 가지면 어떻게 될까? 하는 질문에서 『기생수』를 그리기 시작했다고 합니다. 알파포식자를 제거한 인간에게 기생생물은 오래전 내쫓아버린 불청객에 불과합니다. 그것도 아주 볼품없어진 불청객이지요. 기생생물에게서는 그 옛날 알파포식자가 지니고 있던 위엄과 우아함을 찾아볼 수 없습니다. 알파포식자의 외양이 인간의 경외심을 불러일으킨 데 반해 기생생물의 외양은 심해어처럼 기괴하고 불완전하게 느껴집니다. 인간의 몸에서 떨어져나가면 궁상맞아 보이기까지 하죠. 기생생물은 장대한 육체를 잃고 날카로운 이빨만 남은 알파포식자의 회귀이자, 흔적기관의 역습입니다. 우리는 『기생수』를 읽으며 사라져가는 야성을 반쪽짜리 모습으로나마 경험합니다.

인간은 신과 동물, 그 양쪽에 발을 걸친 존재라는 말이 있습니다. 우리는 먹이사슬의 꼭대기를 차지하며 신의 위치에 근접했습니다. 하지만 새로운 알파포식자의 등장은 언제든 우리를 '어둠 속에서 비명을 지르는 원숭이'로 되돌려놓습니다. 야성은 그렇게 우리가 극복했다고 자신하는 지점으로 우리를 다시 데려갑니다. 태곳적의 공포가 살아 숨 쉬는 그곳으로.

"야성이 존재하는 바로 그곳"에서 이 이야기는 계속된다.

－리처드 커니, 『이방인, 신, 괴물』

괴물
VS
심슨 가족

오염된
괴물로부터의
메시지

부정하고 싶은 존재 '괴물'

'괴물'이라는 단어를 들으면 어떤 이미지가 떠오르나요? 일단 머리에 뿔이 좀 나 있어야 할 것 같고. 덩치는 우리의 상식선을 넘어서야겠죠. 얼굴은요? 찌그러졌든지, 일그러졌든지, 아니면 아예 없든지. 즉 우리는 괴물이라는 단어를 들으면 '사람'과 반대되는 생김새의 어떤 생물을 생각합니다. 그게 우리 머릿속에 있는 괴물의 이미지죠.

괴물은 한자로 怪物이라고 씁니다. '괴'는 기이할 괴 자입니다. 기이하다, 의심스럽다, 정상이 아니다, 라는 뜻을 가지고 있습니다. '물'은 만물 물 자입니다. 사물, 우리가 실제로 만지고 볼 수 있는 것이라는 뜻이지요. 이 두 글자를 붙여보면, '기이한 사물' '의심스러운 사물' '정상이 아닌데 우리가 실제로 만지고 볼 수 있는 사물'이라는 뜻이 됩니다. 우리의 상식에서 벗어난 생김새를 하고 있는 생물체는 바로 '괴물'이 되는 것입니다. 괴물은 어떻게 태어났는지, 왜 태어났는지, 무얼 먹는지 등을 알 수 없기 때문에 '의심스럽'습니다.

괴물 vs 심슨 가족

그것이 왜 의심스럽냐면, 그 괴물이 우리에게 어떤 영향을 끼칠지 알 수 없기 때문입니다.

이를테면, 많은 사람들은 바퀴벌레를 싫어합니다. 무서워하기도 하지요. 하지만 우리는 우리가 바퀴벌레에게 '정복당할' 거라고는 생각하지는 않습니다. 우리는 신문지를 단단히 말아 쥐고 일격필살을 가하면 바퀴벌레가 사망할 것을 압니다. 우리는 우리가 바퀴벌레보다 우월한 존재라는 것을 잘 알고 있기 때문에 비록 그 생김새가 흉측하긴 해도 바퀴벌레를 괴물이라고 부르지는 않습니다. 우리는 바퀴벌레가 왜 생기는지, 무얼 먹는지 잘 알고 있으며 어떻게 하면 죽일 수 있는지도 알기 때문에 바퀴벌레를 괴물이라고 부르지 않는 것입니다.

즉, 괴물은 철저히 인간의 관점에서 다른 생명체(혹은 사물)를 부르는 호칭이 됩니다. 역사도, 습성도, 효과도 알지 못하는 생명체가 나타났을 때 우리는 필연적으로 공포를 느낍니다. 따라서 인간들은 '괴물'이라고 이름 붙인 존재들을 어떻게든지 없애려고 합니다. 때로는 폭력도 불사하고, 아예 존재 자체를 부정하기도 하지요. 괴물들이 등장하는 수많은 공포영화들은, 바로 이 지점에서부터 출발하는 것입니다. 봉준호 감독의 영화 〈괴물〉 역시 그러한 맥락에서 탄생했습니다.

크고 넓은
우리 한강

영화 〈괴물〉은 주한미군 기지 내 해부실에서 미국인 군의관이 수십 병의 독극물을 쏟아버리는 장면으로 시작합니다. 싱크대에 버리면 안 된다고 주장하는 한국인 군의관의 말을 무시하면서 미국인 군의관은 이렇게 말합니다. "한강, 크고 넓어요."

이 장면은 2000년에 있었던 '주한미군 독극물 방류사건'에서 모티브를 따온 것입니다. 미군은 주로 시체를 방부 처리하는 데 쓰이는 독성약물인 포름알데히드 20박스를 한강에 몰래 방류했는데, 실상이 드러났음에도 불구하고 모르쇠로 일관해 전 국민의 분노를 샀습니다. 안 그래도 좋지 않았던 주한미군에 대한 인식은 2년 뒤인 2002년에 일어난 '미군 장갑차 압사사건', 흔히 '효순이 미선이 사건'으로 불리는 참사가 일어난 후 더 나빠졌죠.

영화 이야기로 돌아가, 독극물을 버린 이후에 한강에는 돌연변이 물고기가 출현하게 되고, 그것은 점점 커져 한강에 몸을 던지는 자살자를 냠름냠름 받아먹는 거대 괴물로 성장합니다.

그렇게 등장한 괴물의 모습을 봅시다. 오, 어떻게 보면 다윈의 말마따나 진보네요. 아가리가 5개로 벌어져서 마치 꽃봉오리 같은 형상으로 진화했고(아주 입체적입니다), 각각의 아가리들엔 톱니 같은 이빨이 예쁘게 박혀 있고요. 게다가 등지느러미는 다른 물고기가 그대로 몸통에 들어가 꽂힌 것 같은 돌기들입니다. 뛸 때마다 덜렁거리죠. 가만, 뛴다고요? 맞습니다. 이놈은 육지에서도 숨 쉴 수 있습니다. 그뿐만 아니라 달리기 실력도 수준급입니다. 정말 초스피드로 진화했네요. 진짜 '자연의 기적'인가요!

괴물은 한강 둔치에 돗자리 깔고 평화롭게 쉬고 있던 시민들을 다 쓸어버리고, 원 없이 씹고 뜯고 맛보고 즐긴 뒤, 아지트로 돌아갑니다. 영화의 본격적인 이야기는 주인공 강두의 딸 현서가 괴물에게 잡혀가면서부터 시작되죠.

〈괴물〉은 냉혹한 세계를 다루고 있습니다. 한강에 괴물 출현이라는 분명 '엄청난' 일이 벌어지고 있지만, 딸이 납치된 강두와 그의 가족 외엔 아무도 이 사건을 신경 쓰지 않지요. 다시 말해, 이 영화에서 진짜 '괴물'을 죽이려고 하는 사람은 강두와 그 가족뿐입니다. 하지만 사람들은 괴물보다는 괴물과 접촉한 강두 가족을 보균자라

×
희생자를 막 삼키려는 괴물.
생각보다 이빨은 몇 개 없습니다만 비주얼은 무시무시하죠.

며 무서워하지요.

정부는 괴물의 존재를 끊임없이 부정하고 싶어 합니다. 왜냐하면 괴물의 존재를 인정하는 순간 자기들이 숨기려 했던 잘못과 마주해야 하기 때문입니다. 애초에 이 괴물은 미군이 무단으로 내다 버린 포름알데히드로부터 시작된 것이죠. 그러나 이 사실이 밝혀져 미군에 대한 국민 정서가 악화되는 것은 미국과 긴밀한 관계를 맺고 있는 우리 정부가 바라는 바가 아닙니다.

그렇기 때문에 정부는 어떻게든지 괴물의 존재는 지우려 하고, 동시에 그 괴물과 접촉한 사람들을 공공의 적으로 만들어 국민들을 안심시키려 합니다. 그 때문에 현서를 구하러 병원을 탈출한 강두 가족에게는 '괴물'이라는 딱지가 붙는 것입니다. '전염병'을 옮긴다는 그럴듯한 죄목까지 씌워져서 말이지요.

그들이 전염병을 옮긴다고 정부가 주장하는 데에는 이유가 있습니다. 괴물이라는 존재는 사실 우리가 잘 이해할 수도 없고, 너무 생뚱맞으며, 실감조차 나지 않기 때문에 실제론 없다고 믿어도 상관없지만, 강두 가족은 실체가 있죠. 그리고 언제나, 실체가 있는 것을 공격하는 것이 더 효과적입니다.

1346년에서 1350년 사이 유럽에서 발생했던 '페스트' 이야기를 해볼까요. 페스트는 약 4년에 걸쳐 유럽 인구의 1/3을 몰살시킨 무서운 병입니다. 당시 사람들은 이 병의 원인과 감염 경로를 전혀 규명하지 못했습니다. 바이러스니 박테리아니 하는 것에 대한 개념도 없던 시절이었죠. 위생관념 같은 게 있을 리 없습니다.

성직자들은 인간의 죄 때문이라 설파했지만, 사람들은 이 '원인을 알 수 없는 죽음에 대한 공포'에서 헤어 나올 수 없었습니다. 이 과정에서 필요한 것이 '희생자'였습니다. 누군가는 공포의 원인이 되어주어야 했지요. 교회는 그 희생자로 죽은 자들을 지명했습니다. 이 일련의 사태들을 흡혈귀의 소행으로 꾸민 것입니다. 실제로 1710년 동부 프로이센 지역에서는 페스트가 창궐하자 뱀파이어의 소행으로 규정하고 인근 공동묘지를 파헤치기도 했습니다.[1] 중세의 '마녀사냥' 역시 이러한 사고의 연장선에 있었지요. 사람들은 자신이 느끼는 공포를 투영시킬 대상이 필요합니다. 그리고 그 공포의 주된 원인은 요컨대, '알지 못하기 때문'입니다.

이빨이 몇 개 없는 탓인지 괴물의 소화력은 사실 그렇게 좋지 않은 것 같습니다. 일단 삼키고, 아지트로 돌아가서 뱉어놓은 뒤 나중에 천천히 씹어 먹는 것이 이 괴물의 기이한 식습관입니다. 이처럼 생각보다 약한 괴물의 소화력 덕분에 현서는 살아남습니다.

모두가 죽은 줄로 알았던 현서는 휴대폰으로 자신이 살아 있음을 강두에게 알리지만, 병원 관계자들은 아무도 믿어주지 않죠. 시스템(사회)은 여기에 관심이 없습니다. 시스템이 관심 있는 것은 그들의 평화를 해칠 가능성이 있는 사람들을 '보균자'로 몰아붙이고 격리하는 일입니다. 애초에 괴물이 탄생한 배경은 한강에 방류한 포름알데히드 때문이지만 시스템은 이 죄를 그저 눈감습니다. "한강, 크고 넓어요."

하지만 그렇다고 해서 이 죄를 없앨 수는 없습니다. 괴물을 만든 1차적인 원인은 분명 미군에게 있지만, 이 죄를 묻지 않고 모른 척해버린 정부 역시 그로부터 자유롭지 못합니다. 그리고 이 은폐의 결과로 죄와는 전혀 상관없어 보이는 사람들의 삶이 파괴되는 것입니다.

〈심슨 가족〉
블랙코미디의 경우

애니메이션 〈심슨 가족〉은 미국의 가상 소도시 스프링필드에 사는 '심슨 가족'을 중심으로 한 블랙코미디입니다. 이 마을의 가장 큰 경제기반은 원자력발전소인데, 104살 먹은 수전노 몽고메리 번즈가 사장이죠. 심슨 가족의 가장인 호머 심슨 역시 여기서 일합니다.

번즈는 플루토늄 폐기물을 드럼통째로 숲의 나무구멍에 쑤셔 넣고, 폐수를 호수에 그냥 흘려보내는 등 탈세를 위해서라면 뭐든 아랑곳하지 않는데요. 적법한 절차를 통해서 산업폐기물을 처리하면 환경개선부담금을 내야 하기 때문에 이렇게 무단으로 쓰레기를 처리하는 것입니다. 이 방사능에 오염된 폐수를 마시고 돌연변이가 된 세눈박이 물고기는 〈심슨 가족〉 전 시즌을 통틀어 스프링필드 호수의 마스코트가 됐습니다.

〈심슨 가족〉 시즌2 4화에서 번즈는 낡은 원자력발전소를 보수하는 데 무지막지한 돈이 들어갈 판이 되자 직접 주지사 선거에 출마해 안전기준을 새로 정하려 합니다. 그는 TV 유세에 나와서 '블링키'라는 깜찍한 이름의 세눈박이 물고기를 자신의 친구라고 소개한 뒤, 다윈 역할을 맡은 배우와 자연선택설(다윈의 이론으로, 생존 경쟁에서

[×]

몽고메리 번즈_{왼쪽}. 얼굴에 '악당'이라고 쓰여져 있는 것 같은 착각이 듭니다.
누군가를 좀 닮은 것 같기도?
블링키_{오른쪽}. Blink는 '눈을 깜박이다.'라는 뜻이죠. 세눈박이 깜박깜박.

유리한 형질을 가진 종만이 살아남고, 그들의 생존에 유리한 형질이 후대에 계속 전달되면서 새로운 종이 나타난다는 설)을 가지고 농담 따먹기를 하죠. 자연 섭리는 늘 동물을 변화시키고, 블링키의 경우엔 그 변화로 제3의 눈을 얻었으며, 이 변화가 진보를 의미하는 것이라면 이 새로운 동물은 전 세계로 확산될 거라고요!

번즈는 "이것은 자연의 기적이며, 맛 또한 실망스럽지 않습니다."라고 뻔뻔히 주장하며 유세를 마칩니다. 설문 결과 번즈의 지지도는 6%가 올랐습니다(원래는 0%였습니다만, 6%로 오른 것입니다. 매스컴은 정말 위대하죠?).

환경오염으로 생긴 돌연변이를 '자연섭리에 따른 진화'로 둔갑시키다니, 철면피도 이런 철면피가 없군요. 그러나 스프링필드 사람들은 사실 환경에는 별 관심이 없습니다. 세금을 내리겠다는 번즈의 달콤한 말만 들릴 뿐이죠. 가진 건 돈뿐이라 초호화 변호인들로 홍보단을 구성한 번즈의 지지율은 하늘 높은 줄 모르고 솟아만 갑니다.

2007년에 나온 〈심슨 가족〉 극장판 영화 〈심슨 가족, 더 무비〉에서도 환경에 관심 없는 사람들의 이야기는 계속됩니다. 스프링필드 호수에 배를 띄우고 콘서트를 연 밴드 '그린데이'가 환경에 대해 이야기하고 싶다고 하자, 방금 전까지 환호하던 관중들은 싸늘히 돌변해 쓰레기를 투척하며 야유하죠. 결국 호수의 독성에 배가 녹고, '그린데이' 멤버들은 타이타닉에서 마지막 연주를 하던 악사들처럼 가라앉습니다….

환경에 관심 많은 심슨 가족의 둘째 리사 심슨이 스프링필드 호수의 오염을 알리기 위해 집집마다 찾아다니지만, 사람들은 리사의 말이 채 끝나기도 전에 문을 닫아버립니다. 아무도 관심 없죠. 리사는 '이대로 오염을 방치했다간 호수의 오염도가 폭증한다.'는 내용으로 공청회까지 열지만 사람들은 여전히 심드렁합니다. 여기서 주목할 점은, "안 들을 줄 알았어요. 그래서 여러분한테 호수 물을 따라드렸죠." 하고 리사가 폭로하자 사람들이 마시던 물을 즉각 뱉어버리고 그때부터 관심을 갖는다는 점입니다. 위기의식을 느낀 스프링필드 시장은 호수에 쓰레기를 버리지 말라는 비상사태를 선포하죠. 일명 '코드 블랙'. 호수로 흘러가는 원자력발전소의 폐수파이프

괴물 vs 심슨 가족

환경 이야기를 하고 싶다는 밴드에게 쓰레기를 투척하던 사람
들은 오염된 호수 물을 마신 후엔 심각성을 깨닫고 환경정화
산업을 벌입니다. 진작 좀 그렇게 하지!

를 막고, 환경정화산업을 하고, 그것도 모자라 누구도 호수에 접근하지 못하도록 담까지 설치합니다.

좀 아이러니하기도 합니다. 그렇게 리사가 목이 터져라 호수가 오염되었음을 외쳤어도, 사람들의 피부에 와 닿기로는 자기 컵 안에 들어 있는 물 한 모금만 못한 것입니다.

다시 시즌2 4화의 번즈의 이야기로 돌아가 볼까요. 이 에피소드의 마지막 장면은, 선거 전날 번즈가 호머 심슨네 집에서 저녁식사를 함께 하는 것입니다. 물론 각본입니다. '직원 집에 초대받은 CEO'라는 콘셉트의 TV 유세죠.

그러나 호머의 아내 마지는 환경오염을 저지르는 번즈를 지지하지 않습니다. 번즈가 집에 오는 것도 반기지 않죠. 호머가 빌고 빌어서 겨우 수긍했지만, 영 마음에 들지 않는 눈칩니다. '나도 표현의 자유가 있다.'는 마지의 말에 호머는 '당신은 이 집과 요리를 통해 당신을 표현해내면 되지 않느냐.'고 구슬리는데요. 마지는 무슨 생각이 들었는지 고개를 끄덕입니다.

수많은 카메라들이 지켜보는 가운데, 잘 짜인 각본대로 문제의 저녁식사는 진행되고, 번즈의 지지도는 실시간으로 51%까지 역전됩니다. 다시 한 번 말하지만 매스컴은 정말… 위대하죠?

그리고 마지가 메인요리를 내옵니다. 바로, 우리의 세눈박이 친구 '블링키'죠. 호머의 말마따나 마지는 '요리'를 통해 자기의 의사를 표현한 것입니다. 모두가 얼어붙은 가운데, 마지가 조각을 잘라 번즈의 접시에 놓습니다. 번즈는 두려운 표정으로 살점을 조금 씹

괴물 vs 심슨 가족

다가, 차마 삼키지 못하고 구역질하며 뱉어내고 마는데요. 이 꼴사나운 장면은 방송에서 여과 없이 방송됩니다. 그리고 반쯤 씹다 만 생선처럼 번즈의 인기도 급락하죠.

사람들의 컵 속에 든 스프링필드 호수 물과, 번즈가 씹다 뱉은 생선 살점은 비슷한 데가 있습니다. 호수 오염에 무관심했던 사람들은 해골 물을 마신 원효대사처럼 자기가 마신 물의 정체에 경악하고, 비로소 경각심을 갖기 시작합니다. '블링키는 돌연변이가 아니고 자연섭리에 따라 진화한 동물'이라는 입 발린 말을 믿고 번즈를 지지했던 사람들은, 그 물고기가 식탁 위에 올라온 걸 본 순간 침묵합니다. 그리고 그 살점을 번즈가 구역질하며 뱉는 순간 번즈의 지지율 51%는 통장을 스쳐 가는 월급처럼 단숨에 증발해버립니다.

실제로 '환경오염' '방사능 오염' 같은 말들은 우리에겐 굉장히 먼 얘기처럼 들립니다. 그런 점에서 보면 차라리 좀비영화가 더 실감 날 겁니다. 좀비는 가상의 괴물이지만, 좀비가 초점 없는 눈으로 우리 앞에 나타나면 우리는 도망가겠죠. 하지만 오염된 스프링필드 호수 앞에서 도망가진 않을 겁니다. 왜냐하면 그건 그냥 '오염된 호수'니까요.

오염은 실재하지만, 실체가 없어 보입니다. 그리고 평소 우리는 이 실체 없는 괴물을 잘 인식하지 못합니다. 왜냐하면 그것이 비록 '괴물'일지라도, 우리는 '눈에 보이는 형태'일 때만 공포를 '자각'하기 때문입니다. 눈에 보이는 것만 보려 하는 것. 이로 인해 생겨나는 비극은 수도 없습니다.

아무리 은폐하려 해도
죄는 없어지지 않는다

다시 〈심슨 가족, 더 무비〉 이야기로 돌아가 봅시다. 리사의 공청회 이후 스프링필드 호수의 오염을 막는 법안이 통과되었죠. 그러나 호머 심슨이 키우던 돼지의 분변을 몰래 버리는 바람에 스프링필드 호수는 임계점을 넘어 독극물로 변하고 맙니다. 사태를 파악한 미국 정부는 한 술 더 떠 스프링필드의 오염이 도를 넘었다며, 거대한 유리 돔을 씌워 스프링필드를 격리시켜 버리지요. 사람들은 패닉에 빠지고 맙니다. 유리 돔을 파괴시키려고 갖은 수를 써 봤지만 아무 소용이 없었기 때문입니다.

그러나 꼬리가 길면 잡히는 법, 호머 심슨의 범죄는 낱낱이 밝혀지고 맙니다. 페스트의 경우에는 애먼 흡혈귀들이 잘못을 다 뒤집어썼지만, 이것은 책임소재가 너무나도 명확하죠. 자기들이 갇히게 된 이유를 알게 된 성난 군중들은 횃불을 들고 심슨 가족네로 몰려갑니다.

심슨 가족은 사람들을 피해 달아나다가, 바깥과 연결되는 유일한 싱크홀을 통해 스프링필드를 빠져나오게 됩니다. 갈 곳을 잃은 이들의 새 이주지는 천혜의 자연환경으로 유명한 알래스카였죠.

그러나 알래스카 역시 곳곳에 널린 송유관과 시추관들로 몸살을 앓고 있습니다. 알래스카에 도착한 심슨 가족은 즉각 1000달러를 받게 됩니다. 정유회사들이 자연환경을 파괴한 것에 따른 보상금이라나요.

X

촛불 시위를 넘어서 횃불 시위를 하고 있습니다. 오!

그렇게 알래스카에 정착하여 평화롭게 살던 것도 잠시, 심슨 가족은 스프링필드를 아예 폭파시켜 버리려는 정부의 음모를 저지하기 위해 다시 스프링필드로 돌아갑니다.

〈괴물〉의 한국 정부가 미군의 잘못을 은폐했듯이, 〈심슨 가족, 더 무비〉의 미국 정부 역시 스프링필드를 파괴시켜 지도상에서 지워 버리려 합니다(실제로, 내비게이션에서도 스프링필드는 삭제됩니다…). 한 술 더 떠 '뉴 그랜드 캐니언'이라며 광고하죠. CG로 만든 폭파된 스프링필드의 모습을 보면서 TV를 보던 심슨 가족은 벌어진 입을 다물지 못합니다.

정부는 대체 왜 이러는 걸까요? 하지만 조금만 생각해보면 그들이 이러는 이유는 아주 간단합니다. 없애버리면 없어진다고 믿기

오염된 괴물로부터의 메시지

때문입니다. 피해자는 말이 없죠! 죽었으니까!

오염된 스프링필드에 씌울 거대 유리 돔을 만들면서 환경보호국장의 개인 회사는 떼돈을 벌었습니다. 이게 스프링필드에 돔을 씌운 진짜 이유가 아닐까 싶기도 하군요.

처음 심슨 가족이 스프링필드에서 도망칠 때, 환경보호국장은 도망가면 다 쏴 죽이라면서 초짜와 프로를 섞어 배치해야 프로들이 돋보인다며 이상한 랩을 하는데요. 그 꼴을 지켜보던 직원이 "감당 못 할 권력에 미쳐버리셨군요."라고 하자 그는 "권력 없이 미쳐봤나? 얼마나 외로운데!" 하고 조크를 던집니다.

권력은 너무나도 거대합니다. 때문에 그것을 유지하기 위해서는 미친 짓도 필요하지요. 스프링필드 사람들의 폭동으로 돔에 균열이 가기 시작하자 슈워제네거 대통령은 탄핵당할 것이 두려워집니다. 그러면 자기는 또 코미디 영화나 찍어야 한다면서…. 그래서 스프링필드는 '박살' 나야만 하는 것입니다! 박살 나서 뉴 그랜드 캐니언으로 거듭나야 하는 것이죠!

강두 가족이나 심슨 가족, 다 약자들입니다. 정부의 권력에 비하면 너무나 시시한 존재들이죠. 그들은 가진 것이 아무것도 없습니다. 그러나 정부는 그들의 등장으로 인해 잃을 것이 있죠. 실각입니다. 권력을 잃게 됩니다. 그러나 권력을 지키기 위해 죄를 은폐해도, 죄는 없어지지 않을 겁니다. 그런 것들이 이 세상에는 너무 많지요. 방사능도 그중 하나일 겁니다.

원자력발전은 아주 싼 값에 전기를 대량으로 생산해낼 수 있기 때문에 많은 나라에서 선호하는 방식입니다. 원자를 쪼개서 핵분열

괴물 vs 심슨 가족

이 일어날 때 발생되는 열을 에너지로 이용하는 것이죠. 지금 여러분 방에 켜져 있는 형광등 전기도 원자력발전소에서 건너온 걸지도 모릅니다.

문제는 원자력발전 과정에서 열뿐만 아니라 인체의 유전자를 변이시키는 방사성 물질을 발생시킨다는 것입니다. 방사성 물질에 노출되거나, 이것이 몸 안에 들어오는 것을 '피폭'되었다고 합니다. 피부와 호흡기를 통해 몸 안에 들어온 방사성 물질은 잘 배출되지 않습니다. 천천히, 세포를, 파괴하죠.

2011년 일본 대지진으로 후쿠시마 원자력발전소가 폭발하자, 전 세계 사람들은 1986년 체르노빌 발전소 폭발의 악몽을 떠올렸습니다. 1986년 4월 26일 새벽 1시 24분, 소비에트 연방 우크라이나 공화국 수도 키예프시에서 약 130km 떨어진 체르노빌 원자력발전소에 폭발이 일어납니다. 체르노빌 발전소에서 가장 가까운 마을 프리피야트 주민들은 불꽃놀이 구경하듯이 그것을 지켜봤습니다. 하지만 그 한밤중의 거대한 불꽃놀이는 사실 방사성 물질이 섞인 수증기가 화염과 함께 하늘로 치솟는 과정이었죠.

폭발로 인해 발전소 지붕은 날아갔고, 발전소는 거의 2주 가까이 쉬지 않고 불탔습니다. 사고 직후 6000도가 넘는 불을 끄기 위해 티셔츠 차림의 소방관들이 방호복도 입지 않고 출동했지만 불은 꺼지지 않았죠. 헬기 조종사들은 엄청난 방사성 물질에 피폭되면서, 붕소와 돌로마이트, 납, 진흙 등 쏟아부을 수 있는 건 다 쏟아부었습니다. 결국 소련 당국은 5월 9일 최종 진화에 성공합니다. 그렇지만 이 일을 했던 사람들은 모두 죽었습니다. 그것은 평범한 영웅들의 죽음으로 얻어낸 눈물겨운 '진화'였습니다.

러시아 환경단체의 통계에 따르면 체르노빌 사건 이후 지금까지 150만 명이 넘는 사람들이 사망했습니다.[2] 하지만 공식적으로 보도된 것은 일부일 뿐, 전부는 아닙니다. 이것보다 더 많은 사람들이 죽었습니다. 소련은 사고 직후 사건을 은폐하려 했습니다. 그 때문에 피해가 더 커졌죠.

더 통탄할 만한 일은 일본 정부도 똑같이 하고 있다는 겁니다. 지금도 계속해서 방사성 물질이 누출되고 있지만, 일본 정부의 언론 통제와 발전소 소유자인 도쿄전력의 은폐로 방사선 수치는 일반에 공개되지 않고 있습니다. 일본산 수산물은 기피 대상이 되었죠. 초대형 호박과 꽃대궁 밑에서 꽃이 핀 해바라기 등 각종 돌연변이가 출현하고 있다는 소문이 무성하지만, 진실은 누구도 알 길이 없습니다.

후쿠시마 원전을 관리 감독하던 이들은 발전소가 규모 8.0의 지진에도 견딜 수 있다고 호언장담했습니다. 하지만 규모 9.0의 강진이 오면서 결국 발전소는 무너졌고, 사고 원인을 은폐하고 사태의 심각성을 축소하는 바람에 피해 규모는 더 커졌죠. 그 와중에 세슘에 오염된 지하수는 하루 몇백 톤씩 태평양으로 유출되고 있었습니다. 자연 앞에서, 우리는 아무것도 장담할 수 없습니다.

마리 퀴리와 노벨상을 공동수상했던 남편 피에르 퀴리는 1903년 노벨상 수상 기념 연설에서 이렇게 말했습니다.

　　라듐은 범죄자들의 손에 들어가면 위험한 물질이 될 수도 있습니다. 그래서 우리는 오늘 바로 이 자리에서 스스로에게 물어보아야 합니다. 자연의 비밀을 캐는 것이 인류에게 얼마나 도움이 될까, 그 비밀을 안다고 하더라도 제대로 활용할 수 있을 만큼 인류는 성숙한가, 아니면 오히려 해로운 지식을 갖게 되는 것은 아닌가?

원자력발전소는 고작 30년 정도 사용할 수 있습니다. 30년을 쓰고 나면 발전소를 폐쇄해야 하는데, 이건 속 편하게 다이너마이트로 밀어버릴 수도 없습니다. 폐쇄한 후에도 터지지 않도록 지속적으로 관리해줘야 하죠. 다 쓴 핵연료 역시 재활용품 버리듯이 함부로 버릴 수 없습니다. 핵연료의 방사능이 인체에 해롭지 않은 수준으로 떨어지는 데에는 10만 년이 걸립니다. 인간의 수명이 고작 100년 정도인데 10만 년이라니, 별로 체감이 되지 않는다면 이렇게 생각해보죠. 10만 년 전에 우리는 네안데르탈인이었습니다. 짐승의 털가죽을 둘러쓰고 구석기를 사용해 산과 들로 야생 짐승을 수렵하러 다니던, 네안데르탈인요. 10만 년이라니! 이건 바꿔 말하면 우리의 후손들이 10만 년 동안 이름도 모를 조상들이 남긴 쓰레기를 처리해야 한다는 뜻입니다. 불쌍하게도….

한동안 구제역 매몰지 침출수 문제가 이슈가 됐던 적이 있습니다. 구제역과 같은 가축전염병에 전염된 동물들은 살처분 처리되는데, 이 가축들의 사체에서 나온 부패한 오물이 지하수를 오염시킨 겁니다. 이 때문에 구제역 매몰지에 수원지를 둔 생수들에 대한 리콜 사태가 발생하기도 했습니다. 오염된 토양이 지하수를 오염시키고, 그렇게 오염된 지하수가 흐르면서 또다시 토양을 오염시키는 악순환이 반복되는 것입니다. 이미 묻었기 때문에 답도 나오지 않죠. 현실적으로 복구도 어렵습니다.

조류인플루엔자 역시 점점 교묘하게 진화하고 있습니다. 질병생태학자들은 대규모 축산공장들이 밀집해 있는 환경에 대해 강력하게 경고합니다. 조류인플루엔자 발병에 최적의 환경이라는 거죠. 지금까지는 감염된 닭이나 오리들을 격리하고 살처분하는 방식을 사용했지만, 만약 인간이 감염되기 시작한다면 이야기는 좀 달라질 겁니다. 인간을 살처분할 수는 없으니까요.

재난의 얼굴로
말을 걸어오는 자연

공포영화와 비슷하지만 조금 더 큰 스케일의 재앙을 다루는 영화들을 '재난영화'라고 부릅니다. 큰 재난이 발생하고, 그 재난으로부터 도망치려는 자와 맞서 싸우려는 자, 그리고 그 재난을 이용하려는 자들이 모여 커다란 이야기를 이루지요. 사실 재난영화는 괴물영화가 더 규모가 커진 것이나 다름없습니다.

〈심슨 가족〉에 나오는 블링키나 영화 〈괴물〉에 나오는 괴물 모두 환경오염 때문에 탄생했습니다. 그 오염의 원인을 되짚어가지 않으면 문제는 해결되지 않겠죠. 스프링필드 호수가 오염된 이유는 돈만 아는 악덕 사장 번즈가 핵폐기물을 무단으로 버렸기 때문입니다. 한강이 오염된 이유는 미군이 포름알데히드를 하수구에 그대로

송유관과 시추관으로 뒤덮인 알래스카를 보고 실망한 호머는
"내가 꿈꾼 알래스카가 아니"라며 차창에 아름다운 알래스카
사진을 덮어 씌웁니다. 당연하게도 자동차는 절벽으로 굴러
떨어지지요. 현실을 왜곡한 결과랄까요?

흘려보냈기 때문이지요. 그들이 환경을 오염시킨 이유는 자신의 이익과 편의를 위해서입니다. 그들에게선 자연에 대한 존중을 찾아볼 수 없습니다.

인간은 자신들의 편의를 위해 화석연료를 사용하고 그 때문에 오존층은 점점 파괴됩니다. 무분별하게 베어진 아마존의 나무들은 공기를 정화하는 역할을 더 이상 하지 못합니다. 인간이 더 적은 비용으로 많은 에너지를 만들기 위해 개발한 원자력발전소는 폭발하는 순간 돌이킬 수 없을 만큼 자연을 훼손합니다. 감당할 수 있는 수준을 넘어서면, 그때부터 자연은 괴물이 됩니다. 그리고 그 괴물은 인간에게 말을 걸어오기 시작합니다. 바로 재난의 얼굴을 하고 말입니다.

고대인들은 물을 중요하게 여기면서도 동시에 두려워했습니다. 여러 문화권에서 등장하는 '대홍수' 신화에는 물에 대한 인류의 근원적 공포가 잠재되어 있습니다. 수메르 신화에서는 불평 많은 시끄러운 인간들을 신 엔릴이 물로써 쓸어버립니다. 그리스 신화에서는 악한 인간들에 환멸을 느낀 신 제우스가 홍수를 일으켜 인간을 몰살시키지요. 성경에도 하느님이 파렴치한 인간들을 멸하려 대홍수를 일으키는 부분이 나옵니다. 이렇듯 대홍수는 전 세계 250여 개 민족의 전설에서 공통적으로 다루고 있는 재난 서사의 원형입니다.

고대 신화에서 대홍수는 악한 인간들을 벌하는 상징이었습니다. 이른바 '죽음의 물'인 셈이죠. 그러나 물이 모든 것을 씻어주듯, 홍수가 지나간 자리에는 다시 생명이 만발하기도 합니다. 이집트인들은 홍수 뒤 나일강의 삼각주에 쌓이는 비옥한 토양을 축복으로 여겼습니다. 파괴 이후에는 다시 생명이 시작되지요. 그러나 현대에 와서 이것은 조금 다른 이야기가 됐습니다. 이제 자연재해에는 오염에 대한 공포가 수반됩니다. 지진으로 파괴된 원자력발전소에서 나온 방사성 침출수가 바다로 흘러가, 해류를 타고 전 세계를 떠돌듯 말입니다.

인류의 종말을 예언한 성경의 「요한계시록」에는 이런 구절이 있습니다. 하늘 곳곳에 항아리 일곱 개가 있는데, 이 단지들은 단단히 봉해져 있습니다. 이것들의 봉인을 뗄 때마다 지구상에 큰일들이 닥치게 됩니다. 그리고 봉인들이 다 떼어지면 그 자리에 일곱 천사가 나타나 나팔을 부는데, 일곱째 천사까지 나팔을 불면 비로소 종말이 온다나요.

그중 세 번째 천사가 나팔을 불면, 땅 위에 있는 1/3의 샘과 강에 큰 별이 떨어져 물에서 쓴맛이 나게 되는데, 이 물을 먹으면 사람들이 죽는다고 합니다. 이 별의 이름은 '쑥'입니다. 그리고 우크라이나어로, 체르노빌은 쑥이라는 뜻입니다.

인간의 상상력은 언제나 오염을 경고해왔습니다. 어쩌면 더 이상, 이것은 신화 속의 이야기가 아닐지도 모릅니다. 자연은 말 그대로 '어머니 자연'의 모습으로 한없이 자애로워 보이지만 이따금씩 냉혹한 모습으로 돌변하기도 합니다. 무언가 잘못되어 가고 있을 때는 각종 현상을 통해 인간에게 경고하지요. 인간의 '삽질'로 인해 황폐화된 지구의 모습은 많은 SF작품들에서 어렵지 않게 찾아볼 수 있습니다.

소설가 필립 K. 딕은 자신의 소설 『안드로이드는 전기양의 꿈을 꾸는가?』에서 동물을 키우는 것이 일종의 과시처럼 변해버린 사회를 그립니다. 이 세계는 방사능 낙진 때문에 동물들이 거의 멸종했는데, 이 때문에 동물을 키우는 행위는 사람들이 자신의 인간성을 증명하는 수단이 됐습니다. 하지만 '진짜 동물'은 너무나도 비싸기 때문에, 사람들은 로봇 동물을 사다가 대리만족을 하죠. 물론 사람들은 서로의 동물이 가짜란 걸 알고 있지만, 그걸 입 밖에 내면 큰 실례가 됩니다. 형편이 안 되어 가짜 양을 키우고 있는 주인공 릭 데커드의 소원 역시 진짜 살아 움직이는 동물 한 마리를 갖는 것이죠. 마음만 먹으면 누구나 반려동물을 키울 수 있는 우리가 보기엔 이해가 가지 않는 풍경입니다만, 실제로 방사능 낙진 때문에 동물이 멸종해버린 세계라면 이야기는 다를 겁니다.

이 작품에서도 자연이 '이유 없이' 동물을 멸종시킨 게 아닙니다. 방사능 낙진이 생겼다는 것은 결국 원자력발전소가 폭발했거나, 핵전쟁이 발발했다는 것을 의미하죠. 인간들이 제 욕심을 위해 자연을 학대한 결과입니다. 궁지에 몰린 순간 자연은 괴물이 됩니다. 그 괴물은 동물을 멸종시킴으로써 인간의 과오를 무자비하게 들추어냅니다. 인간은 멸종하진 않을지 몰라도, 그 전에 자연이 주었던 선물들을 다시는 누릴 수 없겠죠.

봉준호 감독의 또 다른 영화 〈설국열차〉 역시 지구온난화 문제와 깊이 얽혀 있습니다. 인간은 환경오염 때문에 상승한 기온을 낮추기 위해 화학물질 CW-7을 전 세계에 살포합니다. 하지만 그 부작용으로 지구상에는 영원한 겨울만 남게 되었죠. 그 영원한 겨울 안에서 살아남은 이들이 설국열차의 탑승객들입니다.

애초에 기온이 상승한 이유는 인간의 무분별한 개발 때문입니다. 그러나 이를 무시하고 과학의 힘으로 온도를 낮추려는 시도는 자연의 심기를 거스를 뿐이지요. 자연은 그런 인간들에게 보복하듯, 언제나 겨울의 모습으로 남아 있는 편을 택합니다. 결국 인간들은 추위를 피해 영원히 정해진 레일을 따라 도는 설국열차에 올라타지요.

SF작품들이 그리는 지구 종말이 그렇게 먼 이야기만은 아닌 것 같습니다. 자연은 어떤 식으로든 인간의 죄를 들추어냅니다. 많은

×

인간의 과오가 부른 영원한 겨울 속에서,
유일한 생존자들을 싣고 '설국열차'는 달립니다.

공업도시들이 스모그에 휩싸이고, 나무를 마구잡이로 베어낸 지역엔 홍수가 덮치고, 해마다 해수면의 높이는 조금씩 상승하며, 꿀벌들은 점점 줄고 있죠. 자연은 정직합니다. 인간이 저지른 만행을 그대로 보여주지요. 〈심슨 가족〉 시즌9 22화에서는 위생감독관에 취임한 호머가 한 달 만에 460만 달러를 쓰고 시의 재정파탄을 일으키는데요. 호머는 적자를 메우기 위해 돈을 받고 미국 각지의 쓰레기들을 스프링필드 폐광에 처박습니다. 하지만 얼마 안 있어 각양각색의 쓰레기들이 마을 곳곳에서 지뢰 터지듯이 분출됩니다. 멜론 껍질, 구멍 난 팬티스타킹, 심지어 텍사스 대학 기말 리포트까지.

×
쓰레기로 뒤덮인 스프링필드의 모습과 환영한다는 표지판.

괴물 vs 심슨 가족

결국 견디다 못한 스프링필드 주민들은 비상사태 대비책 '플랜 B'를 가동시키는데, 그 대비책이란 마을 전체를 8km 떨어진 곳으로 옮기는 것입니다. 대형 트레일러에 마을의 건물들을 몽땅 실어서요. 이주하는 주민들 뒤로 쓰레기더미로 뒤덮인 스프링필드를 보여주며 에피소드는 끝을 맺습니다.

물론 현실에서 이런 식의 해결방법이 가능할 리 없죠. 8km 떨어진 곳으로 마을을 통째로 옮긴 스프링필드 주민들처럼, 지구 B가 있어서 세계인이 그리로 이주할 수 있는 것도 아니고 말입니다. 그러나 우리는 마치 지구 B가 있는 것처럼 행동합니다. 하지만 우리는 자연을 떠나서는 살 수 없으며 자연이 괴물로 돌변하더라도 그것을 감당할 능력이 없습니다. 화성으로 인류가 이주하는 것은 현재로선 불가능한 방법이고요. 결국 자연이 괴물이 되지 않도록 배려하고 존중하는 방법밖에는 없는 것입니다.

오염에 대한 공포는 질병에 대한 공포와도 연결됩니다. 아이러니하게도 그렇습니다. 오염된 환경에서 생명체는 당연히 병에 걸리겠죠. 그런데 우리는 자연보다는 이 병을 더 무서워합니다.

사실 '자연'이라는 단어는 너무도 추상적입니다. 어디서부터 어디까지가 자연인지, 무엇이 자연인지 우리는 명확히 알지 못합니다. 하지만 질병이 무엇인지는 명확하게 알고 있지요. 왜냐면 병에 걸리면 아프니까요. 이 지점에서 자연을 더럽혀놓고 그로 인한 질병은 두려워하는 아이러니가 생기게 됩니다.

하지만 의도했든 의도하지 않았든, 우리는 스스로 오염시킨 이 별에서 평생을 살아가야 합니다. 자연이 괴물로 깨어나 언제 우리에게 찾아올지 모른다는 불안감과 함께 말입니다.

괴물이 깨어나지 않게 할
의무

러시아 화가 일리야 레핀의 〈아무도 기다리지 않았다〉라는 그림에
는 실로 오랜만에 집으로 돌아온 남자가 등장합니다. 그는 혁명에
참여했다가, 정치적으로 유배되었고, 오랜 세월을 거쳐 겨우 집으로

×
일리야 레핀, 〈아무도 기다리지 않았다〉

괴물 vs 심슨 가족

돌아왔습니다. 그러나 집에서 그를 기다리는 것은 가족들의 열렬한 환영이 아니라 불청객 보듯 하는 시선입니다. 그림 속 사람들의 시선에서 공통적으로 느껴지는 것은 두려움입니다. 그림의 제목처럼, 아무도 그를 기다리지 않았습니다. 당혹감만이 그를 맞이할 뿐입니다. 초대받지 못한 손님이 흥겨운 잔치에 찾아왔을 때 음악이 뚝 그치는 것처럼요.

'아무도 기다리지 않았지만' 불쑥 찾아온 그림 속 남자처럼, 최근 몇 년 사이 우리 삶에 찾아온 불청객을 꼽으라면, '미세먼지'를 들 수 있겠습니다. 날마다 뉴스에서는 미세먼지 수치를 알려주고, 미세먼지 수치가 높은 날이면 부모들은 자녀의 야외활동을 자제시킵니다. 미세먼지를 막아준다는 마스크는 불티나게 팔리고 있죠.

미세먼지는 지름이 $10\mu m$보다 작고 $2.5\mu m$보다 큰 복합적 오염물질 입자를 말합니다. 그보다 작은 미세먼지는 초미세먼지라 하는데, 이것은 허파꽈리까지 직접 침투하여 호흡기 질환 등 각종 질병을 유발합니다. 눈에 보이지 않는 이 아주 작은 먼지 역시 산업화가 만든 자연재해입니다. 우리는 이 앞에서도 무력합니다. 고작 마스크나 챙겨 쓸 뿐이죠. 숨은 쉬어야 되니까요.

미세먼지의 주원인은 화석연료의 사용 때문인데요. 그래서 미세먼지는 자동차의 배기가스, 대규모 공장단지에서 주로 발생합니다. 한국의 미세먼지 상황은 중국에 대규모 공장단지가 생기면서 더 심해졌죠. 미세먼지가 바람을 타고 이동해 주변국들의 대기까지 오염시키기 때문입니다.

평소 우리는 중국을 별개의 땅으로 생각하고 있습니다. 그것이 단순히 국경만의 문제라면 맞는 말일 겁니다. 그러나 봄철 황사가 밀려올 때마다, 편서풍이 불어 한반도 상공으로 미세먼지가 내려앉을 때마다 우리는 지구가 한 땅덩어리로 묶여 있음을 실감하게 됩니다.

우리가 쓰고 있는 수많은 물건들에 새겨진 Made in China와 미세먼지는 결코 무관하지 않은 것입니다. 환경보호에 연대의식이 필요한 이유이기도 하지요. 멸종위기에 처한 동식물보호협약CITES이나 온실가스 감축을 위한 '교토의정서' 같은, 수많은 국제협약들이 존재하는 이유도 그 때문입니다. 오염은 눈에 보이지 않는 괴물이지만, 우리는 이 괴물이 깨어나지 않도록 할 의무가 있습니다. 그리고 그 첫걸음은, 우리가 눈감았던 것들에 대해 깨닫는 겁니다. 그래야만 보이지 않는 희생이 생겨나는 것을 막을 수 있습니다.

영화 〈괴물〉의 엔딩은 딸 현서를 잃은 강두가, 현서와 함께 괴물에게 잡혀 있던 거지 소년 세주와 밥을 먹는 장면입니다. TV에선 미군이 한강에 독극물을 방류했다는 뉴스가 나오고 있습니다. 다시 말하면, 강두와 세주가 겪은 악몽 같은 사건에 대한 발표가 나오고 있는 중입니다. 그런 뉴스가 나오는데 세주는 '밥 먹는 데 집중'하자며 칭얼거리고 강두는 TV를 발가락으로 꺼버립니다. 그들에게 그 사건은 이제 중요하지 않아 보입니다.

강두는 불안해 보입니다. 바깥에서 바스락하는 소리가 들리자 바로 엽총을 집어 들죠. 괴물은 죽었지만, 강두는 자신을 둘러싼 세계에서 벗어나지 못합니다. 강두의 가족은 한강에서 매점을 운영합니다. 그는 현서를 잃었던 한강으로 다시 돌아와야만 하는 것입니다. 그곳은 삶의 터전이고, 그곳을 떠나 새로운 삶을 시작할 능력이 강두에게는 없기 때문입니다. 그는 떠날 수 없습니다. 아마 대부분의 사람들에게도 마찬가지겠지요.

그러나 강두에게는 이제 지켜야 할 사람이 있습니다. 세주는 유일한 혈육이었던 형을 괴물에게 잃었습니다. 세주마저 괴물에게 당했다 한들, 아무 연고 없는 이 작은 소년을 누구도 신경 쓰지 않았을 것입니다. 그러나 강두에게 세주는 이제 딸 현서 대신 살려낸, 지켜야 할 '가족'이 되었습니다. 강두는 세주를 지키는 것으로 자기를 둘러싼 세상의 폭력에 대항하고 있는 것입니다. 그리고 우리가 그들을 지켜줄 수 있는 방법은, 그들의 터전에 다시금 괴물이 출몰하지 않게 하는 것이겠지요.

고대 인류에게 자연은 '공포의 대상'이었고, 산업혁명 이후에는 '개척과 개발의 대상'이었습니다. 식민지 개척 시대에는 자연을 훼손할 권리가 곧 권력이었죠. 식민지의 은, 금, 다이아몬드 광산은 제국의 주춧돌이 되었습니다. 그렇게 자연을 난도질한 후, 인간은 뒤늦게 걱정하기 시작했습니다. '앞으로는 어쩌지?' '우리 후손들은 어쩌지?' 그러나 멈추지는 않았습니다. 결코 이곳을 떠날 수 없음에도, 멈추지 않았지요. '분홍신'을 신고 저주받은 춤을 추던 소녀처럼, 우리는 눈을 감은 채 자연을 향해 칼을 휘둘러온 것입니다.

지금도 수많은 물건이 계속 만들어지고 있습니다. 그리고 이 과정에서 생기는 오염들은 누군가의 이윤 추구나 권력 유지를 위해 은폐되고 있지요. 이 시스템을 단시간에 바꾸기는 어려울 것입니다.

그나마 다행인 점은, 환경학자들이 경고했던 것보다는 현재 지구의 자연 상태가 양호하다는 것입니다. 그토록 더럽히고 훼손했어도, 자연의 자정능력은 인간의 과오보다 강력했습니다. 어쩌면 자연은 인간에게 계속 기회를 주었던 건지도 모릅니다. 그 강력한 힘을 긍정하고 닮아갈 기회 말입니다.

높이 100m에 달하는 거대한 쓰나미가 육지로 전진해가는 모습을 보며 우리는 두려움을 느낍니다. 그것의 다른 이름은 경외심입니다. 깎아지른 듯한 웅장한 협곡과 모든 것을 집어삼킬 듯한 폭포의 물줄기, 사정없이 휘몰아치는 폭풍우 앞에서 말문이 막히는 것처럼. 터무니없이 큰 어떤 존재와 맞닥뜨릴 때 우리는 미묘한 패배감을 느낍니다. 신 앞에서 저절로 무릎을 꿇듯이, 거대한 자연에 압도당하고 마는 것입니다.

분홍신을 신은 소녀는 발목을 잘라내고 나서야 저주받은 춤을 멈출 수 있었습니다. 그 발목은 잘린 이후에도 춤을 추며 어디론가 가버렸죠. 우리는 지금 오만이라는 신발을 신고 춤추고 있습니다. 이 신발이 우리를 어디로 데려갈지는 알 수 없지요. 그러나 우리는 멈춰야 한다는 사실은 알고 있습니다. 확실한 것은, 이 춤이 영원히 계속될 수는 없다는 겁니다.

자연이 자신의 위용을 드러낼 때 우리의 이성과 감각은 마비되어 버립니다. 어쩌면 자연은 한 번도 정복당한 적이 없었는지도 모릅니다. 그저 모질고 잔인해질 뿐이지요. 그것을 괴물이라 부를 때,

괴물 vs 심슨 가족

우리는 괴물과 싸우게 될 것입니다. 그러나 자연을 경외하고 닮으려 할 때, 어머니 자연은 우리를 결코 저버리지 않을 것입니다. 영국 시인 윌리엄 워즈워스는 그의 시에서 이렇게 노래했습니다.

자연은 결코 자기를 사랑하는 마음을 저버리지 않는다.

검은 집

VS

**노인을 위한 나라는
없다**

괴물보다
더 괴물
같은

영혼의 결핍
또는 이상

> 괴물을 보고 싶을 때면, 창문에 비친 나를 바라본다.
>
> -조니 에크

사이코패스. 21세기를 살아가는 사람 중에 이 단어를 한 번도 들어보지 않은 사람은 거의 없을 겁니다. 하지만 불과 20세기까지만 해도 사이코패스는 생소한 개념이었습니다. 사람들은 옛날에도 천인공노할 사건을 저지른 범죄자에게 갖은 비난을 쏟아냈지만, 그들을 사이코패스라고 칭하지는 않았습니다. 마땅한 표현이 없어 그들은 뱀파이어로 불려야 했지요. 예를 들어 29건의 살인죄로 고소되어 1932년에 사형당한 연쇄살인마 피터 쿠르텐은 '뒤셀도르프의 뱀파이어'로 불렸습니다. 그 외에도 '파리의 뱀파이어' '하노버의 뱀파이어' '런던의 뱀파이어' '뉘른베르크의 뱀파이어' '켄터키의 뱀파이어' 등 다수의 사이코패스들이 뱀파이어란 명찰을 달아야 했습니다. 대부분은 타의로. 누군가는 자의로.

이제 사이코패스는 대중매체를 통해 저절로 알 수밖에 없는 단어가 되었고, 사람들은 그 단어에서 일관된 이미지를 떠올릴 수 있게 되었습니다. 연쇄살인마, 묻지마 범죄, 마음이 없는 인간, 반사회적 인격장애…. 사이코패스에 대한 책을 읽은 사람이라면 깊이 없는 어둠, 미치지 않은 광기, 도덕적 저능아, 양복을 입은 뱀이라는 표현까지 떠올리겠지요.

사이코패스Psychopath란 말은 1891년 독일의 심리학자 코흐에 의해 맨 처음 사용되었습니다. Psychopath에서 psycho는 영혼, 정신을 뜻하고 접미어 '-path'는 '-의 결핍 또는 이상'을 뜻합니다. 직역하면 '정신병질'이지만 이 말에는 '위험한 미치광이'란 의미도 담겨 있습니다. 100년이 넘게 쓰인 말이지만 실제로 사이코패스라는 정신의학적 진단명은 없다고 합니다. 실제 사용되는 정신의학적 진단명 중 사이코패스와 가장 가까운 것은 반사회적 인격장애antisocial personality disorder입니다.

소설『검은 집』에 등장하는 심리학과 조교 가나이시의 말에 따르면 반사회적 인격장애의 특징은 "계속해서 범죄를 저지르는 경향, 자신의 이익이나 쾌락을 위해 남을 속이는 것, 충동적인 것, 불끈 화를 내며 폭력을 휘두르는 것, 위험에 대해 무모하게 행동하는 것, 무책임한 것, 그리고 양심의 가책이 결여되어 있는 것"으로 요약할 수 있습니다. 확실히 세간에 알려진 사이코패스의 특징과 흡사하군요. 『모비 딕』의 작가 허먼 멜빌의『빌리 버드』란 소설에도 전형적인 사이코패스의 특징이 묘사되어 있습니다.

그 남자의 한결같은 기질과 신중한 태도는 이성의 법칙을 따르는 듯하지만 속으로는 완전히 이성에서 벗어나 있다. 오히려 불합리한 목적을 완수하려는 표리부동한 수단으로만 이성을 활용할 뿐이다. 미치광이가 무자비하고 잔혹한 방식으로 달성하려는 목표를 그는 기민하고 적절하게 냉정한 판단으로 달성하려 든다. 이러한 사람은 미친 자이며 가장 위험한 부류다. 왜냐하면 그들의 광기가 지속적이지 않고 간헐적이며 어떤 특정한 목적에 따라서만 폭발적으로 나타나기 때문이다.

－허먼 멜빌, 『빌리 버드』

우리는 일상생활 속에서도 사이코패스라는 말을 사용합니다. 때로는 욕으로 사용하고, 때로는 농담으로 사용하기도 하죠. 어떤 사람들은 자신의 미성숙함을 사이코패스의 자질로 오인하기도 합니다(이런 사람들이 인터넷에 떠도는 사이코패스 테스트를 해본 다음 호들갑을 떨죠. 대박! 나 사이코패스인가 봐!). 이처럼 일상생활 속에서는 사이코패스란 단어가 가볍게 사용되지만 뉴스나 시사프로그램에서 다루어지는 사이코패스는 여전히 공포스러운 존재입니다. 유명한 사이코패스의 이름과 그들이 저지른 사건은 어렵지 않게 포털의 검색 순위 상위권을 차지하고, 그들의 만행을 정리한 글은 커뮤니티 게시판에 반복해서 게시되며, 사람들은 거기에 분노와 경악의 댓글을 답니다. 대부분의 사람들은 사이코패스가 저지른 사건을 접하고 나면 기분이 나빠집니다. 아니, 더 정확한 표현을 쓰자면 기분이 더러워집니다. 그들이 사형을 당했으면 좋겠고, 사형을 당하지 않는다면 평생

감옥에 갇혀 있거나, 무인도 같은 곳에 격리조치 되길 바랍니다. 그들은 이해할 수도 없고, 이해해서도 안 되는 존재입니다. 나, 혹은 우리와 일말의 공통점도 있어서는 안 되는 존재이기도 하고요. 하지만 많은 사람들이 사이코패스에 대해 막연한 두려움을 지니고 있을 뿐, 도서관에 자리를 잡고 앉아 그들에 대한 책을 읽어보려 하지는 않습니다. 알아서 도움 될 것도 없거니와, 알면 알수록 더 무서울 것 같거든요. 모르는 게 약이랄까요?

앞에서 우리는 많은 괴물들을 만나보았습니다. 그리고 그들의 공통된 특징은 우리와 결코 무관하지 않다는 것, 그들이 그릇된 세계의 거울이자 망가진 인간의 분신이라는 거였죠. 이번 챕터에서 우리는 괴물 대신, 괴물이라 불리는 인간들을 둘러볼 것입니다. 사이코패스라 명명되는. 아니 사이코패스라는 다섯 글자로 재단당하는, 다양한 부류의 괴물보다 더 괴물 같은 인간들을 말이죠.

우선 전형적인 사이코패스가 등장하는 기시 유스케의 작품들을 들여다보죠.

인 더
호러하우스

1997년에 발표된 기시 유스케의 소설 『검은 집』은 제4회 일본 호러 소설 대상을 수상한 작품입니다(2007년에 우리나라에서 영화화되기도 했죠). 이 소설에 등장하는 사이코패스 사치코는 전혀 매력적인 인물이 아닙니다. 길에서 만나면 눈살을 찌푸리며 피해갈 것 같은, 추하고 냄새나는 아줌마지요. 그리고 그녀 때문에 지옥 같은 경험을 하는 보험조사관 신지는 한창 때의 청년입니다. 인물 소개만 보아서는 가해자와 피해자가 뒤바뀐 거 아닌가? 젊은 남자가 아줌마 하나 못 당할 리가? 하고 생각하실 수도 있지만, 실상은 그렇지 않습니다. 사람과 사람의 역학관계는 꼭 육체적인 힘만으로 정해지지 않거든요. 그 예로 사치코는 건장한 남자들을 깍두기 썰듯 거침없이 해치웁니다. 사치코가 그들보다 신체적인 힘은 약할지 몰라도 잔인해질 수 있는 한계에 있어서는 그들을 압도하거든요.

『검은 집』의 작가 기시 유스케는 작가가 되기 전 실제로 보험회사 직원으로 근무했다고 합니다. 그가 다시 펜을 잡게 된 것도 도무지 속을 알 수 없는 이상한 고객을 만난 것이 계기였다고 하는데요. 말은 통해도 마음이 전혀 통하지 않는, 말로 설명하기 어려운 느낌을 주는 그 고객을 보며 마치 일본어로 말하는 악어와도 같은 느낌을 받았다고 합니다. 그는 그 이상한 고객의 본성이 감정을 느끼지 못하는 사이코패스가 아닐까라는 생각을 했고, 인간에 내재한 악에 관심을 갖게 됐다고 합니다.

기시 유스케가 보험회사 직원으로 근무한 덕분에 『검은 집』에는 1990년대 일본 보험업계의 이면이 실감 나게 그려져 있습니다. 실적을 올리기 위해 목적이 의심스러운 사람에게도 보험가입을 허락하고, 꾀병을 부려 보험금을 타내려는 고객에게는 해결사를 보내는, 사채업자와 별반 다르지 않은 모습들이지요. 보험은 실제로 사이코패스와 연(?)이 깊은 업계이기도 합니다. 사람이 아프거나 죽어야

소설 『검은 집』의 일본 표지왼쪽.
영화 〈악의 교전〉의 국내 포스터오른쪽.

돈이 나오는―살인 청부업을 제외하면 거의 유일한―업계니까요. 타인의 생명도, 자신의 생명도 소중히 여기지 않는 사이코패스에게 는 악용 가능한 업계로 보일 수도 있겠죠. 한 예로 '사이코패스 테스트 만점자'로 유명한 '엄 여인'도 6억 상당의 보험금을 타내기 위해 가족과 주변사람을 살해한 사이코패스였죠. 그녀의 범행은 사치코의 그것과 상당 부분 닮아 있습니다.

『검은 집』에는 사람들이 잔인하게 살해당하고 등골이 서늘해지는 장면이 많지만, 제가 가장 섬뜩한 공포를 느낀 건 '병원 장면'입니다. 사치코는 어린 아들의 죽음을 자살로 꾸며 보험금을 탄 뒤, 다

시 한 번 보험금을 타기 위해 남편 고모다를 사고로 내몹니다. 고모
다는 절단기에 팔이 끼어 팔뚝 아래를 전부 잃지요. 신지는 정말 가
고 싶지 않지만 보험 조사를 위해 입원해 있는 사치코 부부를 찾아
갑니다. 그는 고모다의 상태를 보자마자 이건 사치코의 짓이라고
확신합니다. 보험조사관들이 참담한 기분에 젖어 있는데 고모다가
갑자기 팔이 아프다고 합니다. 상식적으로 말이 안 되는 이야기입
니다. 그에게는 팔이 없으니까요. 하지만 의학적으로는 말이 됩니
다. 환지통幻肢痛이라는 거지요. 타인인 보험조사관들조차 고모다가
가여워 눈살을 찌푸리는데, 사치코의 반응은 남다릅니다.

"…아파."
고모다는 쥐어짜는 듯이 소리를 만들어냈다.
"어디가 아픈데요?"
"손…."
"손?"
"손가락 끝이 아파."
사치코의 얼굴은 순식간에 새빨갛게 달아올랐다. 아마 터져나오
는 웃음을 참으려 했기 때문이리라. 신지와 요시오가 없었다면 미
친 듯이 웃음을 터뜨렸을지도 모른다.
"무슨 말을 하는 거예요? 으흐흐! 이제 당신에게는 손이 없다구
요!"
"손이 아파…."

보험조사관들이 자리를 뜨려고 하자 사치코는 심지어 이렇게 묻습니다.

> 고도장앤지 뭔지… 그것을 받을 수 있지요? 그리고 말이에요, 이 사람이 죽으면 다시 보험금을 받을 수 있나요?

사치코는 우리가 흔히 생각하는 매력적인 외모에 뛰어난 지능을 가진 사이코패스는 아닙니다. 그녀는 목적을 위해서라면 어떤 끔찍한 범죄도 마다하지 않고, 끊임없이 자신의 욕심만을 채우려 합니다. 그녀를 보고 있으면 자신보다 덩치가 큰 먹잇감을 통째로 집어삼키는 뱀이 떠오릅니다. 반면 기시 유스케의 다른 작품 『악의 교전』의 주인공 하스미는 앞에서 언급한 양복을 입은 뱀 스타일의 사이코패스입니다. 사치코가 우리에게 '어휴, 저런 사람이 주위에 나타날까 무섭다.'라는 감정을 느끼게 한다면, 하스미는 '아깝다. 사이코패스만 아니라면 참 좋을 텐데….'라는 이중적인 감정을 느끼게 합니다.

왜냐하면 그는 사회화된 괴물이거든요. 하스미는 잘생긴 외모와 뛰어난 두뇌를 지닌 '엄친아'로, 영어교사라는 안정된 직업도 갖고 있으며, 혼자 심리학을 공부하여 사이코패스의 본모습 위에 호감형 인간의 가면을 쓰는 데에도 성공합니다. 반면 사치코는 하스미와 같은 사회화를 완수하지 못했습니다. 그녀가 보험금을 타고 싶고, 자신이 사이코패스라는 것을 들키고 싶지 않았다면 고모다가 팔이 아프다고 했을 때 슬픈 시늉을 했겠지요. 그리고 노골적으로 '남편이 죽으면 또 보험금을 받을 수 있냐.'는 질문 같은 것도 하지 않았을 겁니다. 보통 사람 흉내를 내고, 보통 사람들이 원하는 반응을 보이면 사람들은 그가 사이코패스인지 쉽게 알아볼 수 없습니다. 바로 그렇기 때문에 하스미는 사치코보다 더 위험한 존재인 것입니다.

> 악마에게 있어 최고의 계략은 그가 존재하지 않는다는 확신을 우리에게 갖게 하는 것이다.
>
> ―보들레르

　뉴스에서 연쇄살인사건을 다룰 때, 꼭 등장하는 사람이 있습니다. 바로 정신의학과 교수입니다. 뉴스는 짧은 시간 내에 많은 정보를 전달해야 하기에, 교수의 진단은 짤막하게 편집되어 이런 부분만 남게 됩니다. '범인 A씨는 어릴 때 가난한 집에서 태어나 부모에게 학대를 당하고, 내성적인 성격으로 사회에 적응하지 못해 일반 대중에게 폭넓은 분노를 품게 되었으며, 특히 자신이 신체적으로 우위에 설 수 있는 여성을 범행의 대상으로 삼아…' 우리는 이 말을 들으면 몸서리를 치면서도 한편으로는 고개를 끄덕입니다. 그것이 우리에게 익숙한 연쇄살인마의 모습이기 때문입니다. 살인마의 불우한 가정사와 소외로 점철된 성장과정은 우리로 하여금 '살인마'와 '내가 속한 보통 사람들'을 구분하는 경계선을 만들어줍니다. 그리고 잔혹한 범죄를 저지르게 된 그럴듯한 이유도 제공하지요. 범죄 행위에 이유가 존재한다는 것은 그 행위에 최소한의 합리성을

　　　　　　검은 집 vs 노인을 위한 나라는 없다

제공합니다. 하지만 희대의 살인마가 유복한 집안에서 부모님의 사랑을 듬뿍 받고 자랐으며, 대인관계도 더할 나위 없이 좋다면? 혹은 누군가가 살인을 저지르는데 우리를 납득시킬 만한 그 어떤 최소한의 이유도 갖추지 못했다면? 아니, 논리는 존재하는데 그것이 악어의 언어처럼 전혀 알아들을 수 없다면? 인과관계가 없는 그들의 행위 앞에서 우리는 극한의 공포를 느끼게 될 것입니다.

사치코와 하스미의 프로필을 표로 비교해볼까요.

사치코는 주로 불로소득을 얻기 위해, 하스미는 본모습을 숨기거나 자신의 죄를 덮기 위해 사람을 죽입니다. 보통 사람들은 감히 저지를 수 없는 일이지만, 그래도 그들이 왜 범죄를 저지르는지 전혀 이해할 수 없을 정도는 아닙니다. 왜냐하면 그들이 바라는 것이 세속적인 욕망, 즉 다수가 바라는 것이기 때문입니다. 대부분의 사람이 할 수만 있다면 불로소득을 취하고 싶어 하고, 미인을 독차지

	『검은 집』의 사치코	『악의 교전』의 하스미
외모	이중으로 틀어진 턱, 길쭉한 얼굴, 쭉 찢어진 눈, 헝클어진 머리칼, 향수의 악취.	잘생긴 외모와 매력적인 미소.
지능	지능 발달이 잘된 편은 아님.	매우 뛰어남.
가정환경	어머니가 남자와 도망치는 바람에 아버지는 술독에 빠져 사치코를 전혀 돌봐주지 않음. 언제나 누더기처럼 허름한 옷을 입고 다님.	부친은 개인병원을 운영하는 내과 전문의, 어머니는 전업주부. 유복한 중산층 가정.
악행의 목적	대부분 돈.	돈과 미녀, 그리고 자신의 왕국인 학교 내 통제력 강화를 위하여.
주거환경	어두컴컴하고 악취가 나는 집.	낡고 오래된 셋집. 낡은 경트럭.

하고 싶어 하고, 내가 속한 사회를 통제하며 좌지우지하고 싶어 하니까요. 괴물에 대한 공포는 때로 우리 욕망의 다른 이름입니다. 타인의 고통을 외면하고 싶다는 생각, 내 욕망만 좇으며 살고 싶다는 생각을 누군들 안 해봤을까요. 다만 그 욕망을 위해 이기적으로 행동하느냐, 사회적 규제와 양심 때문에 자제하느냐의 차이일 뿐이겠죠.

가령 살인이 가장 명쾌한 해결방법임을 알아도 보통 사람은 주저하지. 혹시라도 경찰에 발각되면 어쩌나 하는 두려움 탓에 아무래도 공포가 앞서게 돼. 그러나 나는 달라. X-sports 애호가들처럼 할 수 있다는 확신만 생긴다면 끝까지 해내거든. X-sports와 다름없이 중간에 망설이지 않고 위험해도 과감하게 질주하면 의외로 끝까지 달릴 수 있다는 얘기야. 어때? 이 정도 설명이면 이해가 돼?

—『악의 교전』 2권, 하스미의 말

인간이 늘 정답을 선택하지 않는 건 그것이 불편하기 때문이라고 생각한다. 도덕의 눈금을 조금 낮추자 간단한 해결법이 보였다.

—정유정,『종의 기원』

사이코패스의 특징 중 하나는 극도의 자극을 추구한다는 점입니다. 자극이란 쾌감을 주는 동시에 긴장을 불러일으키기 때문에 보통 사람들은 일정 수준 이상의 자극을 못 견뎌합니다. 그 예로 놀이

검은 집 vs 노인을 위한 나라는 없다

기구나 호러영화가 주는 긴장조차 못 견디는 사람이 적지 않죠. 하지만 사이코패스는 긴장에 무감각하기 때문에 자극이 주는 쾌감만을 흡수합니다. 그리고 그 쾌감에도 쉽게 싫증을 내고 더 큰 쾌감을 추구하지요. 브레이크가 없으니 가속이 붙을 수밖에요. 극도의 자극은 보통 사람이 이해하기 어려운 종류의 것이 대부분입니다. 속된 말로 엽기적이지요. 사이코패스의 시점으로 쓰인 소설『종의 기원』에서 주인공 한유진은 자신이 끌리는 것에 대해 이렇게 이야기합니다.

> 그날 밤, 오뎅과 발맞춰 걷기 시작했을 때에야, 비로소 나는 해독의 실마리를 찾았다. 더하여 내가 무엇에 끌리는가를 명확하게 알게 되었다. 나는 겁먹은 것에게 끌렸다.

겁먹은 것에게 끌린다는 사람에게 우리는 무슨 말을 할 수 있을까요. 어떤 소통을, 어떤 공감을 기대할 수 있을는지요. 현대에 일어나는 엽기적인 범죄의 특징은 범인 체포 후에 사건이 시작되어 끝도 해결도 보이지 않게 된다는 점입니다. 엽기적이란 표현은 종래의 견해나 생각으로는 이해할 수 없을 정도로 잔인한 성질을 일컫는 것인데, 이에 대해 사람들은 아무리 봐도 모르겠다는 감정을 느끼게 된다는군요.[1] 우리가 진정한 공포에 전율하는 것은 엽기적인 범죄가 일어난 순간이 아니라, 칠흑 같은 몰이해와 맞닥뜨리는 순간일 겁니다. 사이코패스를 체포하여 범행에 대한 일체 자백을 받아내든, 사이코패스의 시점으로 쓰인 소설을 읽으며 그의 심연을 들여다보든 우리가 알 수 있는 것은 없습니다. 검은 집과 같은 인간 앞에서 우리는 총 맞은 것처럼 무력해집니다. 자신이 속한 세계가 사실은 검은 집과 같은 호러하우스인 것은 아닌가 하는 의문도 품게 되고요. 인간과 세계에 대한 불신이 빼낼 수 없는 탄환처럼 박혀버렸으니, 범인이 사형을 당한다 해도 끝이나 해결은 보이지 않는 거겠죠.

사이코패스의 또 다른 특징은 책임 전가에 능하다는 점입니다.

×

사치코의 집위과 하스미의 집아래. 그들이 어떤 겉모습을 하고 있건 간에 '공간'은 그들의 살풍경한 내면을 고스란히 보여줍니다.

검은 집 vs 노인을 위한 나라는 없다

자기 책임은 하나도 없고, 모두 외부의 탓으로 돌리는 거죠. 하스미와 한유진 역시 내가 악하기 때문이 아니라, 네가 죽을 짓을 했기 때문에 살인을 하는 거라고 자기합리화를 합니다. 나는 참을 만큼 참았고 봐줄 만큼 봐줬는데 네가 기어이 나를 건드렸다는 식이죠. 사치코도 마찬가지입니다. 그녀는 먹고 살아가는 것을 방해한다며 일개 보험회사 직원인 신지를 죽이려 합니다. 보험금 사정 조사 중 납득이 가지 않는 지점이 있어 문제제기를 했을 뿐인데, 생선회를 떠주겠다니! 신지로선 미치고 팔짝 뛸 노릇이죠. 이들의 끝없는 자기합리화는 종국에는 신까지 소환해냅니다. 하스미는 미친 사람으로 보이기 위해, 한유진은 스스로를 옹호하기 위해 신을 입에 담습니다. 이들에게는 신마저도 쓰고 버리는 장기 말에 불과한 것입니다.

> 이건 전부 신의 뜻이었어. 난 머릿속에서 울려 퍼지는 명령을 실행했을 뿐이야. 4반 학생은 하나도 빠짐없이 악마가 씌었거든. 모두의 영혼을 구하기 위해서 한 일이었어.
>
> ─『악의 교전』 2권, 하스미의 말

> 신의 뜻에 따라, 끝까지 살아남을 모양이라고.
>
> ─정유정, 『종의 기원』

정체불명의 인간
수취인불명의 재앙

한편 세속적인 욕망을 초월한, 그 욕망조차 간파할 수 없는 괴물 같은 인간들도 있습니다. 최소한의 합리성은 물론 자신에 대한 어떤 정보도 제공하지 않는 인간들. 코맥 매카시의 소설 『노인을 위한 나라는 없다』의 안톤 시거도 그런 인간입니다.

『노인을 위한 나라는 없다』는 텍사스를 배경으로 나이 든 보안관 벨, 마약 밀매상이 학살극을 벌인 장소에서 200만달러가 든 가방을 손에 넣은 모스 그리고 그 돈 가방을 쫓는 살인마 안톤 시거, 이 세 남자가 누군가를 쫓고, 누군가에게 쫓기며 벌어지는 이야기입니다. 소설의 시작은 보안관 벨의 고백으로 시작합니다. 자신이 검거하고 증거를 제출해서 가스처형실로 보낸 한 살인마에 대한 이야기입니다. 살인마는 열네 살 소녀를 죽인 열아홉 살짜리 소년이었습니다. 소년은 반성도 동요도 없이 가스처형실로 들어갑니다. 소년은 아마도 우리가 말하는 사이코패스의 범주에 속하는 인간이겠지요. 벨은 이 소년을 만나고 적지 않은 혼란을 느낀 듯합니다. 그는 문득 깨달은 듯 이렇게 말합니다.

저기 어딘가에는 살아 있는 진정한 파괴의 예언자가 있다. 다시는 그자와 마주치고 싶지 않다. 나는 알고 있다. 그가 진짜라는 것을. 나는 그가 한 일을 보았다. 한때 나는 그자의 눈앞에서 걸어 다녔다. 다시는 그러고 싶지 않다. 두 번 다시는 내 운명을 걸고 그자를 만나러 가지 않겠다.

명확하게 지칭하지 않지만, 소설을 다 읽고 나면 안톤 시거가 그 파괴의 예언자에 해당한다는 사실을 짐작할 수 있습니다. 안톤 시거는 가는 곳마다 많은 사람을 죽입니다. 당연한 이야기입니다. 그는 킬러니까요. 그런데 벨은 왜 유독 그와 같은 사람들에게만 파괴의 예언자라는 거창한 비유를 썼을까요?

대중매체 속에서 무차별적인 살인마 캐릭터는 어렵지 않게 찾아볼 수 있습니다. 하지만 그들에게 파괴의 예언자라는 표현을 쓰지는 않습니다. 사치코와 하스미도 적지 않은 수의 사람을 죽입니다. 그들 역시 파괴의 예언자는 아닙니다. 그들은 무언가를 얻기 위해 방해물을 제거해나갈 뿐입니다. 욕망만 충족되면 사람을 죽이지 않을 수도 있습니다. 시거도 모스가 들고 튀어버린 마약 밀매단의 돈 200만달러를 뒤쫓습니다. 이것은 앞서 말한 세속적인 욕망이지요. 하지만 기시 유스케의 사이코패스들과 달리 시거에게 돈은 목적이 아니라 수단처럼 보입니다. 파괴의 행위를 계속하기 위한 수단. 파괴의 예언을 실행시키기 위한 도구.

작가의 말에 따르면 안톤 시거의 이름은 세계 어디에도 존재하지 않는 조합이라고 합니다(그래서 모스는 안톤 시거라는 이름을 듣고 "슈거?"라고 반문하기도 하죠). 안톤 시거와 관련해 유일하게 알려진 정보가 이름이라는 점에서 이 사실은 의미심장합니다. 이름 말고는 아무것도 알려지지 않은 남자. 그 이름조차 이 세상에 존재하지 않는 조합인 남자. 기시 유스케의 사이코패스들이 우리에게 주는 공포는,

영화 〈노인을 위한 나라는 없다〉 속의
안톤 시거. 노인 복지와는 아무런 관
련이 없는 인물입니다. 안톤 시거 역
의 배우 하비에르 바르뎀은 저 헤어스
타일을 무척 싫어했다고 합니다. 감독
이 '어떤 모습의 킬러가 되고 싶냐'고
물어서 '모르겠다'고 대답했더니, 대뜸
저렇게 만들어버렸다고. 안톤 시거의
이름처럼, 세상 어디에도 존재하지 않
는, 혹은 아무도 안 할 헤어스타일을
의도한 걸까요?

언제 어디 숨어 있을지 모를 지뢰에 대한 공포입니다. 잘못 발을 디디면 아래에서 딸각 소리를 내고 다리를 날려버릴지도 모르는 존재들. 반면 안톤 시거에 대한 공포는 숙명, 혹은 대자연에서 느끼는 공포에 가깝습니다. 불시에, 불가항력적으로 찾아오는 추락, 붕괴사고나 역병, 자연재해 같은 절대적인 재앙이 주는 공포.

'주유소 장면'은 안톤 시거란 이름의 재앙을 잘 보여주는 시퀀스입니다. 시거는 무차별 살인을 저지른 뒤 남쪽으로 이동 중에 셰필드의 주유소에 차를 댑니다. 기름을 넣고 요금을 지불하는데 주인이 묻습니다.

> "오는 길에 줄곧 비가 내리지 않았소?"
> "어느 길 말이오?"
> "댈러스에서 오는 걸 봤소만."

아무 생각 없이 내뱉은 말 때문에 주인은 시거에게 위협을 당하게 됩니다. 따지고 보면 시거가 한 말들은 위협이라고 보기 어렵습니다. 직접적으로 당신을 해치겠다는 말은 한마디도 하지 않았으니까요. 남자가 의미 없는 말들로 시거에게 인사를 건넸듯, 시거 역시 언뜻 보면 의미가 없어 보이는 말들로 파괴를 암시합니다. 몇 시에 가게 문을 닫느냐. 잠은 몇 시에 자냐. 그때 다시 올 수도 있다(이 말이 가장 협박에 가깝지만 뭘 하겠다고는 말하지 않았으니…). 상점 뒤의 집에서 사느냐. 평생을 여기서 살았냐. 동전 던지기에서 가장 크게 잃어본 게 뭐냐. 동전 던지기로 결정한 가장 큰 일이 뭐냐…. 그러던 중 시

영화에서는 가게 주인 뒤에 고리가 걸려 있어서 시각적인 긴장감을 더합니다.
이 앞 장면에서 시거가 젊은 보안관의 목을 졸랐기 때문에
주인의 뒤에 있는 고리들은 처형도구를 연상하게 하지요.

거는 대뜸 주머니에서 25센트짜리 동전을 꺼내 손톱으로 튕겨서 던져 올렸다 낚아채서는 앞인지 뒤인지 맞히라고 명령합니다.

"맞히시오."

"뭣 때문에 맞혀야 하는지 알아야겠소."

"그렇다고 뭐가 달라질 것 같소? 아무튼 맞히시오. 내가 대신 맞힐 수 없소. 그건 공평하지 않지. 정당하지도 않고. 빨리 맞히시오."

"나는 아무것도 건 게 없어요."

"이미 걸었소. 당신은 당신 인생의 전부를 걸었지. 단지 그것을 모르고 있을 뿐."

고작 동전 던지기일 뿐입니다. 하지만 고작 동전 던지기를 강요

당하고 있을 뿐인데, 주인은 극한의 공포에 시달립니다. 그는 무엇이 자신을 덮치려 하는지 모릅니다. 하지만 무언가가 자신을 덮치려 하고 있다는 사실만큼은 분명히 압니다. 그리고 그는 그 무언가 앞에서 너무나도 보잘것없고 무기력합니다. 소설 속에서도 그렇지만, 영화 속에서는 정말이지 안타까울 정도로 연약해 보입니다. 자동차가 이쪽을 향해 달려오고 있는데도 발을 떼지 못하고 멍하니 서 있는 사슴처럼.

하지만 대부분의 사람이 그러할 것입니다. 이미 시위를 떠나 나에게로 찾아오고 있는 재앙 앞에서 우리는 과연 무엇을 할 수 있을까요? 결국 주인은 시거의 명령에 따라 대답합니다. 앞면. 다행히 시거의 동전도 앞면을 향하고 있었습니다. 시거는 그를 죽이지 않고 주유소를 떠납니다. 그리고 주인은 시거가 두고 간 동전을 카운터에 올려놓고 그것을 바라봅니다. 재앙은 옷깃이 스친 것만으로도 주인의 혼을 쏙 빼놓았습니다. 주인은 시거를 곧 잊을지도 모릅니다. 아무 일도 일어나지 않았기 때문에. 주인은 시거를 오래 기억할지도 모릅니다. 자신이 어떤 곤경에서 빠져나왔는지 직감하고 있기 때문에.

시거와 다른 듯 닮아 있는 인물이 바로 영화 〈다크 나이트〉의 악당 조커입니다. 조커도 시거처럼 정체가 불분명한 인간입니다. 그는 이름도 출신지도 알려진 바가 없고, 지문도 DNA도 치아기록도 확인되지 않으며, 상표가 없는 옷을 입고 다니지요. 조커는 말합니다.

고담 시는 나 같은 악당을 원해, 돈만 밝히는 악당은 필요 없어! 돈은 중요하지 않다. 중요한 건 메시지일 뿐.

악행이 메시지와 연결된다는 점에서 시거와 조커는 또 하나의 공통점을 갖습니다. 시거 역시 돈보다는 자신의 메시지(규칙)를 따르는 자입니다. 하지만 시거의 메시지는 그리 일관되지 않습니다. 누군가에게는 동전을 쥐여주고, 누군가에게는 일말의 기회도 없이 죽음을 투척합니다. 피할 수 있는 건 없다고, 결산은 찾아오고야 만다고 말하면서 자신이 궁지에 몰렸을 때는 도망을 택합니다. 그럼에도 그의 논리는 확실합니다. 그러나 그것은 우리가 이해할 수 없는 논리이죠. 그리고 우리가 결코 부술 수 없는 논리이기도 합니다.

반면 조커의 메시지는 규칙 없이 살아가는 것입니다. 그의 목적은 악이 아니라 혼란이며, 자신의 반대편에 있는 존재 배트맨까지도 순순히 인정합니다. 조커는 배트맨의 존재가 자신을 완벽하게 만든다고 말합니다. 배트맨을 죽이는 일은 절대 없을 거라고 선언하기도 하지요. 자신만의 절대적인 규칙을 따르는 자, 시거. 이 세상의 본질이 카오스(혼돈)라는 것을 설파하는 자, 조커. 모든 것을 압도하는 규칙이 존재하는 세계와 모든 규칙이 삭제된 세계. 자신만의 규칙을 완성하지도 못하고, 세상의 규칙에 기대어 살지 않으면 불안을 느끼는 보통 사람에게는 두 세계 다 더함도 덜함도 없이, 같은 모습의 공포입니다.

〈다크 나이트〉의 또 다른 주인공 하비 덴트도 시거처럼 동전 던지기 마니아입니다. 그는 검사 시절부터 동전 던지기를 즐겨했는데 이때는 동전 앞뒷면의 그림이 같아서 하나의 선택지만 존재했지요. 이때의 동전 던지기는 선택이라기보다는 자기 주도, 자기 확

×

고담 시의 검사로 활약하던 시절의 하비 덴트왼쪽와
신념이 붕괴되고 광기에 휩싸인 하비 덴트오른쪽.

신에 가까웠습니다. 그는 자신 있게 말합니다. "운은 스스로 만드는
거야!" 이후 하비 덴트는 범죄와의 전쟁을 치르다 사랑하는 여인을
잃고, 몸 반쪽에 끔찍한 화상을 입게 됩니다. 동전도 한 면이 타버려
서 앞뒷면이 분리되지요. 정의로운 검사였던 하비 덴트는 모든 것
을 잃고 악당 투페이스Two-Face로 거듭납니다. 투페이스는 동전 던
지기로 복수의 대상의 생사를 결정합니다. 남녀노소, 원한관계 상관
없이 확률은 50대 50입니다. 배트맨이 어린아이의 생사를 결정하
려는 투페이스를 저지하자 그는 이렇게 외칩니다. "세상은 잔인해.
이 잔인한 세상에 통용되는 도덕은 단 하나뿐이야. 확률! 치우침 없
고, 편견도 없고, 공평하지." 투페이스는 시거처럼 모든 것을 압도하
는 규칙을 따르려 합니다. 세상의 잔인함을 감당하지 못해 잔인한
규칙의 노예로 살기를 선택한 것이죠.

"아저씨는 무법자가 되어서 후회해요?"

"더 일찍 되지 못한 게 후회돼. 그만 나갈까?"

　　　　　　　－『노인을 위한 나라는 없다』, 웨이트리스와 모스의 대화

　『노인을 위한 나라는 없다』는 시종일관 독자의 기대를 배신하는 작품입니다. 분명히 쫓고 쫓기고 있기는 한데, 잡는 인간도 잡히는 인간도 없습니다. 소설을 이끌어가는 것은 200만달러이지만 소설을 채우는 사건들은 돈과 멀리 떨어져 있습니다. 모스에게서도, 시거에게서도 돈은 아득히 멀게만 느껴집니다. 심지어 돈을 가지고 있는 순간에도요. 모스에게서는 돈보다 돈을 빼앗기지 않겠다는 의지가, 시거에게서는 돈보다는 돈을 되찾고 말겠다는 의지가 더욱 강하게 느껴집니다. 그리고 그들은 묵묵히 의지에 따라 움직입니다. 그 과정에서 남이 파괴되거나, 자신이 파괴되는 일이 일어나지만 무시하고 참아냅니다. 시위를 떠나버린 활처럼, 모스가 200만달러가 들어 있는 가방을 가지고 도망친 순간 모든 것은 결정되어 버리고 만 것이지요.

　　자넨 그와 거래를 할 수 없어. 다시 말하지. 설령 자네가 그에게 돈을 돌려준다 해도 그는 자넬 죽일 거야. 그와 얽혀들고서 살아남은 사람은 없으니까. 다 죽었지. 살 확률이 거의 없어. 아주 특이한 인간이거든. 원칙이 있다고도 할 수 있지. 돈이든 마약이든 뭐든 그런 것 따위를 다 초월하는 원칙.

　　　　　　　－『노인을 위한 나라는 없다』, 웰스의 말

　　　　　　검은 집 vs 노인을 위한 나라는 없다

시거는 모스에게 약속을 합니다. 돈을 가져오면 여자(아내)를 봐주겠다고. 그렇지 않으면 여자가 책임을 져야 한다고. 물론 시거의 일방적인 약속입니다. 모스는 그 말을 듣지 않습니다. 모스는 심지어 시거가 응징하기도 전에 엉뚱한 사건에 휘말려 죽어버립니다. 돈은 시거의 수중에 들어가고요. 자, 시거는 모스의 아내를 살려줄까요, 아니면 죽일까요? 살려준다고 대답하고 싶지만, 우리는 시거가 불러온 불행을 봐왔고, 답이 정해져 있다는 사실 역시 압니다.

모스의 아내는 어머니의 장례를 치르고 집에 돌아와 시거와 마주합니다. 시거는 침실의 작은 책상 앞에 앉아 그녀를 기다리고 있습니다. 모스의 아내가 호신용으로 숨겨둔 총까지 이미 치워둔 상태입니다. 그녀는 자신에게 무슨 일이 벌어질지 정확히 예감합니다.

시거는 말합니다. 모스는 죽었지만 자신의 약속은 죽지 않았다고. 아무것노 그걸 바꾸지 못한다고. 그리고 그녀에게 미안하다고 말합니다. 그녀가 흐느끼자 시거는 자신이 할 수 있는 최선이라며 주머니에서 무언가를 꺼냅니다. 설마, 동전이냐고요? 네. 동전입니다. 그는 주유소 주인에게 했듯 동전을 손톱으로 튕겨 공중에 던지고는 공중에서 붙잡아 손목 위에 찰싹 내려놓습니다. 그리고 그때와 같은 명령을 합니다. 맞히시오. 그는 말합니다. 어느 순간 당신은 선택을 했고, 다 거기서 초래된 일이라고. 당신 뜻대로 동전을 움직일 수도 없으며 인생의 길은 쉽게 바뀌지 않는다고. 그녀는 흐느끼며 그의 말을 인정합니다. 맞아요, 정말 그래요. 시거는 정해진 수순처럼 그녀를 쏘아 죽입니다. 던져진 동전이 아래로 추락하듯 그것은 누구도 막을 수 없는 일입니다. 시거가 죽지 않는 한.

시거의 특징 중 하나는 피해자의 집에 잠
입하여 피해자를 기다린다는 점입니다.
피해자들이 자기 방문을 열면 시거는 원
래 거기 있었던 것처럼 의자에 앉아 피해
자를 바라봅니다. 처음부터 그들의 삶 안
쪽에 자리하고 있었다는 듯. 자신이 어쩔
수 없이 세상의 일부라는 듯. 그러고는 그
들의 공간에서 가만히, 소리 없이 그들의
삶을 파괴합니다.

모스의 아내를 죽인 직후 시거는 교통사고를 당합니다. 우발적인 사고였습니다. 재앙은 그와 같은 인간에게도 공평하게 찾아옵니다. 그는 치명상을 입지만 신음도 흐느낌도 불평불만도 없이 자신에게 일어난 상황을 파악하려 합니다. 실로 냉정한 대처입니다. 피를 철철 흘리는 시거에게 두 소년이 다가옵니다. 시거는 그들에게 말합니다. 입고 있는 셔츠를 자신에게 팔라고. 그는 아이들에게서 산 셔츠로 삼각건을 만들어 부러진 팔을 끼워 넣습니다. 그리고 아이들에게 지폐를 주며 말합니다. 내 얼굴은 모르는 거다. 그는 다리를 절뚝이며 걸어갑니다. 그는 그렇게 사라집니다. 그가 다시 나타날지 나타나지 않을지는 아무도 자신할 수 없습니다. 단지 그가 다시 나타난다면 누구도 막을 수 없는 불행이 여기저기 투척되리란 예감만이 선명할 뿐. 우리는 시거를 알게 되었고 동시에 그가 어떤 파괴를 동반하는 재앙인지도 알게 되었으니까요.

소설 말미에 시거에게 셔츠를 판 소년이 보안관 벨에게 시거의 인상착의를 설명합니다. 이것이 처음으로 자세하게 설명되는 시거의 모습입니다. 소설 내내 보여준 압도적인 분위기와 달리 그는 평범해 보이는 남자인 모양입니다.

보통 키에 보통 체구였어요. 건강해 보였고 한 30대 중반쯤으로 보였어요. 머리색은 짙었구요. 짙은 갈색이오. 잘은 모르겠어요, 보안관님. 그냥 보통 사람처럼 보였어요…. …아니 그냥 보통 사람이란 뜻이 아니라 별로 색다른 점은 못 느꼈다구요. 함부로 굴어도 될 만큼 변변찮은 사람이란 뜻이 아네요. 그가 뭐라고 하면

×

영화 〈살인의 추억〉의 마지막 장면.
범인을 목격한 소녀가 시거를 목격한 소년과 비슷한 말을 합니다.
"그냥 뻔한 얼굴인데?" "그냥… 평범해요."

억지로라도 귀를 기울이게 됐어요. 팔에서 뼈가 툭 튀어나와 있는
데도 하나도 신경 쓰지 않던데요.

이 대목을 읽는 순간 독자가 제각기 그려왔던 살인마 시거의 얼
굴은 모두 지워지고 맙니다. 그리고 얼굴이 없는, 불명의 인간만 남
게 되지요.

STRONGER OR STRANGER

영화 〈노인을 위한 나라는 없다〉에서는 끔찍한 일이 벌어지고 많은
사람들이 죽어나가지만 막상 작품의 분위기는 매우 고요하고 삭막
합니다(소설도 그렇습니다). 일단 형식적인 부분에서 그 고요함과 삭막
함의 이유를 찾을 수 있는데요. 우선 영화에는 효과음과 배경음악

검은 집 vs 노인을 위한 나라는 없다

이 없습니다. 스릴러 장르 영화에서 음향효과를 배제시키다니, 잘 없는 일이지요? 효과음과 배경음악이 긴장을 얼마나 효과적으로 유발하는지를 생각하면, 상당히 위험한 선택으로 보입니다. 하지만 신기하게도 〈노인을 위한 나라는 없다〉는 효과음과 배경음악이 없기에 더 극심한 긴장을 유발합니다. 소리가 있을 때의 긴장감이 급류에 휩쓸리는 듯한 느낌을 준다면, 소리가 없을 때의 긴장감은 온몸의 수분이 다 말라버리는 듯한 느낌을 줍니다. 소리가 증발되어버린 느낌이랄까요. 또 소설에는 대사에 따옴표가 없지요(원서에는 구두점도 없습니다). 이것들이 생략되었을 뿐인데 세상은 너무나 적막합니다. 황량한 텍사스의 풍경과, 비명을 잊어버린 듯한 사람들이 그 적막한 세계를 한층 메마르게 하고요.

우리가 사이코패스에게서 느끼는 공포는 〈노인을 위한 나라는 없다〉가 주는 공포와 같은 것일지도 모릅니다. 그것은 결핍이 부르는 공포입니다. 우리는 과잉된 존재들에게 공포를 느끼지만, 결핍된 존재에게도 공포를 느낍니다. 눈이 열 개 달린 개도, 눈이 하나뿐인 개도 똑같이 괴물로 인식한다는 거지요. 여러 개의 인격을 갖고 있는 사람과, 마음이 없는 사람 역시 동시에 무서워하고요.

그런데 이러한 결핍은 대체 어디에서 왔을까요?

『검은 집』에서 심리학자 가나이시는 이런 말을 합니다. 사이코패스가 단지 유전에 의해서만 증식하는 것이 아니라, 환경에 따른 요인도 작용하고 있다고. 그리고 그 환경은 불우한 가정 같은 것이 아니라 물리적, 화학적 환경이라고 했습니다. 농약과 공장 폐수에 함유되어 있는 화학물질, 유전독성물 다이옥신, 아무런 규제를 받지 않고 남용되는 식품첨가물, 합성착색료, 인공감미료, 전자파…. 이런 모든 것이 복합적으로 뒤얽히며 인간의 DNA를 손상시켜, 사이코패스의 증가를 돕는다는 이야기입니다.

사회적 환경도 영향을 끼칩니다. 물질만능주의와 승자독식제도, 선정적인 콘텐츠를 무책임하게 전송하는 대중매체, 범죄를 간접체험하게 만드는 게임, 약자를 향한 학대와 폭력, 살육에 가까운 살인사건, 수백의 생명을 앗아가는 대형사고…. 우리는 이런 환경에 무방비하게 노출되어 있고 그 때문에 오히려 무감각해지기도 합니다. 거듭되는 자극적인 정보들에 둔화되어 더 큰 자극에만 반응하게 되는 거죠. 각종 사건 사고 속에서 사람들의 마음에는 굳은살이 박이기도 하고, 아물지 않는 생채기가 생기기도 합니다. 무뎌지든, 예민해지든 그것이 우리에게 흔적을 남긴다는 사실만큼은 분명합니다.

사이코패스의 발생을 모두 환경 탓으로 돌릴 수는 없을 것입니다. 하지만 환경이 사이코패스의 확산에 아무 영향도 끼치지 않는다고는 말할 수 없을 것입니다. 오염된 물에서 등이 굽은 물고기가 태어나듯, 오염된 세계에서는 심신이 기형인 인간이 태어나겠지요. 실제로 작품 속에 등장하는 사이코패스들은 황폐하고 무너진 세계 속에 존재합니다. 안톤 시거는 마약 전쟁이 벌어지는 텍사스의 황야에. 사치코는 병과 죽음이 돈으로 환원되는 생명보험이란 시스템에. 하스미는 선생이 제자와 관계를 가질 정도로 타락한 교육현장에. 세계가 괴물인데 인간이 괴물이 아닐 리 만무하고, 인간이 괴물인데 그 세계가 괴물이 아닐 리 만무합니다. 세계는 인간의 모체이

영화 〈한니발 라이징〉에 등장하는 젊은 시절의 한니발 렉터.
2차 세계대전 중 그의 여동생은 굶주린 독일군 탈주병들에게 잡아먹히고,
그는 그 충격으로 말을 잃게 됩니다.
오랜 시간이 흐른 뒤 한니발은 그들과 같은 얼굴의 흉측한 가면을 쓰게 됩니다.
그리고 그 또한 식인 살인마가 되어버리지요.

자, 사회 구성원의 공통된 내면을 드러내는 집이니까요.

> 가장 먼저 나타나는 건 망가진 인간이야.
>
> —이와이 시마코, 『봇케, 교테』

우라사와 나오키의 만화 『몬스터』에서는 '511 킨더하임'이라는 고아원이 인간이라는 이름의 괴물을 양산합니다. 511 킨더하임은 구동독 정부가 설립한 특별 고아원으로, 형사범의 아이나 부모가 내란죄나 간첩죄를 범한 아이들을 모아놓은 곳이었습니다. 정부는 511 킨더하임의 고아들을 병사화하는 프로젝트를 진행합니다. 프로젝트의 핵심은 정신개조와 인간개조였습니다. 511 킨더하임은 기묘한 수업으로 아이들의 기억과 자아를 지우고, 아이들이 어떻게 서로 증오하며 싸워나가느냐를 관찰하고, 연민을 전혀 느낄 수 없

는 냉철한 인간을 산출하는 실험을 합니다. 불행인지 다행인지 실험은 실패로 끝납니다. 교관들을 포함한 고아원의 전 구성원이 서로를 죽이고 죽는 참극이 벌어진 것이죠. 그 무간지옥에서 살아남은 아이가 바로 요한, 몬스터입니다(요한은 가명이며 그에게는 이름이 없습니다). 이렇게 인간이라는 이름의 괴물은 때로 역사의 블랙홀에서 탄생합니다. 전쟁, 학살, 대기근처럼 인간이 제 손으로 쌓아올린 거대한 무덤이 그들의 모체이지요.

영화 〈다크 나이트〉에서 조커는 이런 말을 합니다.

> 내가 믿는 건, 죽을 정도의 고난을 겪으면 사람이… 이상해진다는 거야.
> I believe whatever doesn't kill you, simply makes you… stranger.

이 말은 니체의 명언을 패러디한 겁니다. What does not kill me, makes me stronger. 직역하면 '나를 죽이지 못하는 것은 도리어 나를 강하게 만든다.'는 뜻이 되지요(조커의 대사는 의역입니다). stronger와 stranger. 모음 하나를 바꿔치기했을 뿐인데 의미가 완전히 달라졌지요? 성공적인 언어유희입니다. 니체의 말도 조커의 말도 일리가 있는 이야기입니다. 사람은 고난을 겪으면 강해지기도 하지만, 이상해지기도 하지요. 전쟁 경험자들을 떠올리면 이해가 쉬울 겁니다. 참전자들의 후일담을 읽으면 세상 어떤 일도 헤쳐나갈 수 있을 듯한 강인함이 느껴지는 동시에, 세상만사를 전쟁의 경험

아트 슈피겔만의 만화 『쥐』의 한 장면.
아트 슈피겔만의 아버지 블라덱은 홀로코스트(유대인 대학살)의 생존자입니다.
그는 회로애락을 박탈당한 511 킨더하임의 고아들처럼,
죽어버리는 게 나을 정도의 기억으로 인해 고장 난 인간이 되고 맙니다.

과 결부시키려 하는 강박도 느껴지거든요(전쟁도 안 겪어본 것들이…).

『검은 집』의 신지도 이와 같은 변화를 겪습니다. 그는 사치코라는 고난을 겪기 전에는 개미 한 마리 못 죽일 남자였습니다. 기르던 물장군이 죽은 뒤 매일 물장군의 꿈을 꾸는 모습이나, 죽은 형에 대한 죄책감으로 오래간 괴로워하는 모습은 그의 섬세한 성격을 짐작게 하지요. 그런 그가 사람을 죽입니다. 사치코가 먼저 그를 죽이려 했으니 정당방위이긴 합니다만. 어쨌거나 흉기를 휘둘러 사람의 목숨을 빼앗았다는 사실은 변하지 않습니다. 예전의 신지였으면 상상도 못 할 일이지요. 신지는 자신이 저지른 살인에 별다른 감정을 느끼지 못합니다. 사치코에게 너무 혹독하게 당한 탓인지, 혹은 사치코라는 괴물의 심연을 너무 깊숙이 들여다본 탓인지 예전의 신지로는 돌아갈 수 없게 되어버렸습니다. 사이코패스라는 고난이 한 선량한

인간의 마음을 망가뜨린 셈이죠. 그들은 그렇게 우리를 변화시킵니다. 그렇게 자신의 결핍을 타인의 양심에 심어놓습니다.

> 그러나 그에게는, 살인을 저질렀다는 실감은 거의 없었다. 사치코의 죽음이 남긴 것은 단지 생리적인 불쾌감과 꺼림칙한 뒷맛뿐이었다. 그는 너무나도 간단명료한 자신의 사고방식에 대해서 스스로 놀라움을 금치 못했다. 사치코가 아무리 잔악하기 짝이 없는 방법으로 살인을 저지른 살인귀라고는 하지만 자신과 똑같은 인간 아닌가! 그런데도 불구하고 바퀴벌레의 목숨을 빼앗은 것만큼의 감정밖에 솟구치지 않는 것이다. 양심의 가책이라고는 한 조각도 찾아볼 수 없는 것에 대해서, 그는 오히려 뒤꼭지가 싸늘해지는 느낌을 받았다.
>
> -『검은 집』

> 악은 선이 아니라 본질이 결핍된 것이다.
>
> -자크 데리다

괴물은 원래 환상의 영역에서 발생하는 존재입니다. 공포를 상징하되, 공포의 대상으로 실재하지는 않지요. 하지만 괴물 같은 인간들은 실재합니다. 환상의 영역이 아니라 지금, 여기에서 우리의 일원으로 살아가지요. 그들은 인간 사회의 블랙홀에서 발생하기도 하고, 인간 사회의 블랙홀로 존재하기도 합니다. 블랙홀처럼, 밝혀진 부분보다 밝혀지지 않은 부분이 많은 존재이기도 하고요(어떤 의

미로 가상의 괴물보다 더 미지의 존재입니다). 사이코패스에 대한 책은 많지만 그 대부분이 사례연구집일 뿐, 아무리 봐도 모르겠다는 감정을 해소시켜주는 책은 많지 않습니다. 아무리 봐도 알 수 없기 때문에 그들은 여전히 괴물입니다. 본질이 결핍된 모습으로, 인간 본질에 대한 질문을 투척하는 괴물들.

괴물을 뜻하는 영단어 몬스터monster는 라틴어 몬스트룸monstrum에서 유래했습니다. 자연의 질서를 거스른 결과로 발생한 생물학적 오류나, 신의 분노가 낳은 변종을 의미하는 단어입니다. 몬스트룸의 어원은 '보여주다'라는 뜻의 동사 몬스트로monstro이거나 '경고하다'라는 의미의 모네오moneo인 것으로 알려져 있고요.[2] 괴물 같은 인간들의 발생은 우리가 잃어가고 있는, 혹은 변질되어 가는 인간성에 대한 경고일지도 모릅니다. 우리들은 인간성을 잃은 인간들 앞에서 아무 말도 하지 못하고 몸이 돌처럼 굳어버리는 경험을 하게 됩니다. 거울을 보고 나서야 자신의 괴물성에 경악하여 돌이 되어버린 메두사처럼.

> 인생은 고르곤(그리스 신화에 등장하는 세 명의 자매 괴물로, 고르곤과 눈이 마주치면 누구나 돌로 변한다고 합니다) 셋을 하나로 합쳐놓은 것 같아요. 그들의 얼굴을 들여다보면, 돌로 변해버리죠. 아니면 판이거나. 판을 보면 죽어⋯. 그러니까 영혼이오⋯. 유령으로 계속 살아가야 돼요.
>
> —유진 오닐, 『밤으로의 긴 여로』

드라큘라
VS
킹콩

더욱 강해져
돌아온
자본가

위대한 드라큘라 백작의
출항

바야흐로 19세기 후반, 마법 같은 증기기관의 여파로 세계 경제가 엄청난 호황을 누리던 때입니다. 강대국들이 식민지 땅따먹기에 열을 올리던 때이기도 하죠. 격동, 부 그리고 약육강식의 시대였습니다.

영국의 변호사 조너선 하커가 부동산 매입 문제로 의뢰인 드라큘라 백작이 사는 트란실바니아에 가게 되면서, 소설 『드라큘라』의 이야기는 시작됩니다.

그러나 그곳 주민들은 무슨 이유에서인지, 드라큘라 백작의 성으로 간다는 하커의 말에 난색을 표합니다. 누구도 백작에 대해 이야기하려 하지 않으며, 백작의 이름만 꺼내도 겁을 먹는 눈치죠. 여관집 주인은 하커에게 제발 가지 말라며 애걸하다가 목에 십자가 묵주를 걸어주기까지 합니다. 이상한 일은 이뿐만이 아닙니다. 난데없이 마늘과 들장미, 마가목을 주는 사람들이 있는가 하면, 그를 가리키며 성호를 긋는 사람들도 속출하지요. 넉넉한 시골 인심이라기

드라큘라 vs 킹콩

×

1895년. 최초로 영화를 찍은 뤼미에르 형제가 제일 먼저 필름에 담은 것은
기차였습니다. 기차는 산업혁명의 상징과도 같죠.

엔 분명 석연찮은 데가 있습니다.

우여곡절 끝에 성에 도착한 하커는 드라큘라 백작의 환대를 받습니다. 백작은 키가 훌쩍 크고 굉장히 음산하게 생긴 늙은이입니다. 머리끝부터 발끝까지 검은색을 휘감고 있어서 색깔이라고는 손톱만큼도 찾아볼 수 없지요. 하커는 짐을 대신 들어주는 백작에게서 어렴풋한 위화감을 느낍니다. 명색이 '백작'인데 수발을 드는 하인이 한 명도 없거든요.

수상한 점은 또 있습니다. 창턱에 거울을 올려놓고 면도하던 하커는 백작이 기척 없이 다가와 어깨에 손을 올리자 화들짝 놀라 얼굴을 베이고 맙니다. 무엇보다 그를 놀라게 한 것은 백작의 모습이 거울에 전혀 비치지 않는다는 점이었죠. 백작은 상처에서 흐르는 피를 보고 눈을 번들거리며 하커의 목을 움켜쥐지만, 십자가 묵주가 손에 닿자 언제 그랬냐는 듯 이성을 되찾습니다. 그러고는 '이것이야말로 말썽을 일으키는 장본인이고 인간의 허영이 만들어낸 몹쓸 물건'이라며 거울을 창밖으로 내던져버리죠. 이 광적인 모습, 어딘가 단단히 잘못되었습니다.

하커는 성이 하나의 감옥이나 다름없으며, 자신이 그 안에 갇혀버렸단 사실을 곧 깨닫습니다. 설상가상으로 백작이 도마뱀처럼 성벽을 빠르게 기어 내려가는 모습까지 목격하지요. 백발의 노인이 익스트림 스포츠를 즐길 리는 없을 테고…. 백작은 괴물입니다, 괴물! 그것도 전설 속에서나 나오는 줄 알았던 흡혈귀!

하커의 수난은 이뿐만이 아닙니다. 성에 사는 여자 흡혈귀들마저도 하커를 먹잇감으로 노리죠. 다행히 백작은 절묘한 타이밍에 등장해 '이자는 내 것(?)'이라며 흡혈귀들을 꾸짖고, 대신 성 밖에서 잡아온 어린애를 먹잇감으로 던져줍니다.

하커는 정신이 나갈 것 같은 공포 속에서도 탈출을 꾀합니다. 그러나 뛰어봤자 백작의 손바닥 안입니다. 그런 가운데서도 백작의 영국행 준비는 착착 진행되었죠. 하커는 이 괴물이 영국으로 가는 것만은 막아야겠다는 일념하에 백작을 죽이려 하지만, 그마저도 실패하고 맙니다. 그렇게 쇠약해진 하커를 뒤로 하고, 백작은 자기 영지의 흙을 담은 상자 50개와 함께 영국으로 가는 화물선에 오릅니다. 드디어, 위대한 드라큘라 백작의 출항입니다.

이 친구들(책)을 통해 저는 선생의 대영국을 알게 되었습니다. 알

드라큘라 vs 킹콩

수록 사랑하게 되더군요. 거대한 런던의 번화한 거리를 걸어보고
싶기도 하고, 꾸역꾸역 밀려들어 소용돌이치는 인파의 한가운데
에 서보고 싶기도 합니다. 그들의 삶을, 변화를, 죽음을, 영국인을
영국인답게 하는 그 모든 것을 공유하고 싶습니다.

―『드라큘라』, 백작의 말

백작은 잔혹할지언정 야만스런 괴물은 아닙니다. 그는 다양한
분야의 책을 읽으며, 외국어를 유창하게 구사합니다. 하커는 그의
지식과 통찰력에 놀라워하며, '그가 변호사가 되었다면 틀림없이
뛰어난 능력을 발휘했을 것'이라고 일기에 적기도 하죠. 백작이 하
커를 트란실바니아로 불러들인 이유는 런던에 있는 카팩스 저택을
구입하기 위해서인데요. 19세기에, 동유럽의 오지에서, 영국 부동산
을 사들일 생각을 하다니. 보통내기는 엄두도 못 낼 일이죠.

백작은 하커에게 매입할 저택의 정보를 확인하는 한편, 자신의
영어가 완벽한지 확인받고 싶어 합니다. 자신이 영어를 잘못 쓰면
아무리 하찮은 것이라도 지적해달라고 부탁하기도 하죠. 또한 그
는 한 번 가보지도 않은 영국이란 나라에 무조건적인 호감을 보입
니다. 영국을 '소중한 새 조국'이라 부를 정도니, 말 다한 셈이죠. 이
유별난 영국 사랑을 어떻게 해석해야 할지 난감하군요.

그는 왜 영국으로 가려고 할까요? 우리는 흡사 어린아이같이 들
떠 있는 백작의 모습에서 식민지를 개척하러 가기 전 배를 띄우고
축포를 쏘았던 제국주의 국가들의 모습을 겹쳐 보게 됩니다. 더군
다나 백작의 행선지는 해가 지지 않는 나라, 제국주의의 상징, 대영

제국이죠. 우리는 여기서 영국 작가 브램 스토커의 조국에 대한 자부심도 슬쩍 엿볼 수 있습니다. 그러나 대영제국이 드라큘라 제국이 되기까지는 그리 오랜 시간이 걸리지 않을 것 같군요.

백작이 자기 영지의 흙을 담은 상자를 50개씩이나 가져가는 데에는 이유가 있습니다. 흙은 생명의 모체이고, 그가 지주로서 가장 오래 지배해온 것이기도 하죠. 이 흙상자들은 백작의 안식처 역할을 합니다. 쉽게 말하면, 백작은 자신이 편히 머물 수 있는 50개의 관을 떠메고 온 셈입니다. 이 흙상자들을 얼마나 멀리 흩어두느냐에 따라 백작의 활동범위가 결정됩니다. 일종의 땅따먹기지요. 백작이 하려는 일은 명백합니다. 그가 영국에 간 것은 한낱 호기심 때문이 아닙니다. 그는 영국을 손에 넣으려는 것입니다. 산업혁명 시기, 세계의 최전선을 말이지요.

독점자본가 드라큘라 백작
대영제국에 진출하다

드라큘라는 품위가 떨어지든 말든 손수 마차를 몰고, 요리하고, 잠자리를 돌보고, 성을 청소한다. 이 백작은 애덤 스미스도 읽었다. 따라서 하인이 고용주의 수입을 축내기만 하는 비생산적 노동자임을 안다. 또한 귀족의 과시적 소비도 할 줄 모른다.

먹지도 마시지도 않으며, 사랑을 나누지도 않으며, 과시적 옷을 좋아하지도 않으며, 연극을 보거나 사냥을 가지도 않으며, 연회를

드라큘라 vs 킹콩

베풀거나 거대한 저택을 짓지도 않는다. 심지어 난폭한 행동조차
도 쾌락을 목적으로 하지 않는다.

드라큘라는 피를 보는 것을 좋아하지 않는다. 피가 필요할 뿐이
다. 그는 필요한 만큼만 빨아먹으며, 한 방울도 허비하지 않는다.
그의 궁극적 목표는 마음대로 다른 사람의 목숨을 해치고 낭비하
는 것이 아니라 이용하는 데 있다.

－프랑코 모레티, 『공포의 변증법』

문학은 분명 시대를 반영합니다. 브램 스토커는 산업혁명이 만개하
던 시기에 『드라큘라』를 집필했습니다. 괴물은 한 사회의 분열된 모
습에서 출현하지요. 드라큘라 백작 역시 산업혁명의 그림자가 낳은
괴물입니다.

근대 산업혁명 시기에 새로이 등장한 계급으로는 '자본가'가 있
습니다. 이들은 주로 식민지 수탈이나 무역, 고리대금업, 수공업 등
으로 돈을 마련하였고. 그것으로 공장을 지었습니다. 지주계급의 몰
락 이후 갈 곳이 없어진 가난한 농민들이 이들의 공장에서 일하게
되었죠.

많은 의미에서, 드라큘라 백작의 모습은 자본가의 속성과 닮아
있습니다. 흡혈귀가 피를 빨아먹어야만 생존할 수 있듯, 자본가가
돈을 벌기 위해서는 노동자의 노동력이 필요합니다. 그 때문에 마
르크스는 그의 저서 『자본론』에서 '자본은 마치 흡혈귀처럼 노동력
을 착취해야만 살 수 있다.'고 말하기도 했지요.

만약 노동자가 일을 열심히 하여 100만원을 벌었다고 해봅시다.

자본가는 그 100만원을 고스란히 노동자에게 돌려주지 않을 것입니다. 그러면 자신에게 남는 것이 없을 테니까요. 그래서 노동자에게는 그가 일한 것보다 훨씬 적은 임금만을 주고, 남은 이윤은 자기가 가집니다. 이 이윤을 '잉여가치'라고 부릅니다. 그리고 이러한 잉여가치가 쌓이면서, 자본가는 점점 부유해지는 것이죠.

사실 '자본'이라는 것은 실체가 없습니다. 현대사회에서는 자본의 규모를 '얼마만큼의 돈으로 환산되는가'로 평가합니다. 그러나 사실 돈은 그 자체로는 아무 가치도 없는 것입니다. 한반도에 전쟁이 일어난다고 가정해보죠. 전쟁이 길어질수록 사람들의 고통은 극심해질 것입니다. 사람들이 굶어 죽을 위기에 처하면, 지폐 뭉치보다 식은 밥 한 덩어리가 더 귀해지겠죠. 돈은 그 자체로는 그저 그림이 인쇄된 종이쪼가리일 뿐, 아무런 가치도 없기 때문입니다.[1]

마르크스는 돈을 다음과 같이 비유했습니다. '실체를 갖고 있지 않으며' '감각적으로 초감각적인'. 실제로 드라큘라 백작은 신체를 갖고 있지 않습니다. 거울에 비치지 않지요.

같은 맥락으로, 자본이 얼마나 허상에 불과한지를 잘 보여주는 개념이 있습니다. 바로 '지급준비율'입니다.

옛날에는 금 세공업자들이 은행의 역할을 대신했습니다. 그들은 사람들이 맡긴 금을 창고에 보관하고 보관증을 발행해주었지요. 보관증은 얼마 지나지 않아 '돈'처럼 거래되었습니다. 그러자 금 세공업자들은 잔머리를 굴립니다. 보관하고 있는 금보다 더 많은 가상의 보관증을 발행해서 사람들에게 빌려주고 이자를 챙긴 것입니다.[2] 이것은 명백한 사기입니다. 사람들이 맡겨둔 금을 찾으려고 한

드라큘라 vs 킹콩

×

영화 〈Draculas Blutnacht〉의 한 장면.
거울에는 드라큘라 백작의 모습이 비치지 않습니다.
그는 분명 존재하지만, 또한 허상이기도 한 것입니다.

꺼번에 몰려오면? 금 세공업자는 파산을 면치 못할 겁니다. 이게 바로 금융 위기에 흔히 발생하는 '뱅크런' 사태입니다.

하지만 조금만 생각해보면 금 세공업자들의 꼼수는 고객들에게도 업자들에게도 이득입니다. 급전이 필요한 고객은 돈을 빌릴 수 있고, 금 세공업자는 돈을 빌려주고 이자를 받을 수 있으니까요. 금을 맡겨둔 사람들도 이자를 나눠 받는 건 물론이고요.

때문에 이 개념은 보완에 보완을 거쳐 지급준비율이라는 제도로 정착됐습니다. 지급준비율은 고객이 맡긴 돈 일부는 의무적으로 남겨놓도록 정해둔 비율입니다. 고객이 돈을 찾으러 왔을 때 지급할 '최소한의 돈'은 남겨놓는 것이지요. 그리고 금 세공업자들이 가상의 보관증을 발행했던 것처럼, 가상의 돈을 만들어 다른 사람들에게 빌려줍니다. 물론 이자는 받고서요. 어메이징하군요. 존재하지 않는 돈을 이자까지 받고서 빌려주다니!

거울에 비치지 않는 드라큘라 백작처럼, 현대 자본주의는 실체가 없는 가상의 토대 위에서 굴러가고 있습니다. 눈에 보이지 않을지언정, 그 세력은 점점 커져가고 있지요. 노동자들의 노동력에서 착취한 잉여가치로 계속 커진 '자본'은, 또 다른 자본을 흡수하여 몸집을 불리게 됩니다. 그리고 마침내는 그 어떤 자본가도 넘보지 못할 세력으로 거듭납니다. 이것이 바로 '독점자본'입니다.

백작은 희생자들을 죽이거나 먹어치우는 대신, 흡혈귀로 만들어 세력을 넓혀나갑니다. 대기업이 프랜차이즈 지점을 공격적으로 확장하듯이 말입니다. 어떻게 보면 그냥 죽이는 것보다 더 악랄합니다. 드라큘라 백작에 의해 흡혈귀로 변한 존재들은 마치 불법 다단계 영업사원처럼 또 다른 희생자들의 피를 빨아 그들 또한 흡혈귀로 만들죠. 독점자본의 무서운 점은 바로 여기에 있습니다. 수단과 방법을 가리지 않기 때문입니다.

자본가들은 자본주의의 '자유경쟁'을 믿었습니다. 그리고 그것이 가져다주는 막대한 부도 믿었습니다. 그러나 '독점'이 자유경쟁의 최종 모델이 되리라고는 상상조차 하지 못했습니다. 드라큘라 백작은 독점자본가로 진화 중인 괴물입니다. 백작의 존재는 일반 노동자들뿐만 아니라 다른 자본가들에게도 위협이 되는 것입니다.[3] 부르주아들마저도 두려워하는 독점자본의 상징이, 바로 브램 스토커가 그려낸 드라큘라 백작의 모습입니다.

그자의 끈기와 인내를 보십시오. 그는 자신의 어린애 같은 머리로 오랫동안 대도시로 오겠다는 생각을 품어왔습니다. 그자가 어떻게 했습니까? 세계에서 자신에게 가장 유리한 곳을 찾아냈습니다. 그리고 계획적으로 그 일을 준비했습니다. 그는 지금 인내 속에서 자신의 힘이 어느 정도인지, 무엇이 강점인지 알아내고 있을 겁니다. 그는 새로운 언어를 공부합니다. 새로운 사회생활, 이전과 다름없으면서도 새로운 환경, 정치, 법, 재정, 과학, 새로운 나라의 관습, 자신보다 후대에 태어난 새로운 사람들을 배웁니다. 그는 사람을 쳐다보면 식욕이 돋고 욕망이 끓어오릅니다. 그 과정에서 머리가 자랍니다. 그 모든 것이 자신의 추측이 애초에 얼마나 옳았는지 입증해주기 때문입니다. 그는 이 일을 혼자 했습니다. 망각 속에 묻힌 땅의 폐허가 된 무덤에서 누구의 도움도 없이 혼자 말입니다! 더 큰 사고의 세계가 열리면 그가 무슨 일을 할지 누가 알겠습니까?

—『드라큘라』, 반 헬싱 박사의 말

그자들이 가장 사랑하는
너는 이제 '내 것'이다

한편, 영국에서는 미나 머레이가 약혼자 하커를 기다리며 친구에게 편지를 씁니다. 수신인은 하루에만 세 명의 남자에게 청혼받은 아름답고 매력적인 아가씨 루시 웨스턴라죠. 이 아가씨가 드라큘라의 첫 희생자입니다.

드라큘라 백작은 루시를 희생자로 점찍고 집요하게 그녀를 공격합니다. 루시의 구혼자였던 존 수어드 박사는 그녀의 건강 상태를 염려해 암스테르담에 있는 옛 스승 반 헬싱 교수에게 도움을 청하게 됩니다. 영국으로 온 반 헬싱 교수는 이 모두가 흡혈귀의 소행임을 간파하고 백방으로 손을 써보지만, 결국 루시는 죽게 되지요.

여기서 잠깐, 불쌍한 조너선 하커에 대한 이야기를 해야겠습니다. 천신만고 끝에 폐인이 되어 돌아온 하커는 미나의 극진한 보살핌 속에 차츰 회복되고, 결혼식도 올리지요. 그는 백작의 성에서 겪었던 일은 모조리 잊고 살려 합니다. 그러나 우연히 런던에서 훨씬 더 젊어진 드라큘라 백작을 목격하곤 겁에 질리고 말지요. 한편 미나는 하커가 백작의 성에서 겪었던 일을 기록한 일기를 읽어본 뒤 큰 충격에 빠집니다. 그러나 그것도 잠시, 필요할 때 다른 사람들에게 보여줄 수 있도록 이 기록을 활자로 옮기는 작업에 착수합니다. 그녀의 영민함과 결단성은 갈수록 빛을 발하지요.

하지만 그 미나마저도 드라큘라 백작에게 습격을 당하고 맙니다. 백작은 미나의 피를 빨아먹고, 그것으로도 모자라 자기 가슴에서 뿜어져 나오는 피를 억지로 마시게 합니다(사약을 먹이듯…). 미나는 그 피를 받아 마시고 부정한 존재가 되죠. 이 장면에서 드라큘라는 다음과 같이 말합니다.

그자들이 가장 사랑하는 너는 이제 내 것이다. 내 살 중의 살, 내 피 중의 피, 내 피붙이 중의 피붙이야. 당분간은 네게서 포도즙이

X

영화 〈노스페라투〉^위와
'셜록' 제작팀이 만든 TV 시리즈 '드라큘라'의 포스터^{아래}.

미녀의 목덜미에 이빨을 가져다 대고 피를 빨아먹는다는 성적
코드는 수많은 드라큘라 시리즈에서 드러나는 공통점입니다.

펑펑 나오겠지. 나중이 되면 내 동반자이자 조력자가 될 테고….
(…)이제 너는 내 부름에 답해야 한다. 내 머리가 네게 '오라!'라
고 외치면 너는 내 명령에 화답하기 위해 땅을 건너고 바다를 건
너게 될 거야. 그러기 위해서 이것을!

백작이 일행의 실세인 반 헬싱 교수 대신 미나를 먼저 공격한 건
우연이 아닙니다. 미나 이전에는 루시가 있었죠. 그는 우선 여자들
을 공격합니다. 과거 영국에서 여자들은 재산을 소유할 수 없었습
니다. 모든 재산은 아들에게, 아들이 없으면 친척 남자에게 상속되
었죠. 여자들은 혼자 여행을 할 수도 없었고, 신사의 동행 없이는 도
서관에도 들어갈 수 없었습니다. 여자들은 재산권을 빼앗기고―원
하든, 원치 않든―남자들의 보호를 받았죠. 보호는 '소유'의 다른
이름이었습니다. 백작은 영국의 부르주아들을 공격하기에 앞서 그
들이 가장 사랑하는 '소유물'을 공격한 겁니다. 그렇기 때문에 '너
는 내 것'이 아니라 '그자들이 가장 사랑하는 너는 이제 내 것'이라
고 말하는 것이죠.

백작은 미나를 공격하고 지배함으로써 남자들에게 고통을 안겨
주려 하는 것입니다. '그녀를 지키지 못했다.'는 죄책감을 자극하면
서요. 이 죄책감은 영국을 지배하고자 하는 백작의 사악한 의도와
맞물리면서, 백작을 향한 남자들의 증오심에 불을 붙입니다.

드라큘라 백작은 모두를 '내 것'으로 만들려 합니다. 백작이 여자
흡혈귀들에게서 하커를 빼앗고 '이자는 내 것'이라고 호통친 걸 떠
올려보세요. 그는 루시와 미나를 공격하고 나서도 '너희가 사랑하는

여자들은 이미 내 것'이라고 말합니다. 반 헬싱 일행에게도 '그 여자들을 통해 너희나 다른 자들도 내 것'이 될 거라 엄포를 놓지요.

드라큘라 백작은 누구와 아무것도 나누지 않고, 모두를 독점하려는 존재입니다. 그는 인간 또한 자본으로 봅니다. 포도즙을 펑펑 짜내듯, 인간을 착취하는 법을 알기 때문입니다. 이는 독점자본의 모습과 흡사합니다. 실제로 독점자본은 무엇이든 '내 것'으로 만들려 합니다. 골목 상권마저 장악하고, 돈과 생명을 맞바꾸면서까지 배를 불리지요. 독점자본의 무서운 점은 자본화되어서는 안 되는 영역에까지 마수를 뻗친다는 것입니다. 교육과 의료, 사회 기반 시설을 비롯해 물이나 공기, 강 같은 대자연까지도 말입니다. 기억하나요? '물을 누가 돈 주고 사 먹어?'라고 말하던 시절이 불과 20년도 안 되었다는 거.

드라큘라 백작에게 하커를 빼앗긴 여자 흡혈귀들은 이렇게 말합니다. "당신은 사랑해본 적이 없어. 앞으로도 그럴 거야!" 당연한 이야기입니다. 사랑은 '나누어야' 하는 것이니까요.

자본과 자본의 싸움

반 헬싱 교수와 루시의 구혼자들, 하커 부부는 드라큘라 백작을 쓰러뜨리기 위해 하나로 뭉칩니다. 일행은 우선 백작이 숨겨놓은 흙상자를 찾아다닙니다. 성수를 뿌려두면, 이 상자들은 더 이상 백작의 안식처 역할을 하지 못하게 되죠. 일행은 상자를 하나 둘 무력화시키며 백작을 추적합니다. 이 추적의 원동력은 아서 홈우드, '고덜밍 경'이라는 남자입니다. 일행의 자금줄을 맡고 있죠. 미나는 일기에 이렇게 쓰고 있습니다.

> (…) 곁에서 지켜보면서 새삼 돈의 놀라운 위력도 느꼈다. 돈은 적절하게 쓰기만 하면 세상에 못 할 일이 없고, 쩨쩨하게 쓰면 할 수 있는 일이 하나도 없다. 고덜밍 경이 부자라서 얼마나 다행인지 모른다. 그와 모리스 씨는 돈이 아주 많다. 그래서 거리낌 없이 쓴다. 안 그랬더라면 우리의 작은 탐험대가 그처럼 빠른 시간 안에 제대로 준비를 갖추고 출발할 수는 없었을 것이다….

일행은 백작을 뒤쫓는데 말 그대로 돈을 '물 쓰듯이' 씁니다. 그들은 처음에는 소형 증기선을(!), 그다음에는 훌륭한 말 여섯 필을 구입합니다. 여기에 추가로 마차와 말을 또 사고, 마부를 고용하고, 강행군에 지친 말을 웃돈을 주고 바꾸기도 하고, 윈체스터 소총과 리볼버 등의 무기를 장비하고, 방한용품을 구비합니다. 필요하면 뇌물도 쓰지요. 미나가 일기에 쓴 것처럼 그들이 '거리낌 없이 쓰지' 않았다면 이런 발 빠른 대처는 상당히 어려웠을 겁니다.

'아서 홈우드가 수년 동안 증기선을 타고 템스강과 노픽 브로즈에 있는 또 다른 강을 오르내렸기 때문'에 그것을 모는 데 아주 능숙하다는 설명은, 그들이 소형 증기선이라는 럭셔리한 이동수단을 선택한 이유를 뒷받침해줍니다. '평소'에 '몰아봤기 때문'에 잘할 수 있었다는 이야기죠. 세상에, 선원도 아닌데 소형 증기선을 취미로 모는 남자가 있다니…. 아서는 정비 실력도 준전문가 수준입니다. 증기선이 고장 났을 때 그는 손수 배를 고치기도 했죠. 슈퍼마리오가 따로 없군요.

일행이 드라큘라 백작을 뒤쫓기 위해 막대한 돈을 썼듯, 드라큘라 백작도 영국을 지배하기 위해 막대한 돈을 썼습니다. 그는 하커와 계약한 카팩스 저택뿐 아니라, 드 빌 경이라는 가명(De vil, 붙이면 Devil이 됩니다)으로 네 채의 저택을 더 구입합니다. 그리고 거기에 자신의 흙상자들을 분산시켜 놓습니다. 그 집들은 각각 영국 중심지의 동서남북에 위치해 있습니다. 백작은 그런 식으로 자신의 활동 영역을 넓혀감으로써 끝끝내는 영국 전역을 자신의 영지로 만들려한 것입니다.

그러나 반 헬싱 일행이 흙상자들을 샅샅이 찾아내면서, 드라큘라 백작은 결국 단 한 개의 흙상자에 실려 트란실바니아로 쫓겨갑니다. 그러나 백작이 처음부터 상자를 '땅속'에 묻어두었다면 일행은 그것을 절대로 찾을 수 없었겠지요. 반 헬싱 박사는 바로 이 점을 언급하며 '그 어린애 같은 머리는 계속 자라고 있다.'고 덧붙입니다.

> (…) 처음에는 그 거대란 상자들을 다른 사람들의 손으로 옮기지 않았나. 그때에는 그자도 몰랐던 거야. 그렇게 해야만 하는 줄 알았던 거야. 하지만 그 어린애 같은 머리는 계속 자라고 있어. 그는 자신이 직접 상자를 옮기면 어떨까 생각하기 시작했네. 그래서 나르는 것을 도왔지. 그리고는 그래도 괜찮다는 것을 알아차린 거

야. 다음에는 전부 혼자서 옮기려고 시작했지. 그런 식으로 발전해가는 것이라네….

백작은 영국 사회에서 이방인입니다. 트란실바니아에서는 귀족일지 몰라도 영국에서는 그냥 음침한 늙은이일 뿐이죠. 그러나 백작은 이방인이 되길 원하지 않습니다. 백작은 이야기합니다.

이곳에서 저는 귀족입니다. 지주죠. 평민들은 모두 저를 알고 있습니다. 저는 주인이에요. 하지만 타국에서 이방인이 되고 나면 아무것도 아닙니다. 사람들은 저를 모릅니다. 모른다는 것은 신경 쓰지 않는다는 뜻이죠. 저는 그 안에 완벽하게 섞이고 싶습니다. 제 모습을 보고 발걸음을 멈춘다거나 제 얘기가 들리면 하던 말을 끊고 '하! 이방인이군!'이라고 말하는 일이 없었으면 좋겠습니다.

여기서 「출애굽기」 2장 22절을 참고하라는 각주가 나와 있는데, 이는 모세가 타국에서 이방인 여자와 결혼하여 낳은 첫아들의 이름에 대한 구절입니다.

그가 아들을 낳으매 그 이름을 게르솜이라 하여 가로되 내가 타국에서 객이 되었음이라.

－「출애굽기」, 2장 22절

모세는 이집트 왕자인데, 원래는 히브리인이었습니다. 바구니에 실려 강물에 떠내려가던 모세를 이집트 공주가 거둬 길렀죠. 모세는 어느 날 히브리 노예를 지나치게 매질하던 노예 감독관을 실수로 죽이는 바람에, 광야를 떠돌며 평생을 타국에서 살아야 했습니다. '게르솜'이라는 이름은 '내가 타국에서 떠도는 나그네 같은 존재가 되었다.'라는 뜻입니다. 첫아들의 이름을 이렇게 짓다니 실로 놀라운 작명 센스군요. 평생을 이방인으로 떠돌아다녀야 했던 모세의 고통은 아들의 이름에 그대로 반영되어 있는 것입니다.

드라큘라 백작이 염려했던 것도 바로 이 부분입니다. 낯선 땅 영국에 가서 이방인 취급을 받고 싶지 않다는 것. 그는 거기에 한마디를 덧붙입니다. "아니면 최소한 그 누구도 제 주인이 되어서는 안 된다고 생각합니다." 그는 종속되길 원하지 않습니다. 그는 지배하고 싶어 합니다.

헤겔의 정의에 따르면, 적은 다음과 같습니다. "삶의 총체에서 부정되어야 하는 이질적인 존재로서, 윤리적 차이를 갖는 존재." 드라큘라 백작의 정체를 가장 잘 드러내주는 문장이죠. 여기서 기억해둘 것은, 적이 적처럼 행동하는 것보다 적처럼 행동하지 않을 때 더 위험할 수 있다[4]는 점입니다. 드라큘라 백작이 좀 더 교묘하게 영국 사회에 녹아들었다면 어땠을까요? 호사스러운 파티의 주최자, 영국 사교계의 제왕이 된 드라큘라 백작을 상상해보세요. 감히 누가 그를 저주받은 흡혈귀로 의심할까요.

우리가 어렸을 때 본 만화영화의 악당들을 떠올려볼까요. 그들은 너무도 악당처럼 생겼습니다. 심지어 웃음소리까지 악당 같지요. 나쁜 짓도 너무 대놓고 하고요. 그러나 악당의 얼굴이 아주 착하고 평범하게 생겼다면 우리는 누가 악당인지 헷갈릴 겁니다. 쥐도 새도 모르게 나쁜 짓을 저지른다면 우리는 그가 악당인지 영원히 모를 수도 있겠죠. 그런 겁니다. 적처럼 행동하지 않는 적은 '사라질' 수도 있습니다. 그렇게 되면 우리는 그 '아군'처럼 보이는 적에 완전히 궤멸될 겁니다.

아군과 적을 가르는 가장 극명한 선은 국경입니다. 그것을 멋대로 침범하는 순간 전쟁이 벌어지죠. 그리고 전쟁이 끝나면 영토의 재분배가 일어납니다. 이긴 쪽이 진 쪽의 영토를 전리품으로 가져가는 겁니다.[5] 이러한 맥락에서 보면, 트란실바니아의 드라큘라 백작이 영국 국경을 넘어 선전포고를 한 뒤, 전리품으로 영국 땅을 손에 넣으려는 이야기로 『드라큘라』를 요약할 수도 있습니다.

앞서 언급했듯, 피를 빨아먹으며 살아남고, 영역 확장을 통해 끊임없이 희생자를 늘리는 등 백작의 모습은 분명 자본의 속성을 닮아 있지요. 그러나 백작에게 대항하기 위해서도 분명 자본은 필요합니다. 요컨대, 이것은 자본과 자본의 대결입니다. 돈이 없다면 반 헬싱 일행 역시 드라큘라 백작에게 대적할 수 없는 것입니다.

반 헬싱 일행이 드라큘라 백작의 마지막 은신처를 급습했을 때, 하커가 휘두른 칼에 백작의 가슴이 찢기면서 은행권 다발과 금화가 쏟아진 적이 있습니다. 이는 백작이 뼛속까지 자본화되었음을 보여주는 매우 상징적인 장면입니다. 드라큘라 백작은 오랜 세월 지주로서 사람들을 착취해왔지요. 그가 착취해온 것들이 마침내 그의 신체가 되어버린 것입니다. 옛날에는 괴물의 배를 가르면 인간이 튀어나왔는데, 이제는 돈이 튀어나오는군요.

드라큘라 vs 킹콩

독일 나치스 친위대 장교로 유대인 학살에 일조한 아돌프 아이히만은 독일이 항복한 뒤 신분을 숨기고 살다가 붙잡혀 1961년 예루살렘 법정에 섰습니다. 《뉴요커》지의 특파원으로 아이히만 전범 재판에 참석한 정치 철학자 한나 아렌트는 아이히만을 보고 놀라게 됩니다. 그런 악행을 저질렀다곤 믿기지 않는, 너무도 평범한 그의 인상 때문이었지요. 아렌트는 '자신은 그저 명령에 따라 행정적 업무를 수행했을 뿐'이라는 아이히만의 증언에서 '악의 평범성'이라는 개념을 이끌어냅니다.

백작은 일격을 받기 직전 바닥에 떨어진 돈을 움켜쥐고 창문으로 달아납니다. 반 헬싱 박사는 그가 자신들을 두려워하고 있음을 확신하며, '백작이 왜 돈을 가져갔겠는가?' 하고 일행에게 질문합니다. 그리고 그가 다시 사용할 수 없도록 바닥에 떨어진 돈을 주머니에 넣고 모든 증서를 불태워버리죠. 백작은 왜 돈을 가져갔을까요? 그것은 중요한 문제입니다. 백작 역시 이 싸움의 승패가 돈에 달려 있다는 것을 아는 것입니다!

반 헬싱 일행이 유리하게 사용할 수 있는 것이 하나 더 있습니다. 바로 '권위'입니다. 하커가 드라큘라 백작이 구입한 저택에 대한 정보를 캐내려고 했을 때, 부동산 업체는 처음에는 비협조적으로 굴었습니다. 그러나 하커가 자신이 아서 홈우드 경의 지시를 받아 일하고 있다는 말을 하자마자 '통상적인 원칙을 깨뜨릴 수밖에 없다고 해도 그것은 저희의 기쁨이 될 것'이라며 기꺼이 정보를 제공합니다. 고객의 개인정보 따위는 전혀 아랑곳하지 않죠.

드라큘라 백작의 권위는 늑대와 자칼, 박쥐와 쥐 떼를 마음대로 부리는 초현실적인 '힘'에서 나옵니다. 반면 아서 홈우드의 권위는 금전뿐만 아니라 '경'이라는 작위에서도 나옵니다. 그것은 '보증수표', 즉 돈으로 치환될 수도 있는 가치입니다. 그들은 그것으로 정보를 구매할 수도 있죠. 아서 홈우드가 갈라츠 부영사에게 도움을 요청했을 때도 그는 '권한 내에 있는 것을 전부 제공'받을 수 있었습니다. 브램 스토커는 미나 하커의 일기를 빌려 '그의 지위가 관직에 있는 사람에게 일종의 보증수표로 작용하기 때문이다.'라는 말을 노골적으로 써놓기도 했습니다.

드라큘라 vs 킹콩

이 싸움은 분명 드라큘라 백작의 일방적인 착취가 아닙니다. 자본과 자본, 권위와 권위의 대치입니다. 때문에 드라큘라 백작의 세력이 커져갈수록, 우리는 점점 더 그를 상대하는 게 힘겨워집니다. 자본 그 자체인 자를 상대하기 위해서도 자본은 필요하기 때문입니다.

독점자본의 무서운 점은 계속해서 세력이 강대해진다는 데 있습니다. 반 헬싱의 말마따나 드라큘라는 한 번 침을 쏘곤 죽어버리는 벌과는 다릅니다. 그자는 오히려 더 강해집니다. 그리고 더 강해지면, 더 많은 악행을 저지를 수 있게 됩니다. 심지어 나이를 먹을수록 더 영리해지기도 하죠. 그렇기 때문에, 우리는 자본이 독점으로 몸을 불리는 것을 엄중히 감시해야 합니다. 흡혈귀든 돈이든, 무언가의 '노예'로 살지 않기 위해서 말입니다.

> 이것은 긴 시간이 필요한 임무야. 어렵고, 위험하고, 고통스럽지. 모두들 나를 도와주지 않겠나? 우리는 믿는 법을 배웠어. 그렇지 않나? 그렇기 때문에 우리의 임무가 눈에 보이는 것이고, 그렇지? 쓰디쓴 결말을 향해 가지는 않겠다고 약속하세.
>
> ─『드라큘라』, 반 헬싱 박사의 말

엠파이어스테이트
제국의 주 위에 올라간 〈킹콩〉

1933년 3월 2일, 뉴욕에서 영화 〈킹콩〉이 개봉되었습니다. 킹콩의

'콩'은 원주민들이 부르는 거대 고릴라의 이름입니다. 거기에 왕이라는 뜻의 King이 붙어서 '킹콩'이 되었죠.

극중 영화감독 칼 덴햄이 영화에 출연할 여배우를 찾으러 다니면서 〈킹콩〉의 이야기는 그 막을 올립니다. 칼 덴햄은 정글영화를 전문적으로 찍는 사람입니다. 이번에 새로운 영화를 찍게 되었죠. 그런데 촬영지도 촬영기간도 명확히 밝히지 않는 철저한 비밀주의 탓에, 영화에 출연할 여배우를 구하기가 너무나도 어렵습니다. 그러면 여배우 없이 가도 될 텐데 그건 안 된다고 합니다. 예쁜 얼굴이 빠지면 대중이 안 좋아한다나요.

피땀을 흘려서 최고의 작품을 찍어도 비평가 나부랭이들은 로맨스가 있으면 두 배는 더 좋을 텐데, 라고 한단 말이야! 대중이 원하는 대로 이번엔 여자를 넣어서 찍을 거야!

골머리를 앓던 칼 덴햄은 직접 여배우를 찾아오겠다며 다짜고짜 한밤중의 뉴욕 거리로 나가는데요. 우연히 사과를 훔치던 여인 앤 대로우를 보고 반하게 되죠. 그래서 사과 값도 갚아주고, 밥도 사주고, 옷도 사줍니다. 그리고 영화에 바로 캐스팅합니다. 출항은 언제라고요? 바로 오늘!

수많은 스태프가 영문도 모른 채 향하는 곳은 거대 고릴라 킹콩이 사는 해골섬입니다. 해골섬의 원주민들은 킹콩에게 바칠 제물로 앤을 탐냅니다. 결국 그들은 한밤중에 영화팀의 배를 급습해 앤을 납치한 뒤, 킹콩에게 갖다 바치죠.

드라큘라 vs 킹콩

×
신문에 실린 영화 〈킹콩〉의 포스터.

짐승도 미녀는 알아보는 걸까요. 킹콩은 앤을 해치지 않고, 보물이라도 되는 양 투박한 손으로 정성스레 쥐고 갑니다. 영화팀은 그녀를 구하러 우르르 쫓아가죠. 이 섬은 아직도 선사시대인지, 스테고사우루스나 호수공룡 같은 괴수들의 마지막 천국입니다. 일행은 육해공을 망라한 괴수들의 습격을 받으며 겨우겨우 킹콩이 있는 곳까지 갑니다. 하지만 최종 보스 킹콩이 남은 사람들을 절벽으로 집어 던지는 바람에 거의 다 죽고 말죠.

앤과 사랑에 빠졌던 일등 항해사와 감독인 칼 덴햄만 겨우 살아남습니다. 아, 영화 한 편 찍으러 갔다가 이게 웬 날벼락입니까.

칼 덴햄은 구조를 요청하러 배에 가고, 일등 항해사는 킹콩이 익룡과 싸우는 사이 앤을 데리고 도망칩니다. 하지만 킹콩의 집착은 생각보다 강력했습니다. 분노한 킹콩은 뒤쫓아 와서, 앞뒤 가릴 것 없이 원주민 마을을 싸그리 박살 내버립니다. 불쌍한 원주민들⋯. 자다가 킹콩을 맞다니⋯.

일행은 해변까지 뒤쫓아 온 킹콩에게 폭탄을 쏴서 겨우 기절시키는데, 쓰러진 킹콩을 본 칼 덴햄의 머릿속에서 자본주의적 기지가 반짝합니다. 이건 돈벌이가 되겠다고 판단한 것이죠. 덴햄은 축 늘어진 킹콩을 싣고 뉴욕으로 돌아가 쇼를 엽니다. 제목은 '킹콩, 세계 8대 불가사의. 칼 덴햄의 거대 괴물'.

✕

킹콩, 세계 8대 불가사의. 칼 덴햄의 거대 괴물.
이 거대 괴물은 영화감독 칼 덴햄의 '소유'입니다.

드라큘라 vs 킹콩

구름 떼처럼 몰려든 사람들은 킹콩의 흉악한 생김새와 엄청난 크기에 경악하죠. 칼 덴햄이 기자들에게 사진촬영을 지시하자, 여기저기서 플래시가 터집니다. 그 빛을 보고 흥분한 킹콩이 괴성을 지르며 몸을 뒤틀자 관객들은 동요합니다. 칼 덴햄은 쇠사슬은 강철 제라며 그들을 안심시키려 합니다. 하지만 그 말이 떨어지기 무섭게 킹콩이 무지막지한 괴력으로 쇠사슬을 끊어버리고, 극장 안은 난장판이 되고 맙니다. 분노한 킹콩은 사람도 밟고, 선로도 끊고, 전철도 부수고, 뉴욕을 쑥대밭으로 만들어버리죠. 하지만 우리의 킹콩은 그 와중에도 자신이 되찾아야 할 것이 무엇인지 잘 알고 있습니다. 킹콩은 기어이 앤을 다시 잡아갑니다. 실로 무서운 집착입니다.

이 날뛰는 거대 고릴라에게 맞서기 위해 복엽기(날개가 상하로 장착된 비행기) 조종사들이 투입됩니다. 그리고 영화사에 길이 남을 장면이 연출됩니다. 킹콩이 한 손에 앤을 쥔 채 자신을 죽이려는 자들의 공습을 피해 엠파이어스테이트 빌딩을 오르는 장면 말이지요.

킹콩이 엠파이어스테이트 빌딩을 기어오르는 장면은 꽤나 상징적입니다. 엠파이어스테이트는 뉴욕 주의 별명입니다. 미국은 50개 주州, State로 이루어져 있는 국가입니다. 그중에서도 Empire State는 말 그대로 '제왕의 주'라는 뜻이지요. 조지 워싱턴이 '뉴욕이야말로 진정한 제국의 왕좌'라고 한 데서 기인했다는 설이 있는가 하면, 넘쳐나는 뉴욕의 부를 뜻한다는 설도 있습니다. 뉴욕의 다른 별명은 '끝내주는 미인' '기막힌 행운'이라는 뜻의 Big Apple인데요. 이 별명은 사과를 훔치던 앤의 모습을 연상시키기도 하지요.

뉴욕의 밤거리에서 처음 만났을 때, 칼 덴햄은 배고픈 앤에게 밥을 사주며 "어째서 이렇게 된 건가?" 하고 묻습니다. 앤은 "운이 없어서겠죠. 나만이 아니지만."이라 답하지요. 자본주의는 운이 없는 자들을 돌아보지 않습니다. 칼 덴햄은 앤을 캐스팅하면서 이렇게 이야기합니다. "돈과 모험과 명성을 얻을 기회요." 그 말대로, 앤은 하루아침에 굶주린 좀도둑에서 아름다운 여배우로 거듭납니다. Big Apple을 거머쥔 것이죠.

1920년대 말, 백만장자 월터 크라이슬러와 존 제이콥 래스콥은 누가 가장 높은 빌딩을 짓는지를 놓고 경쟁을 벌였습니다. 그 결과, 크라이슬러 빌딩과 엠파이어스테이트 빌딩이라는 세계 건축사에 길이 남을 건물들이 탄생했습니다.[6] 엠파이어스테이트 빌딩은 1931년 완공될 당시 높이 381m로, 세계에서 제일 높은 건물이었습니다. 1953년에 68m의 텔레비전 탑이 추가로 건설되어 지금의 모습이 되었죠.

자본주의의 중심지인 뉴욕에서 가장 높은 빌딩이라 함은 그 높이에 자본이 집약되어 있다는 뜻이기도 합니다. 미국 국민들에게 이 거대한 마천루는 일종의 자존심이기도 했습니다. 하지만 우리는 이 건물이 착공되던 1929년 당시 미국에 경제대공황이 일어난 것에 주목할 필요가 있습니다.

마천루는 영어로 Skyscraper, 한자로는 갈(문지를) 마摩, 하늘 천天, 망루 루樓 자를 씁니다. 하늘을 문지르는 망루라는 뜻이지요. '마천루의 저주'라는 말이 있습니다. 초고층건물을 짓는 나라는 그 직후 최악의 경제 불황을 맞는다는 가설인데요. 독일 애널리스트 앤드루 로런스가 100년간의 사례를 통해 그 상관관계를 분석하여 나

드라큘라 vs 킹콩

온 이론입니다. 뉴욕 세계무역센터와 시카고 시어스 타워가 완공된 1970년대에는 원유 값이 급등해 오일쇼크가 밀어닥쳤고, 말레이시아가 페트로나스 트윈 타워를 완공한 1990년대 후반엔 아시아 금융 위기가 도래했다는 식이지요. 우리나라도 아시아 금융 위기 당시 IMF 구제금융을 받는 등 심각한 경제 위기를 겪었습니다.

현재 세계에서 가장 높은 건물은 아랍에미리트 두바이의 부르즈 할리파(829.8m)인데, 영화 〈미션임파서블 4〉에도 잠깐 등장했던 바 있습니다. 두바이 역시 이 건물을 짓던 중 건축비를 감당하지 못해 지급유예 선언을 하기도 했죠.

'마천루의 저주'가 전혀 뜬구름 잡는 이야기만은 아닙니다. 초고층 건물을 짓기로 하고 착공할 때에는 경기가 좋겠지만, 그렇게 높

×
엠파이어스테이트 빌딩을 기어오르는 킹콩.
그러나 이 위압적인 크기의 건물과 비교하면
그의 거대한 몸집도 굉장히 초라해 보이는군요.

은 건물이 하루아침에 지어질 리 없지요. 수많은 인력과 자본이 수 년간 끊임없이 투입되어야 합니다. 그 사이에 경제 상황이 악화될 수도 있고, 돈줄이 끊기면 짓다 만 초고층 건물은 쓸데없는 애물단 지로 전락하겠지요.

하늘에 닿으려는 인간의 욕망은 어리석은 인간들이 하늘에 오 르기 위해 쌓아 올렸다는 바벨탑만큼이나 장구한 역사를 가지고 있습니다. 그리고 그 속에는 신과 동등해지려 했던 인간의 오만이 똬리를 튼 뱀처럼 도사리고 있지요. 킹콩이 올라간 것은 단순히 세 계에서 제일 높은 탑이 아니었습니다. 그것은 자본주의의 결정체 였습니다. 킹콩은 갈 곳을 잃고 쫓기다 엠파이어스테이트 빌딩 꼭 대기에 오릅니다. 조종사들은 아슬아슬하게 비행하며 킹콩에게 총 탄을 퍼붓습니다. 그리고 하늘 높은 줄 모르고 고고하게 솟은 이 자본주의의 마천루에서, 원시의 왕 킹콩은 추락하는 것입니다.

숫자로 쌓아 올린 바벨탑 아래서

자본은 그 자체로 '쌓이려는' 성질을 갖고 있습니다. '돈이 돈을 번 다.'는 말처럼, 계속해서 몸집을 불려나가죠. 자본이 창출한 이윤은 다시금 자본에 합쳐집니다. 합쳐진 자본은 더 많은 이윤을 창출하 고, 거대자본은 그렇게 축적됩니다. 마천루 경쟁도 이 개념의 연장 선에 있는지 모릅니다. 마천루를 쌓는 이유는 필요에 의해서라기보

드라큘라 vs 킹콩

다는, 축적된 자본의 거대함을 과시하기 위해서입니다. 좋든 싫든 눈에 들어올 수밖에 없는, 도시의 상징이 되기 위해서입니다. 우리는 고개를 한껏 젖히고 마천루를 올려다보며 그 높이를 쌓아 올린 자본의 위용을 실감합니다. 그리스의 상징, 파르테논 신전은 아테네 시의 가장 높은 곳에 자리하고 있지요. 고대 아테네인들이 파르테논 신전을 올려다보며 신의 존재를 항상 의식했듯, 마천루를 보며 우리는 생활 속에서 거대자본의 존재를 의식합니다.

드라큘라 백작도 트란실바니아에서 농민들을 착취하는 걸로 모자라, 영국에 부동산 투기까지 해가며 착취 대상을 확장하려 했죠. 그가 돈이 없어서 그런 계획을 세웠을까요? 아닙니다. 새 시대가 열렸기 때문입니다. 봉건제가 무너지며 지주계급은 역사의 뒤안길로 사라졌습니다. 그리고 자본을 가진 부르주아들의 시대가 왔지요. 드라큘라 백작은 이 새 시대의 주인이 되고 싶어 하는 것입니다. '여전히 주인'으로 남아 있고 싶은 동시에, '더 강력한 주인'으로 군림하고 싶은 겁니다.

> 나는 아주 오랫동안 주인으로 살아왔기 때문에, 여전히 주인으로 남아 있고 싶은 거요.

백작이 트란실바니아에서 영국까지의 먼 거리도 불사했던 것처럼, 거대자본은 시간과 노력을 들여 우리의 기본적인 삶의 영역까지 자본화하려 합니다. 설령 실패하더라도 포기하지 않고 계속해서 도전하지요. 그리하여 종국에는 자본화가 절대 불가능해 보이는 영역까지 진출합니다. 일단 진출하고 나면, 이를 비자본의 영역으로 되돌리는 것은 무척이나 어렵습니다. 예를 하나 들어볼까요.

미국은 의료제도를 민영화한 대표적인 나라입니다. 미국의 의료보험은 국가가 아닌 기업에 의해 운영되고 있죠. 국민의 건강 관리를 자본에 일임한 것입니다. 이 때문에 미국은 전 세계에서 가장 많은 의료비를 지출하는 나라가 되었습니다. 미국의 의료비 지출액은 국민총생산의 16%에 육박하지요. 과중한 의료비는 미국인들이 파산하는 주원인이기도 합니다.

의료제도가 민영화되면, 보험사는 병을 앓고 있거나 질병 가족력이 있는 사람들의 가입을 거절할 수 있습니다. 이윤 창출에 걸림돌이 되기 때문입니다. 이로 인해 한때 4900만명에 달하는 미국인이 의료보험 혜택을 받지 못했습니다. 영리병원의 의사들은 결과에 상관없이 '얼마나 많은 의료서비스를 제공하였느냐'에 따라 돈을 받습니다. 그 탓에 불필요한 검사들이 추가되고, 의료비는 눈덩이처럼 불어납니다. 단적인 예로, 미국인들은 한때 OECD 평균보다 3배 정도 많은 MRI검사를 받아야 했습니다.[7]

미국 정치권에서 의료 민영화 문제는 '뜨거운 감자'입니다. 대선철이면 후보들은 앞다투어 의료제도 개혁안을 내놓지요. 그러나 의료개혁이 넘어야 할 산은 아직도 많습니다. 자본이 이미 깊숙이 뿌리 내렸기 때문입니다. 그 뿌리에 수많은 이익집단과 이해관계가 주렁주렁 매달려 있기 때문입니다. 고령화 사회에서 의료서비스는 전도유망한 산업입니다. '펑펑 나오는 포도즙'을 누가 쉽게 포기할까요.

드라큘라 백작도 마찬가지입니다. 백작은 영어를 배우고 부동산

드라큘라 vs 킹콩

을 사들이며 영국 사회에 뿌리내리려 했습니다. 영국 전역이 백작의 손아귀에 들어갔다면, 사람들은 그를 쉽게 뿌리 뽑지 못했을 겁니다. 그를 뿌리 뽑으려다 자신의 삶까지 뽑혀나가는 건 아닌지 두려워하게 됐을 테니까요. 그렇게 됐으면, 사람들 스스로 백작의 흙 상자를 지켰을지도 모르는 일입니다. '드라큘라 백작이 망하면 영국이 망한다.'며 그를 옹호하고 다녔을지도 모르죠. 어쩌면 그것이 드라큘라의 최종 목표였을지도 모릅니다. 독점자본의 존재를 두려워하는 것이 아니라, 독점자본의 부재를 두려워하게 만드는 것.

산업혁명이 인류에게 가져다준 것은 부만이 아니었습니다. 수많은 이들이 기계부품보다 못하게 '소비'되었고, '폐기'됐습니다. 인간을 기계화하는 방식이 곧 자본이 된 것입니다. 어쩌면 그것은 21세기인 지금까지 유효한지도 모르겠습니다.

마천루는 국력을 상징하기도 하지만, 우리는 무엇이 그 높이를 쌓아 올렸는지 정확히 꿰뚫어볼 필요가 있습니다. 자본이 독점화되면 시장질서가 훼손되고, 거기에 의존하는 사람들의 삶 또한 파괴됩니다. 일터에서 쫓겨나고, 살 곳을 잃어버린 사람들은 킹콩처럼 '꼭대기'를 찾아 올라갑니다. 사람들이 꼭대기에 오르는 이유는 자본주의에 도전하기 위해서가 아닙니다. 그저 거기까지 내몰렸을 뿐입니다. 그 꼭대기에서 추락한 것이 비단 킹콩만은 아닐 겁니다. 그리고 그들이 추락한 이유 역시 '운이 없어서'만은 아니겠지요.

킹콩은 복엽기 조종사들에게 죽기 전 앤을 들어 올려 잠시 눈높이를 맞춘 뒤, 슬픈 표정을 짓고서 내려놓습니다. 그리고 추락하지요. 높이 381m의 깎아지른 듯한 마천루이자 자본주의의 상징에서

영화 〈괴물〉의 초반부, 한 중년 남자가 한강 다리에서 뛰어내리기 직전 무언가를 발견하고 이렇게 말합니다. "니들 방금 봤냐? 밑에 말이야. 물속에…. 커다랗고 시커먼 게 물속에…. 정말 못 봤어?" 남자가 본 것은 무엇일까요. 1990년대 후반, IMF 사태로 인해 고도성장의 주역이었던 베이비붐 세대는 일자리를 잃고 거리로 내몰렸습니다. 남자가 본 것은 괴물이기도 하지만, 벼랑 끝까지 내몰린 그의 눈에만 비치는 절망의 수렁일지도 모릅니다.

요. 그 모습에 왠지 모를 동정심을 느끼게 되는 이유는 우리 역시 그 높이의 무서움을 알기 때문입니다. 자기의 왕국에서 먼 타향으로 끌려와 그 꼭대기까지 내몰린 짐승에게 감정을 이입하기 때문입니다. 칼 덴햄은 킹콩을 철저한 돈벌이 수단이자 구경거리로 데리고 왔습니다. 섬의 원주민들은 킹콩을 두려워하는 동시에 경외했으나, 미국인들은 아무런 존중도 없이 그를 오락거리로만 대했죠. 해골섬의 왕 킹콩은 철저한 자본주의적 논리로 칼 덴햄의 '소유'가 됐습니다. 자본주의 체제에서는 괴물조차 오락거리로 전시될 수 있습니다. 또한 킹콩의 분노를 직접적으로 촉발시킨 것이 기자들의 플래시 세례였다는 것을 기억해야 합니다. 언론 역시 이 체제의 한 축을 이루고 있음을 잊으면 안 됩니다.

1950년대 중반 즈음 미국의 산업은 기술적으로 모든 면에서 전 세계를 선도하기에 이르렀습니다. 만약 브램 스토커가 미국 작가였다면 『드라큘라』의 배경은 미국이 되었을 수도 있겠지요. 그랬다면 드라큘라 백작이 영국식 영어가 아니라 미국식 영어 발음을 공부했을지도 모를 일입니다.

> 1950년 미국 시장은 세계 두 번째 시장인 영국 시장의 9배 이상이었으며, 미국의 1인당 GNP는 캐나다의 2배, 영국의 3배, 독일의 4배, 일본의 15배였다. 미국이 기술적 선두와 지도력을 갖지 못한 산업분야는 거의 없거나 전혀 없었다. 그런 국력을 업고 미국 상품들은 세계 시장을 누비고 다녔다.
>
> ─강준만, 『미국사 산책 8』

미국 역사에는 '도금 시대Gilded Age'라는 시대가 존재합니다. 1870년대에서 1890년대에 이르는, 미국 자본주의가 급속하게 압축 성장한 시대를 말합니다. 그렇지만 마냥 번쩍거리는 황금시대는 아니었습니다. 말 그대로 도금, '금처럼 보이는 것일 뿐'인 암흑기였죠. 자본가들은 노동자들을 착취해 얻은 어마어마한 부로 정치인들에게 로비하여 기상천외한 비리를 수도 없이 저질렀습니다. 미국 역사상 계급 격차가 가장 급격히 심화되었던 때이기도 합니다. 브램 스토커의 『드라큘라』가 출간된 연도는 1897년이었습니다. 어쩌면 드라큘라 백작이 미국을 접수하기엔 최적기였을지도 모르죠. 아무래도 백작이 목적지를 잘못 택한 듯하네요.

드라큘라 백작의 돈에 대한 개념은 시간이 흐르면서 점차 진화해갑니다. 그는 머지않아 사람들을 지배하기 위한 더 손쉬운 방법이 '돈'이라는 것을 알게 되었을 것입니다. 그렇다면 킹콩이 기어 올라갔던 엠파이어스테이트 빌딩의 소유주가 드라큘라 백작이 되었을 수도 있겠죠. 이 똑똑한 괴물은 점점 더 교묘해졌을 테고, 세계로 뻗어나가는 다국적기업의 독점자본가로 거듭났을 수도 있습니다.

그러나 킹콩은 백작과는 다릅니다. 사람들이 킹콩을 두려워하는 이유는 엄청난 크기와 무지막지한 괴력 때문입니다. 킹콩에 대한 두려움의 본질을 살펴보면 그로 인해 죽을지도 모른다는 동물적인 감각만 있을 뿐입니다. 그 때문에 동요하는 것은 잠시뿐, 이성을 되찾은 사람들은 곧바로 무기를 가지고 이 거대 고릴라에게 맞섭니다. 킹콩은 실체가 있고, 그렇기에 상처를 입힐 수도 있습니다. 그러나 드라큘라 백작은 마치 달빛처럼 사람들 사이에 스며들 수 있습

드라큘라 vs 킹콩

니다. 사람들은 자신이 지배당하고 있다는 사실도 모른 채 지배당하게 되는 것입니다.

『드라큘라』는 기존의 흡혈귀 서사처럼 표면적으로는 선악의 대결을 다루고 있습니다. 기독교적인 측면에서 보면 이 소설은 '기독교 세력이 반기독교 세력을 물리치고 승리를 거두는 이야기'입니다. 빛과 어둠의 대결, 일종의 성전聖戰인 셈이죠. 하지만 반 헬싱 일행과 드라큘라 백작의 싸움은 비단 선악의 대결만은 아니었습니다. 반 헬싱 일행은 '내 것'을 지키기 위해 싸웠고, '흡혈귀'처럼 되지 않기 위해 싸웠습니다. 이것은 선의 문제라기보다는 삶의 문제입니다. 내 삶의 주인이 되기 위한, 내 삶을 두려워하지 않기 위한 싸움인 것입니다. 우리 역시 마찬가지입니다. 어느 누구도 '꼭대기'에서 떨어지게 하지 않기 위해, 만물을 돈으로 보는 괴물이 되지 않기 위해, 우리는 두려움과 맞서야 합니다. 드라큘라의 말처럼, 최소한 그 누구도 '우리의' 주인이 되어서는 안 되기 때문입니다.

> 우리가 싸움에서 진다면, 그자가 이긴다는 것은 자명한 이치입니다. 그때 우리의 말로는 어디일까요? 죽느냐 사느냐의 문제에만 그치는 게 아닙니다. 지는 날에는 우리도 그자처럼 되는 겁니다.
>
> ─『드라큘라』, 반 헬싱 박사의 말

YAHOO
VS
황금의 제국

괴물의
배 속에서
비명을 지르는
사람들

지금 대한민국은
야후로 들끓고 있다!

　　탈영병 김현은 온 나라를 불안과 공포로 몰아넣은 야후다. 시민들
의 머리 위에서 총구를 달군 그들은 야후다. 사리사욕에 빠져 김
현을 놓친 군경은 야후다. 정치적 판단의 산물인 수경대는 야후다.
그런 정치적 판단의 수장은 야후다. 비자금을 조성하는 대통령은
야후다. 거짓과 위선으로 가득 찬 의원들은 야후다. 지금 대한민
국은 야후로 들끓고 있다!

　　　　　　　　　　　　　　　　　　　　－김관용 기자의 '사설'에서

　　『YAHOO』는 웹툰 『이끼』와 『미생』으로 잘 알려진 윤태호 작가의 작
품입니다. 『YAHOO』는 인터넷이 대중화되던 시기에 발간되어 인
터넷을 다룬 만화라는 오해를 사기도 했는데요(유명 포털사이트 이름이
'YAHOO!'였던 탓이지요). 하지만 포털사이트 'YAHOO!'도 윤태호의
『YAHOO』도 사실은 모두 조너선 스위프트의 소설 『걸리버 여행기』
에 나오는 짐승의 이름을 차용한 것입니다. 우선 만화 『YAHOO』의

서두에 나온 원조 YAHOO에 대한 설명을 봅시다.

> 야후^{YAHOO}는 아일랜드의 작가 조너선 스위프트가 지은 『걸리버 여행기』에 등장하는 인간을 닮았으나, 추악하기 짝이 없는 짐승이다. 『걸리버 여행기』는 총 4부로 구성되어 있는데 바로 소인국 릴리푸트, 거인국 브로브딩낙, 천공의 섬 라퓨타, 그리고 말의 나라 후이넘 여행기이다. 야후가 등장하는 것은 마지막 이야기인 후이넘 여행기로 야후는 말인 후이넘에게 온갖 추악함의 덩어리이자 멸시의 대상이다. 야후와 닮았다는 이유로 후이넘에서 추방당하여 모국으로 돌아온 걸리버는 여생의 대부분을 마구간에서 보냈으며, 극단적으로 인간을 혐오하게 되었다 한다. 작가 스위프트는 『걸리버 여행기』의 서두에서 책의 독자인 영국인들을 '야후'라 불렀다.

만화 『YAHOO』의 부제는 '대한민국 현대사에 기생했던 짐승들의 기록'입니다. 1985년에 시작된 이야기는 2002년 한일 월드컵을 끝으로 마무리되는데, 이 기간 동안 일어난 실제 사건들은 주인공들의 삶과 밀접하게 연관되어 있습니다. 불법 비자금 조성과 청탁 로비, 노동조합 및 운동권 탄압, 범죄와의 전쟁, 지존파 살인사건 같은 정치 사회적 사안부터 아현동 가스 폭발, 성수대교 붕괴, 삼풍백화점 붕괴 같은 대형 참사까지…. 발밑이 꺼지고, 콘크리트가 머리 위를 덮치고, 도심에서 폭발이 일어나는 비현실적인 현실 속에서 주인공들은 짐승의 먹이가 되거나, 스스로 짐승이 되기를 선택합니다. 하지만 짐승이 되어도 이 괴물 같은 세계를 벗어날 수는 없습니다. 주인공 김현의 말마따나 세계의 귀퉁이를 살짝 깨물어주는 것이 반격의 전부일 뿐이죠. 그리고 깨물린 흔적은 곧 사라지고 맙니다. 건물이 붕괴되었던 자리에 새로운 건물이 지어지고, 끊어졌던 다리 위로 다시 자동차들이 쌩쌩 오가듯 말이죠.

타인의 고통

×
건물 잔해에 매몰된 김현과 아버지.

『YAHOO』의 주인공 김현은 보일러 수리공의 아들입니다. 가족이라곤 아버지뿐이지만, 사이좋은 부자 관계는 아니었습니다. 김현은 아버지만 보면 이유 없이 약이 오른다며 아버지 지갑에 손을 대고, 걸핏하면 싸움을 하고 다니는 문제아였거든요. 아버지는 분에 못 이겨 매타작을 하고도 아들이 잠든 사이 약을 발라주는 '그럼에도 불구하고' 아들을 사랑하는 평범한 아버지였습니다.

그러던 어느 날, 김현은 아버

지의 가게에 들렀다가 건물이 붕괴되는 바람에 건물 잔해 속에 파묻힙니다. 김현은 부러진 쇠파이프에 허리를 꿰뚫리고, 아버지는 콘크리트 잔해에 짓눌려 꼼짝도 할 수 없게 됩니다. 건물이 추가로 붕괴되면서 아버지는 김현이 보는 앞에서 콘크리트 더미에 압사당하고 맙니다. 김현은 충격과 공포에 휩싸여 스스로 철근을 뽑아내고 건물 밖으로 탈출합니다. 아버지의 죽음은 김현에게 어마어마한 트라우마를 남겼고, 결국 그의 인생 전반을 지배하지요.

또 다른 주인공 신무학은 김현과 같은 반 학생입니다. 그는 김현 아버지가 세 들어 있던 건물주의 아들이기도 하지요. 무학의 아버지는 부동산 재벌입니다. 그는 정관계 인사들에게 로비를 해서 재산을 불리고, 그렇게 번 돈을 아들에게 아낌없이 쏟아붓습니다. 아버지는 무학을 판검사로 만들고 싶어서 명문 사립초등학교, 명문 사립중학교에 보내고 강남 8학군 고등학교에 입학시킵니다. 하지만 아버지의 열망과 달리 무학은 공부에 뜻이 없는 사고뭉치였습니다. 판검사는커녕 사람 노릇이나 제대로 할 수 있을지 걱정스러운 화상이지요. 그는 8학군 고등학교에서 퇴학 직전에 간신히 3류 고등학교로 전학합니다. 그 덕분에 건물주의 아들과 세입자의 아들이 같은 학교에 다니게 된 거죠.

무학은 아버지가 일찌감치 쥐여준 돈 때문에 세상이 우습고 인생이 만만합니다. 진지한 구석이라곤 찾아볼 수 없고, 심각한 일들도 농담처럼 받아들이죠. 하지만 그런 무학에게도 유독 신경에 거슬리고 마음이 끌리는 존재가 있었으니. 바로 김현이었습니다. 무학은 높은 사람들에게 굽실대며 돈으로 모든 것을 판단하는 아버지

무학과 여자친구의 대화.
아버지가 사준 고급 승용차에 몸을 실은 무학에게는 타인의 고통이 전해지지 않습니다.

와 달리, 넉넉지 않은 형편에도 절대로 자신을 꺾지 않는 김현을 동경합니다. 하지만 가까이 다가가볼 새도 없이 김현은 학교를 떠나버립니다. 그것도 아주 파격적인 모습으로요. 김현의 마지막 모습은 무학의 머릿속에 들러붙어, 계속해서 그의 뒤통수를 간질입니다.

김현이 담임에게 뿌린 돈은 사실 아버지와 살던 집을 판 돈이었습니다('깡'의 스케일이 남다르지요?). 김현은 그 돈으로 면허도 없으면서

김현은 담임선생의 얼굴에 돈다발을 뿌리고 학교를 떠납니다.
아버지가 살아계실 당시, 촌지를 가져오지 않는다는 이유로
자신을 지독하게 괴롭힌 담임이었습니다. 재미있는 것은 김현이 담임뿐 아니라,
담임에게 비굴하게 구는 가난한 학생에게도 린치를 가했다는 사실입니다.
그는 짐승 같은 인간에게도, 짐승에게 자진해서 깨물려주는 인간에게도
똑같이 분노합니다.

오토바이를 사고 강원도로 향합니다. 그는 아버지의 기억으로부터
도망치려 광란의 질주를 하지만, 기억은 그를 쉽게 놓아주지 않습
니다. 결국 김현은 아버지와의 끈을 놓기 위해 삶 그 자체를 포기하
려 합니다. 하지만 오토바이와 함께 절벽 아래로 굴러떨어진 그를
갑자기 나타난 최윤수라는 군인이 구해주지요. 최윤수는 절벽에 매
달린 김현의 팔목을 붙잡고 이런 말을 합니다.

살게 되면…. 제일 무거운 돌을 쌓아라. 도저히 이기지 못할 고통 같으면 두 번 다시 고개를 못 들게 꾹꾹 눌러버려! 그리고 그 돌을 쌓았던 것 자체를 잊어라. 넌…. 이미 한 번 죽은 거야. 힘들면 의지하고 기쁘면 웃고 슬프면 울고 화나면 화내고 그렇게 사는 거야. 아직 죽지 않았다면…. 죽음을 결정짓지 마라. 그때까진 살아있는 거니까.

기적적으로 살아난 김현은 최윤수의 말대로 아버지의 기억 위에 돌을 쌓습니다. 그리고 그의 권유에 따라 수경대(수도 경비 특수 기동대의 줄임말로, 『YAHOO』에 등장하는 가상의 조직입니다)에 들어갑니다. 수경대의 빈틈없고 혹독한 일상 속에서 김현은 생각을 멈추고, 수경대의 톱니바퀴로 살아가게 됩니다. 무학이 타인의 고통을 모른 척하기 위해 사람 노릇을 포기했다면, 김현은 과거의 고통으로부터 벗어나기 위해 기계가 되어버립니다. 하지만 둘의 외면은 그리 성공적이지 않아 보입니다. 무학은 사이렌 같은 이명에 시달리고, 김현은 트라우마로 인한 환영에 시달리거든요. 이명과 환영은 그들 내부에서 시작된 균열의 신호입니다. 부실공사를 한 건물에서 나타나는 균열 현상과도 같지요.

수경대에서 아무 고민 없이 앞만 보고 맡은 바 책임을 수행하는 삶은 아버지의 기억에 짓눌리던 삶보다 몸은 고될지언정 마음은 한결 편안합니다. 그래서 김현은 수경대의 일이면 무엇이든 합니다. 민주화 운동을 하는 대학생들과 처우 개선을 요구하는 노동자들을 강제 진압하고, 범죄와의 전쟁이란 이름하에 사회의 위험분자들을 즉결 사살합니다. 그들이 왜 맞아야 하고 왜 죽어야 하는지는 생각하지 않습니다. 톱니가 '왜 난 앞으로 돌까?' 하고 고민해선 안 되는 일이니까요. 뒤로 돌게 되는 순간, 톱니는 부서지고 거대한 기계는 멈추어버릴 테니까요.

김현은 최윤수 대장을 아버지로 여기며 그에게 절대 충성합니다. 마치 그것이 생전 반항하기만 했던 아버지에 대한 보상이라도 되는 것처럼. 그러나 '어떤' 사건은 그가 올려놓았던 무거운 돌을 깨부수고, 꾹꾹 눌러놓았던 트라우마를 끄집어내고야 맙니다.

한편 무학은—아버지가 도서관을 지어주어 겨우 들어간—대학에서 허송세월하던 중, 입영통지서를 받습니다. 그리고 집단 탈옥수 검거 현장에서 우연히 수경대의 일원이 된 김현과 재회하게 되죠. 무섭게 달라진 김현의 모습에 충격을 받은 무학은, 예나 지금이나 다를 바 없이 한심한 자신을 돌아봅니다. 그 일을 계기로 무학은 지금과는 전혀 다른 모습이 되기 위해 몸을 단련하고, 지하 격투장에서 격투를 하며, 자진해서 음지로 걸어 들어갑니다. 지금껏 몸담아온 아버지의 세계와 이별하고 김현이 살고 있는 또 다른 세상으로 들어가기 위한 첫걸음이었죠. 그렇게 찾은 또 다른 세상에는 자신이 외면해왔던 타인의 고통이 생생히 살아 숨 쉬고 있었습니다.

> 지금까지 내가 살아오던 곳에서 조금만 눈을 돌리면 엄연히 존재하는 또 다른 세상을 만나게 된다. 무시할 수도, 고개를 돌릴 수도 있지만 내 선택과는 상관없이 그것은 존재하는 것이다. 또 다른

세상…. 무시할 수도 고개를 돌릴 수도 있다. 그러나 엄연히 존재하는, 또 다른 세상!

돈으로 군 면제를 시켜주겠다는 아버지에게, 무학은 굳이 입대하겠다는 의사를 밝힙니다. 그러자 아버지는 졸부만이 보여줄 수 있는 놀라운 사랑을 보여줍니다. 돈을 주고 깡패를 사서 무학의 다리를 부러트리려고 한 것이죠. 수술을 하면 완쾌될 정도로만요. 물론 강제로 군 면제 판정을 받게 하려는 술수였습니다. 하지만 지하격투장에서 몸을 단련한 무학은 오히려 깡패를 때려눕히고, 이를 사주한 것이 아버지란 사실을 알게 됩니다. 아버지의 끔찍한 사랑에 환멸을 느낀 무학은, 그간 편하게 기대어 살아오던 아버지의 세계에 완전한 이별을 고하게 됩니다.

또 다른 세상으로 들어가기 위한 첫 번째 대가는…. 과거와의 단절이다. 좋았던, 혹은 힘들었던 기억으로부터, 안녕을 고하는 것. 안녕….

아버지
뭐 하시노?

『YAHOO』와 이어 소개할 드라마 〈황금의 제국〉에서는 주인공들만큼이나 그들의 아버지가 중요하게 다루어집니다. 아버지를 빼놓고는 이야기가 진행이 안 될 정도이지요. 아들들의 이야기에서 아버지는 뼈대와 같은 존재입니다. 물론 뼈라고 해서 다 같은 뼈는 아니지만요. 구멍이 숭숭 나서 쉽게 바스라지는 뼈도 있고, 너무 튼튼해서 어떤 충격에도 부러지지 않는 뼈도 있겠죠. 휘어지거나 뒤틀어져서 몸속을 찌르는 뼈도 있을 테고요. 어쨌거나 이야기의 몸집은 뼈의 성질과 형태로 결정되고, 불어납니다. 현실에서도 크게 다르지는 않죠. '금수저'니 '흙수저'니 하는 말이 유행하고 있는 우리 사회에서도 아버지의 삶의 규모가 아들의 삶의 규모에 막대한 영향력을 행사하고 있으니까요.

우선『YAHOO』의 뼈대를 이루는 아버지들을 살펴봅시다. 김현의 아버지 김오성. 신무학의 아버지 신명호. 이 두 사람은 초식동물과 육식동물만큼이나 동떨어진 존재입니다. 세입자와 건물주라는 수직관계도 그렇거니와 아들을 대하는 태도나 인생을 살아가는 방식도 딴판이거든요. 김오성은 '이 사람은 살면서 단 한번이라도 자신의 욕심을 앞세워 본적이 있을까?' 하는 의문을 불러일으키는 존재이고, 신명호는 '이 사람은 살면서 단 한 번이라도 타인의 고통에 공감해본 적이 있을까?' 하는 의문을 불러일으키는 존재입니다. 두 사람의 공통점은 홀아비라는 점과 아들에게 쉼 없이 들이받히는 아버지라는 점뿐입니다. 김현과 무학에게 아버지는 충돌의 대상입니다. 이 둘은 작정이라도 한 것처럼 아버지를 들이받습니다. 약이 잔뜩 올라 카포테(빨간 천)를 향해 돌진하는 싸움소처럼 말이죠. 하지만 카포테가 싸움소를 현혹시키듯, 그들이 진정으로 분노하는 대상은 아버지가 아닙니다. 아버지를 무력하게 만들거나, 아버지를 부정표正하게 만드는 세상이지요.

그럼 세상을 들이받지, 왜 애먼 아버지를 들이받느냐고요? 그러기에 세상은 너무 거대하고 복잡하거든요. 성난 소가 무엇이 자신을 투우장으로 몰아넣었는지 모르는 것처럼, 그들은 세상의 무엇이 자신을 약 올리고 성나게 하는지 알지 못합니다. 특히 청소년기란 밀실에 갇혀 있을 때에는 더더욱 세상이 눈에 들어오지 않습니다. 저를 둘러싸고 있는 벽과 천장만 보이지요. 그래서 그들은 천장을 들이받습니다. 천장이 좀 높긴 해도 이 악물고 점프하면 못 닿을 높이도 아니거든요. 그만큼 성장한 자신을 확인해보고 싶기도 하고요. 김현과 무학에게 있어 아버지는 바로 그 천장입니다. 당장 눈앞에 있는, 유일하게 들이받을 수 있는, 최약체의 권위. 그들은 천장이 무너져 뻥 뚫린 다음에야 알게 됩니다. 아버지가 카포테에 불과했다는 사실을. 그리고 그들은 그제야 볼 수 있게 됩니다. 들이받을 천장조차 없는 투우장의 모습을.

예로부터 이야기의 중심이 되는 남성에게 아버지는 가족 구성원 이상의 의미를 지니고 있었습니다. 고대 그리스 서사시에서는 남성 인물을 묘사할 때 아버지의 이름을 형용사처럼 사용했습니다. 예를 들어 유럽 최고最古의 서사시 「일리아스」에서는 아킬레우스가 등장할 때 '펠레우스의 아들 아킬레우스'라는 표현을 반복적으로 사용합니다. 제우스는 '크로노스의 아드님 제우스 신', 아가멤논은 '최고의 영예를 가지신 아트레우스의 아들'이라 불리지요. 심지어 헥토르는 자신의 동생에게까지 '프리아모스의 아들인 형님'이라고 불림

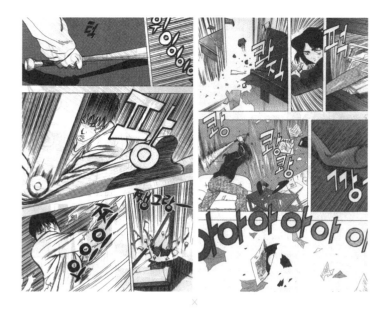

아버지가 돌아가신 뒤 집 안의 물건들을 부수는 김현(왼쪽).
자신의 다리를 부러트리려 한 것이 아버지란 사실을 알고 나서
자기 방을 난장판으로 만드는 무학(오른쪽).
그들이 부술 수 있는 것은 아버지를 그렇게 만든 세상이 아니라
아버지의 흔적뿐입니다.

니다. 동생도 프리아모스의 아들이긴 마찬가지인데 말이죠. 그래서
고대 그리스 서사시를 읽다보면 등장인물은 물론 아버지의 이름까
지 외워야 할 것 같은 압박을 느끼게 됩니다. 등장인물 이름 외우기
도 빠듯하건만!

　이런 식으로 한 남성을 '누군가의 아들'로 부르는 명명법을 부칭
父稱 즉 패트로니믹patronymic이라고 합니다. 고대 그리스 서사시에서

괴물의 배 속에서 비명을 지르는 사람들

패트로니믹은 형용사처럼 사용되었지만 남아시아, 중동, 유럽 일대에서는 고유명사(실제 이름)로 사용되었습니다. 일부 국가에서는 지금도 사용되고 있고요. 러시아에서는 이름과 성 사이에 미들네임처럼 아버지의 이름을 끼워 넣습니다. 아버지의 이름을 그대로 사용하는 것은 아니고 접미사 비치(~의 아들)와 브나(~의 딸)를 붙이지요. 이반의 아들인 경우에는 이바노비치, 이반의 딸인 경우엔 이바노브나가 됩니다. 중동에서는 아버지의 이름만으로도 모자라 할아버지의 이름까지, 무려 3대의 이름을 사용합니다. 3대의 이름은 '~의 아들'이라는 뜻의 접속사 '이븐'과 '빈'을 써서 구분합니다. 예를 들어 알 카에다의 지도자였던 '오사마 빈 라덴'의 본명은 '오사마 빈 모하메드 빈 어워드 빈 라덴'인데, 이 이름을 풀이해보면 '라덴 일족 어워드의 아들인 모하메드, 모하메드의 아들인 오사마'란 뜻을 지니고 있습니다.[1]

패트로니믹은 명백한 가부장제의 유산입니다. 아버지의 권위가 막강한 사회가 아니고서야 굳이 그 이름을 반복해서 부를 이유가 없지요. 가부장제 사회에서 아버지의 이름은 아들의 신분증이자, 신용의 척도가 됩니다. 이런 사회에서는 누구의 아들이라는 이유만으로 환대받을 수도 있고, 누구의 아들이라는 이유만으로 배척당할 수도 있지요. 우리나라에서는 패트로니믹을 사용하지 않지만 다른 방식으로 아버지를 소환합니다. '아버지 뭐 하시노?' 다들 아실 겁니다. 영화 〈친구〉에 나오는 유명한 대사죠. YAHOO에도 이와 비슷한 대사가 나옵니다. 패싸움을 벌인 날 김현이 듣는 말이죠. "니 애비는 뭐 하는 인간이냐?" 아버지의 직업은 대체 왜 묻는 걸까요?

고려시대에는 음서제蔭敍制라는 제도가 있었습니다. 5품 이상 관리의 자제가 과거 시험을 치르지 않고 관리로 채용되었던 제도지요. '5품 이상 관리인 아버지'가 관리직 입성의 프리패스였던 셈입니다. 최근 로스쿨 입시에서는 법관·검찰 간부 출신 자녀 수험생들이 자기소개서에 아버지의 경력을 기재하여 물의를 일으켰습니다. 아버지 이야기만으로 자기소개서를 채운 수험생도 있다고 하더군요. 돈의 권위가 가부장의 권위보다 막강해진 사회에서는 아버지의 이름 대신 아버지의 직업을 소환합니다. 〈친구〉에서 '아버지 뭐 하시노?'라는 질문이 불편하게 느껴지는 이유는 그것이 계급에 대한 탐색이기 때문입니다. 이 질문에 대답하는 순간 그는 '~을 하는 ~의 아들'로 규정됩니다. 보일러 수리공의 아들 김현에게 던져지는 '아버지 뭐 하시노?'라는 질문과, 법관·검찰 간부 출신의 자녀에게 던져지는 '아버지 뭐 하시노?'라는 질문은 전혀 다른 뉘앙스로 다가옵니다. 아버지의 직업이 누군가에게는 한계로, 누군가에게는 가능성으로 작용하기 때문이지요. 현대의 계급은 이렇게 또 분화합니다. 누가 묻지 않아도 아버지의 직업을 이야기하는 자와, 아버지의 직업에 대한 질문을 피하고 싶은 자로.

비명을 지르는 사람들

무학은 수경대 시험에 합격하여 그토록 동경하던 김현에게 가까이

다가가게 됩니다(이쯤 되면 사랑이고요?). 하지만 함께하는 시간도 잠시, 김현은 곧 수경대로부터 이탈하고 맙니다. 삼풍백화점 붕괴 사건이 발단이 되었죠. 김현은 건물 잔해에 깔린 시민들을 구조하기 위해 백화점 내부로 진입하면서 처참한 광경을 목격합니다. 그 광경은 오래 눌러놓았던 아버지의 기억을 조금씩 들추어내지요. 그리고 그는 그곳에서 아버지와 똑같은 모습으로 건물 잔해에 짓눌린 소녀를 봅니다. 김현은 처음에는 등을 돌리지만 각오를 다지고 소녀를 구해내려 안간힘을 씁니다. 하지만 소녀는 결국 아버지와 마찬가지로 추가로 붕괴하는 건물 잔해에 압사를 당하고 맙니다. 김현은 살겠다고 도망쳤던 아버지 때와는 달리 소녀의 모습이 사라질 때까지 그녀의 손을 붙잡고 있습니다. 그는 곧장 수경대로 돌아가지 않고 시체 더미 위에 몸을 뉘입니다. 탐색 로봇이 그를 찾아냈을 때 그는 로봇으로 시체들의 모습을 비춘 뒤 어둠 속에서 사람의 것이 아닌 비명을 지릅니다.

김현은 구조된 뒤 아버지처럼 따르던 최윤수 대장을 구타하고, 그에게 소리칩니다.

날 톱니로 만들지 마! 아버지 흉내도 내지 말란 말이야! 아버진 죽었어! 벽 사이에 짓이겨지는 걸 똑똑히 지켜봤단 말이야! 그걸 이번에 또 봤지…. 아버지가 아니라 여자애를! 이렇게! 이렇게 짓이겨지면서 죽어갔지! 아버지가 죽었을 땐 도망 나왔어. 너무 무서워서…! 무서워서 도망 나왔단 말이야! 배에 꽂힌 쇠 파이프를 뽑아가면서! 아버지가 죽는데도, 무서워서! 이번엔 그러지 않았

✕

삼풍백화점 피해자들의
시체 위에 누운 김현.

✕
붕괴 사고로 아버지를 잃은 뒤 김현의 모습_{왼쪽}과 삼풍백화점에서 구조되는 김현_{오른쪽}.

첫 번째 붕괴는 아버지와 함께 김현의 '마음'을 압살했고, 두 번째 붕
괴는 톱니바퀴로 살던 김현을 폭주하는 '괴물'로 재탄생시킵니다.
(왼쪽 장면도 시체나 좀비처럼 그려졌지만) 특히 오른쪽 장면의 김현은 어머니
의 몸 밖으로 꺼내지는 신생아의 모습, 그 자체입니다. 그의 몸에 묻은
피는 신생아의 그것과 흡사하고, 그에게 내려진 줄은 마치 탯줄처럼
보이지요. 그런 그를 괴물로 잉태하여 탄생시킨 모체는 바로 압축성장
과 부정부패, 독재정권으로 얼룩진 대한민국의 현대사입니다.

어. 내 두 눈으로 똑똑히 봤지! 내 팔에 여자애 손 하나만 남을 때까지 모두 봤단 말이야! 수경대가 지키려고 하는 것…. 그 윗대가리, 또 그 위! 그 다음 위! 최고위에서 지키려 하는 것! 박살 내버리고 싶어졌어.

김현은 수경대를 이탈해 테러리스트가 됩니다. 그는 가짜 폭탄을 설치하고, 수시로 도심에 출몰하며 한때 가족처럼 여겼던 수경대와 정부를 조롱합니다. 그리고 그 이유를 너희들의 혼란을 보고 싶기 때문이라고 말하지요. 몇 번이나 김현에게 조롱당한 수경대와 정부는 모든 수단을 동원하여 그를 뒤쫓습니다. 하지만 수경대에서 9년 동안 특수교육을 받아 각종 무기를 다루고, 폭파 전문가에 무술 고단자가 된 인간 흉기를 검거하는 것은 녹록지 않은 일이었습니다. 김현을 여러 차례 놓쳐 궁지에 몰린 수경대는 그를 잡기 위해 도심의 공중에서 무차별적으로 총탄을 발포합니다. 시민의 삶을 위협하는 김현을 잡기 위해, 시민의 머리 위에서 폭탄을 터트린 셈이죠. 여기서 '시민의 삶을 보호하기 위해'라는 전제는 깨어지고 맙니다. 이 발포로 시민 20명이 중경상을 입으면서, 김현이나 수경대나 시민의 삶을 위협하기는 매한가지인 존재가 되어버렸으니까요.

김현이 테러리스트로서 쫓기며 사는 사이, 그의 주변 인물들이 하나 둘 세상을 떠납니다. 그리고 무학이 김현을 쫓는 수경대의 일원으로서 사는 사이, 그의 아버지도 비자금 사건으로 구속되어 암으로 세상을 떠나지요. 주변 사람들이 떠나가며 김현도, 무학도 세상과의 끈을 놓을 준비를 합니다. 아무리 깨물어도 신음 한번 흘리지 않는 세상보다, 그들이 먼저 지치고 만 셈이죠. 그리하여 2002년 월드컵이 열리던 날, 김현은 수경대의 예상대로, 죽을 줄 알면서도 월드컵 주경기장 부근에 나타납니다. 무학은 그를 공격해야 하는 입장이지만, 갑자기 입장을 바꾸어 그의 수경대 바이크에 올라탑니다. 무학은 중상을 입고 피를 흘리는 김현에게 말합니다. "같이 가자!"

수경대가 준비한 탄두가 바이크를 추격시키고, 김현과 무학은 마지막 인사를 나눈 뒤 함께 한강에 빠져 숨을 거둡니다. 이 탄두는 폭죽 같은 불꽃을 내뿜고 잔해가 잘게 갈라져 지상으로 떨어지기 때문에, 사람들은 월드컵경기장 바로 옆에서 총격전이 벌어졌고 사람이 죽었단 사실을 까맣게 모르지요. 그저 밤하늘을 수놓는 아름다운 폭죽 ─으로 위장한 화염─의 광휘에 감탄할 뿐입니다. 그리고 이 모든 작전을 지휘했던 최윤수 대장이 수경대의 비리를 폭로하며 『YAHOO-대한민국 현대사에 기생했던 짐승들의 기록』은 막을 내립니다.

자수하러 갑니다. 이곳에 오기 전에 한 명을 사살했습니다. 세 정권 동안 살아남은 변신과 배반의 달인이죠. 김현 추적에 제일 애를 쓴 인간이기도 합니다. 막상 죽이고 나니 한 명에게 무슨 책임을 묻겠나 싶어 이곳에 온 겁니다. 제일 화가 나는 건 이 분노의 대상을 누군가로 단정하니 그건 아니더란 겁니다. 당시 그 시대의 공기를 지배했던 모든 것들을 처치하지 않는 한… 누구 한 명의 몫으로 정리되지 않을 거죠.

괴물의 배 속에서 비명을 지르는 사람들

대한민국은 급속도로 발전하고 변화해왔습니다. 어제까지 산이었던 자리가 골프장이 되고, 어제까지 공터였던 자리에 100층 건물이 세워지고, 어제 죽은 사람들을 오늘 안에 잊어야 하는. 어제를 기억하기 힘든, 혹은 어제를 기억하면 힘들어지는 세상이 되어버렸습니다. 김현과 무학도 머지않아 잊혔을 겁니다. 월드컵의 열기 속에, 혹은 더 충격적인 사건 사고들로 인해서 그들이 지른 비명은 이내 희미해졌을 테지요.

김현은 일찌감치 자신이 괴물의 배 속에 살아가고 있다는 사실을 깨달은 인물입니다. 무학은 그를 뒤쫓다 그 사실을 알아차렸죠. 그들은 그 괴물의 배 속을 뚫고 나가고 싶어 괴물의 살을 물어뜯었지만, 죽는 순간까지 그 안에 갇혀 있었습니다. 부딪칠 수도, 탈출할 수도 없는 현실 속에서 그들은 비명을 질렀습니다. 아니, 비명을 지르는 일밖에 할 수 없었습니다. 비명은 괴물 같은 세계를 살아가는 자의 숙명이기 때문입니다.

김현이 붕괴된 삼풍백화점 내부에서 비명을 지르는 장면을 보면 그의 모습은 새까맣게 칠해져 얼굴을 분간할 수 없습니다. 또 비명을 지르는 무학의 모습은 얼핏 보아서는 김현인지 무학인지 잘 구분이 가지 않습니다. 비명은 김현과 무학이 지르고 있지만, 사실 그 비명은 그들과 같은 시대를 살았던 이들의 비명이자 우리 모두의 비명이기도 합니다. 그들이 혼신의 힘을 다해 지른 비명은 전장의 북소리처럼 괴물의 배 속을 둥둥 울립니다. 설령 뱃가죽을 뚫고 나갈 수는 없을지라도, 희미해져 영영 사라지는 순간까지, 그 소리는 거대한 세계 속에 메아리칩니다.

2013년에 방영된 드라마 〈황금의 제국〉은 1990년부터 2010년까지 대한민국의 20년 경제사를 배경으로 대기업 신화의 명암과 거대자본의 괴물성을 적나라하게 보여준 작품입니다. 〈황금의 제국〉은 황금의 주인이 되기 위해 혈투를 벌이는 사람들의 이야기입니다. 그리고 그 중심에는 판자촌에서 태어나 성진그룹의 일원이 되는 출세의 아이콘, 장태주가 자리하고 있습니다.

장태주의 아버지는 30년 동안 리어카를 끌며 모은 돈으로 상가에 세를 얻어 밀면 가게를 차립니다. 하지만 상가가 있는 땅이 신도시 재개발 지구에 포함되면서, 장태주의 아버지는 9000만원을 들여 차린 가게에서 1000만원의 보증금만 받고 쫓겨날 처지가 되지요. 사람들은 손해배상을 포기하고 하나 둘 떠나가는데 아버지는 세상천지에 남의 돈을 날로 먹는 법은 없는 거라며 상가에 남아 끈질기게 농성을 합니다. 재개발 사업은 국가가 하는 일이라며, 그만 포기하라는 태주에게 아버지는 이렇게 이야기하지요.

> 태주야. 내는 평생 포기하고 살아왔데이. 돈 있는 놈이 인상 쓰면 무서버서 포기하고, 힘 있는 놈이 고함지르면 겁나서 포기하고. 태주야. 여기서 포기하면 내한테는 남는 게 아무것도 없데이. (…) 내는 그 돈 꼭 찾을 기다. 내는 태주야, 잘못한 게 없다.

X

장태주

명문대 법대생. 사법고시에 붙을 정도
로 머리가 좋고, 외모 또한 수려하다.
가지지 못한 것은 오직 돈뿐. 그리고 바
로 그 돈 때문에 아버지를 잃는다. 아버
지를 대신하여 이 세상의 승자가 되는
것이 인생의 목표. 그 목표에 어울리는
자리는 단 하나. 성진그룹의 회장 자리
뿐이다. 자질은 충분한데, 자격이 없는
것이 문제. 최동성의 아들이 아닌 것이
유일한 약점이자 그 최대의 약점이다.

X

최서윤

성진그룹 회장 최동성의 딸. 교수가 되
어 그룹과 무관한 삶을 살고 싶었으나,
최동성 회장은 못 미더운 장남 대신 그
녀를 후계자로 지목한다. 사촌오빠 최
민재와 서민의 아들 장태주가 '아버지
가 이룩한 것'들을 빼앗지 못하게 고군
분투하다, 꿈꾸던 삶으로부터 영영 멀
어진다. 언뜻 착해 보이지만 그건 어디
까지나 아버지 '최동성'과 성진그룹을
건드리지 않을 때의 이야기다.

X

최민재

성진그룹 부회장이자 최동성의 동생인 최동진의 장남. 그룹에
일찍 입사하여 누구보다 회사 내부사정을 잘 알고 있으며, 실적
도 많이 쌓았고, 경영능력도 있으나 최동성의 아들이 아니기에
번번이 그룹의 회장 자리에서 멀어진다. 최동성이 아버지의 몫
을 가로챘다는 걸 알기에, 최동성의 장남이 얼마나 한심한 인간
인지도 알기에, 더더욱 회장 자리가 탐나고 약이 오른다.

그런 아버지에게 태주는 모진 말로 대꾸합니다. 잘못은 아버지가 판단하는 게 아니고, 이긴 놈들이 판단하는 게 세상이라고. 그렇게 말하는 태주에게 아버지는 이번에는 한번 이겨보겠다고 다짐을 하며 끝끝내 상가를 지킵니다. 그러나 신도시 재개발 사업을 주도하던 성진건설의 최민재 사장은 용역 깡패를 불러 강제 철거를 지시하고, 강제 진압 중 발생한 화재로 태주의 아버지는 결국 전신 85% 3도 화상을 입고 생명이 위독해집니다. 수술을 하기 위해서는 3000만원이 필요한데, 집에 그런 돈이 있을 리가 없지요. 성진건설에서도 당장은 책임을 지지 않고요.

성진건설은 불구덩이에서 살아 나온 사람들을 곧바로 구속시키고, 피해자 대책위원회에 통보합니다. 사망자 보상금 합의가 이루어지기 전까지는 부상자 치료비도 지급하지 않겠다고. 이 통보는 필연적으로 사망자 가족과 부상자 가족의 갈등을 유발합니다. 부상자 가족은 중환자실에 누워 있는 내 가족을 살리기 위해 ─사람 할 짓이 아니란 걸 알면서도─ 합의를 재촉할 수밖에 없거든요. 이 과정에서 양측은 도덕적 타격을 입습니다. 부상자 가족은 내 가족 살리자고 방금 가족 잃은 사람을 들볶는 파렴치한이 되고, 사망자 가족은 돈에 눈이 멀어 남의 가족 죽어가는 걸 방치하는 파렴치한이 되어버리지요. 그렇게 피해자는 사라지고 밑바닥을 드러낸 인간만 남습니다. 가해자의 모습은 어라, 온데간데없네요.

태주는 범죄를 저지르고 3000만원을 마련해오지만, 아버지는 태주가 도착한 순간 숨을 거두고 맙니다. 그는 아버지의 임종도 보지 못하고 연행됩니다. 태주는 구치소에 갇힌 상황에서 돌아가신 아버지의 환상을 보게 되는데요. 죄송하다고 사과하는 태주에게, 아버지는 평생 그의 정신을 사로잡을 말을 남깁니다.

> 태주야. 니는 이기라. 아버지가 한 번도 못 이겨본 이 세상에서 태주 니는 꼭 한 번 이기봐라!

아버지의 혼령을 만나고 복수에 사로잡힌 햄릿처럼, 태주는 아버지의 환상이 남긴 말에―혹은 그 자신이 만들어낸 환상에― 집착하게 됩니다. 그는 『YAHOO』의 김현처럼 평생을 아버지의 죽음에 얽매이게 된 것입니다. 김현도 장태주도 건물로 인해 아버지를 잃는다는 공통점을 지니고 있습니다. 한 아버지는 무너진 건물에 압살당하고, 한 아버지는 무너트려야 하는 건물에 버티고 있다 불에 타 죽지요. 부실공사와 재개발이라는 부동산 신화의 두 얼굴은 착해빠진 두 아버지를 죽음으로 내몹니다. 그리고 아버지의 죽음 앞에서 두 아들들은 다른 선택을 합니다. 한 아들은 아버지로부터 도망치는 선택을. 한 아들은 아버지가 한 번도 이겨보지 못한 세상에 승리하여, 아버지의 한을 풀어드리기 위한 선택을.

장태주는 부동산 시행사를 차려 많은 돈을 법니다. 그는 머지않아 깨닫습니다. 돈을 벌려면 땀을 흘려서는 안 되고, 남의 땀을 훔쳐야 한다는 사실을요. 그렇게 열심히 훔쳐낸 남의 땀으로, 장태주는 아버지를 죽음으로 몰아넣었던 성진건설 최민재 사장과 대등한 위치까지 올라갑니다. 이미 서로에게 철천지원수가 된 두 사람이지만, 장태주와 최민재는 '성진그룹 입성'이라는 공동의 목표를 이루기 위하여 손을 맞잡게 되지요.

> 성진그룹의 최동성 회장. 사인 하나로 수조원의 투자를 결정하고,
> 말 한마디로 수천억의 현금을 움직이지. 식탁에서 밥을 먹다가 백
> 화점 주인이 바뀌기도 하고, 수백억의 돈을 날리고도 아버지에게
> 꾸지람 한 번 들으면 끝나는 곳이지. 나 거기서 왔다. 다시 거기로
> 갈 거야. 태주야. 같이 가자. 황금의 제국으로.
>
> ―극중 최민재의 말

물론 이 연합은 금방 깨집니다. 아니, 황금의 제국에서는 어떤 연
합도 길게 유지되지 못합니다. 그들은 언제나 '함께 황금의 주인이
되자.'며 상대방의 손을 잡지만, 막상 주인의 자리가 가까워지면 가
차 없이 그 손을 놓아버립니다. 승자는 한 명뿐이고, 단 한 명의 승
자가 황금 전부를 독식하게 되어 있다는 사실을 너무나 잘 알고 있
으니까요.

장태주, 최서윤, 최민재를 필두로 성진그룹을 탐내는 모든 이들
은 연합과 배신을 끝없이 되풀이합니다. 물론 배신의 대가는 혹독
합니다. 어느 이상의 돈을 벌기 위해서는 필히 부정을 저질러야 하
고, 그 부정의 증거 역시 누군가가 반드시 간직하고 있거든요. 증거
를 쥔 자는 상대가 회장 자리에 가까이 다가섰을 때 부정을 폭로해
그를 주저앉히거나, 증거를 미끼로 거래를 합니다. 그런 식으로 〈황
금의 제국〉의 등장인물들은 차례로 검찰에 들락거리지요. 흥미로
운 사실은 부정의 크기와 벌의 크기가 일치하지 않는다는 사실입니

다. 더 적은 인맥을 가지고 있는 사람이, 혹은 대신 죄를 뒤집어써 줄 충신이 더 적은 사람이 가장 큰 벌을 받습니다. 그리고 이 점에서 최동성의 자식들은 장태주나 최민재보다 훨씬 유리한 입장에 서 있습니다.

속내는 이리도 추악하지만, 겉으로 보이는 성진그룹 일가는 많은 이들의 부러움을 삽니다. 그들이 사는 공간은 웅장하고, 그들이 입은 옷은 고급스러우며, 그들의 언어는 우아하기 때문이지요. 그들은 서로의 목에 칼을 들이댈 때조차 온갖 비유를 사용하며 은근한 미소를 짓습니다. 전문가들이나 알아들을 경제용어를 생활 언어로 쓰기 때문에, 드라마를 보는 보통 사람들은 그들의 대화를 따라가는 것조차 벅찰 지경이지요. 하지만 최동성 일가의 사람들은, 식탁에서 밥을 먹으며 그런 대화를 주고받습니다. 그들은 날씨나 자식 이야기를 하듯 그룹 경영에 대한 의견을 나누고, 밥상머리에서 서로를 끌어내릴 생각에 골몰합니다. 이쯤 되니 그들의 삶은 부럽기보다는 무섭습니다. 그들이 황금을 부리는 것이 아니라, 마치 황금이 그들을 부리는 것처럼 보이거든요.

도둑들

아버지하고 한 약속은 지켰습니다. 장봉구의 아들 장태주가 성진 그룹의 회장이 될 겁니다.

—극중 장태주의 말

〈황금의 제국〉에서는 『일리아스』처럼 아버지의 이름을 형용사로
사용합니다. 2013년에 방영된 드라마가 기원전 8세기에 쓰인 영웅
서사시의 전통을 따르고 있는 셈이죠. 『일리아스』와 다른 점은 아
버지의 이름에 다양한 의미가 담겨 있다는 점입니다. 영웅서사시에
서 아버지의 이름은 보편적으로 인정과 존경의 의미를 담고 있습니
다. 내 아버지, 남의 아버지를 가리지 않고 말이지요. 아들의 이름에
앞세워지는 아버지는 아무튼 내세울 만한 점이 있어야 합니다. 최
소한 귀족이기라도 해야 하지요. 영웅일 경우에는 아들의 이름보다
더 많이 언급될 정도입니다.

　〈황금의 제국〉에서는 아버지의 이름에 멸시와 동정의 감정을 더
합니다. 최서윤이 자신의 아버지를 이야기할 때는 존경, 장태주와
최민재가 자신의 아버지를 이야기할 때는 멸시와 동정, 장태주와
최서윤이 서로의 아버지에 대해 이야기할 때는 온전한 멸시입니다.
호의든 적의든, 〈황금의 제국〉에서 아버지의 이름이 끊임없이 언급
되는 이유는 자식들이 영웅이 되려 하기 때문입니다. 장태주와 최
민재는 제각기 자신을 주인공으로 한 영웅서사를 가지고 있습니다.
그들은―아버지처럼―'지고 나서 쫓기는 짐승'이 아니라 '싸움에
서 이기는 영웅'이 되고 싶어 합니다. 그들의 최종목표는 최동성의
초상화가 걸린 자리에 자신의 초상화를 걸고, 성진그룹에서 최동성

의 이름을 지우는 것입니다. 괴물을 퇴치하고 왕좌에 오르는 서사지요.

최서윤은 상황이 좀 다릅니다. 아버지가 싸움에서 이긴 영웅이라 굳이 새로운 영웅서사를 써 내려갈 필요가 없거든요. 그녀의 임무는 아버지가 만든 성진그룹을 잘 키워 대물림하는 것입니다. 즉 왕조를 지키는 것이죠. 건국 영웅 최동성의 이름을 지켜내기 위해 그녀는 왕좌를 위협하는 괴물들과 쉼 없이 전쟁을 치릅니다. 이것은 얼핏 욕심이 아니라 효심처럼 느껴집니다. 아버지를 위해 인당수에 몸을 던진 심청처럼, 최서윤도 아버지를 위해 성진그룹에 투신한 효녀로 보이거든요. 하지만 최서윤의 효심에는 근본적인 오류가 숨겨져 있습니다.

성진그룹의 초석은 최동성, 최동진 형제가 세운 80평짜리 시멘트 공장이었습니다. 전쟁고아였던 형제는 둘이서 고구마 한번 배불리 먹어보자고 시멘트를 만들어 팔았습니다(그나마도 불량시멘트였지만…). 그래서 회사 이름도 성진(최동'성'+최동'진')이 된 거고요. 그러니까 성진그룹은 시작부터 최동성 혼자 만든 회사가 아니었던 겁니다. 42개의 계열사 또한 손수 일군 것이 아니라, 멀쩡한 기업을 자금 압박해서 인수한 것이 대부분이고요. 이 과정에서 최동성은 수차례 고소를 당하고 검찰 조사를 받았습니다. 최동진은 형을 대신해 3번이나 옥살이를 하지요. 그 대가로 그룹의 절반을 주겠다는 약속이 있었지만, 공수표가 되어버렸죠. 황금의 제국은 그렇게 만들어졌습니다. 이쯤 되면 황금의 제국이 아니라 강도의 소굴이라 불러야 할 판이지만, 최동성의 자식들이 기억하는 아버지는 다릅니다. 그들에게

YAHOO vs 황금의 제국

아버지는 강자일지언정 강도는 아닙니다. 군자가 풍문이 되고, 대도 大盜가 신화가 되는 세상에서 태어났으니, 별수 없는 노릇이지만요.

이 세상에 아버지는 많지만 성진그룹을 일군 건 우리 아빠뿐이니까.

성진 제철, 그룹의 상징이에요. 아빠가 땀 흘려 만들었고 아빠 인생에서 반드시 지켜주고 싶은….

─이상 극중 최서윤의 말

최동성의 자식들은 성진그룹(황금의 제국)과 자신을 동일시합니다. 그들에게 성진그룹은 아버지 최동성이 만든 것이고, 그렇기 때문에 당연히 자신들의 것이며, 대대손손 최씨 일가만이 영유해야 할 소유물인 것입니다. 최동성의 자식들은 아버지가 남긴 황금을 독차지하려고 끝없이 서로의 뒤통수를 치지만, 가족 외부에서 적이 나타나면 똘똘 뭉쳐 그를 밀어냅니다. '싸워도 최씨끼리 싸운다.'는 논리이지요. 판자촌 출신의 장태주는 물론이고, 사촌 최민재도 그들에게는 외부 침입균일 뿐입니다. 외부 침입균은 으레 격렬한 거부반응을 불러일으키는 법이죠.

최서윤도 성진그룹의 회장 자리를 지키려 할 때 항상 '성진그룹을 지킨다.'는 표현을 씁니다. 하지만 그녀가 지키려 하는 것은 회장 자리일 뿐, 성진그룹이 아닙니다. 그들은 그런 식으로 자신을 속입니다. 최동성 일가에게서 성진그룹의 회장 자리를 빼앗아가려고 하는 자는 '성진그룹을 위협하는 자'라고.

이와 같은 오류는 재벌을 소재로 하는 수많은 드라마에서 어렵지 않게 찾아볼 수 있습니다. 드라마는 보통 이런 식으로 진행됩니다. 회장은 누가 봐도 꼴통인 '후계자(본부장)'를 경영수업이라는 명목하에 말단직으로 내려보냅니다. 후계자는 그곳에서 외로워도 슬퍼도 울지 않는 캔디 같은 아가씨를 만나 사랑에 빠집니다. 사랑의 힘으로 각성(?)한 후계자는 뒤늦게 회사 일을 공부하기 시작합니다. 치트키라도 쓴 건지 후계자 능력치가 기적적으로 상승합니다. 주변 사람들은 한마음이 되어 '우리 도련님'을 도와줍니다. 단 한 사람, 개천에서 난 용(이하 개천용)만 빼고.

이런 드라마에는 필수적으로 집안은 별 볼 일 없으나 능력은 매우 출중한 개천용이 등장합니다. 그는 꼴통인 후계자가 회사를 이어받는 게 영 불만입니다. 해소되지 않는 불만은 그로 하여금 회장이 되고 싶다는 야심을 품게 하죠. 능력으로 보나, 회사에 기여한 바로 보나 그가 회장 자리에 더 적합한 인물임은 분명합니다. 하지만 회장직은 결국 후계자의 몫입니다. 개국공신이든, 최대주주든, 다 쓰러져가는 회사를 혼자 일으켜 세웠든, 핏줄 앞에서는 다 무용지물입니다. 회장 일가는 물론 다른 등장인물들까지 회사는 후계자가 물려받는 게 순리라고 생각하는걸요. 개천용은 결국 믿고 키워주신 회장님의 은혜(?)도 모르고 감히 회사를 가로채려 한 도둑으로 전락합니다(능력이 있어서 승진한 게 왜 은혜를 입은 게 되는지는 의문입니다만…). 최악의 경우 감옥에 가는 것으로 끝이 나기도 하지요.

개천에서 용이 나고. 전쟁고아가 재벌도 되고. 그런데, 이젠 땅이

굳었어요.

−극중 최서윤의 말

  개천용이 처음부터 개천에서 난 도둑 취급을 받았던 건 아닙니다. 과거의 드라마에서는 오히려 자수성가와 인생역전의 아이콘으로 다루어졌지요. 자수성가와 인생역전이 가능하다고 믿던 시대에는 개천용이 트렌드였고, 이야기의 중심이었습니다. 땅이 굳은 이후, 개천용은 경영권 승계 드라마의 갈등요소로 다루어집니다. 개천용이 장애물(도둑)로 전락하면서 경영권 승계 드라마는 성장 드라마의 성격을 띠게 됩니다. 성장 드라마가 되면서 시청자는 자연스럽게 후계자의 편을 들게 됩니다. 시청자는 보편적으로 장애물을 뛰어넘는 인물에게 이입하기 마련이거든요. 여기에 캔디와의 로맨스까지 더해지니, 그를 응원하지 않을 도리가 없지요. 이 과정에서 후계자의 자질에 대한 의문이나, 승계 방식의 정당성에 대한 의문은 자취를 감추게 됩니다.

  최근에는 개천용이 경영권 싸움에서 아예 제외된 경우도 적잖이 볼 수 있습니다. 이 경우에는 후계자 VS 개천용의 구도가 후계자(1) VS 후계자(2)의 구도로 대체됩니다. 장남−차남이든, 적자−서자든 회장의 피가 섞여야만 경영권 싸움에 참여할 수 있지요. 여기에 한 술 더 떠 개천용이 알고 보니─어릴 때 버려지거나 납치된─재벌의 자제였다는 트릭도 활용되고 있습니다. 이 트릭을 쓰면 한 인간이 자신의 운명을 개척하는 서사가, 금수저가 원래의 자리를 되찾아가는 서사로 탈바꿈합니다.

경영권 승계 드라마가 담고 있는 메시지는 결국 '될놈될 안될안'입니다. 초등학생 때 대한민국 주식 부자 순위에 오르고, 스물다섯 살에 상무가 된 최서윤은 그 존재 자체가 메시지입니다. 그녀는 장태주에게 말합니다. 장봉구의 아들인 넌 못 이긴다고. 네가 왔던 판자촌으로 돌아가라고. 리어카 한 대는 사주겠노라고. 개천에서 난 용 장태주를 좌절시키는 것은 다름 아닌 그 메시지입니다. 〈황금의 제국〉 마지막 회에서 그가 토해내는 절규는 우리에게 기억하라고 다그치는 듯합니다. 로맨스와 성장 드라마라는 포장 속에 감추어졌던 의문들을.

> 최원재가 망쳐놓은 성진카드, 내가 살려냈습니다. 박은정이 적자 낸 백화점, 내가 바로 서게 했습니다. 손동휘가 떠안은 빛 천칠백억, 그거 내가 갚아줬습니다. 내가 했습니다. 내가! 주식도 있습니다. 성과도 있습니다. 왜 안 됩니까. 내가 성진그룹의 회장이 되면 왜 안 됩니까? 장봉구의 아들이라서 안 됩니까. 최동성의 아들은 앞을 못 보는 장님이라 해도 운전을 해도 되고! 장봉구의 아들은 면허증이 있어도 운전석에 앉으면 안 됩니까!

고래여!
나는 너에게 달려간다

장태주는 조금씩 성진그룹의 회장 자리에 가까이 다가갑니다. 그 때문에 최동성 일가는 그간의 갈등을 일체 묻어버리고 하나로 뭉치게 되죠. 그들에게 있어 외부 침입균이었던 최민재까지요. 최동성의 자식들에게 배척당했던 그가, 자신의 세계 외부에 존재하는 장태주를 똑같이 배척하고 있는 것입니다. 최씨 일가들은 기관투자자, 전국경제인연합회, 한국경영자총협회, 재계 어르신들까지 총동원해서 장태주의 손발을 묶어놓습니다. 이 어마어마한 인맥이야말로 최서윤이 말했던, 판자촌 출신인 장태주가 딱 한 가지 가질 수 없는 것이겠죠. 지금까지 회장 자리에 다가가기 위해서 얼마든지 장태주와 손을 잡고 그를 십분 활용했던 이들이, 이번에는 그를 토끼몰이 하여 다 같이 때려잡으려 합니다. 우리 아빠가 만든 성진그룹을 판자촌 출신의 장태주가 가지는 것은, 자신이 회장이 되지 못하는 것보다 더 참을 수 없는 일이니까요.

어느 마을 숲속에 괴물이 살았습니다. 아무도 괴물을 본 적이 없었습니다. 두려웠죠. 매년 처녀를 제물로 바치고, 풍년이 들면 소를 잡아 제사도 지냈습니다. 그런데, 나 숲속에 들어가서 그 괴물을 봤습니다. 숲속에 있는 거, 사람들이 두려워한 거, 괴물이 아니라 벌레였습니다. 숲속에 숨어 우리의 두려움을 즐기는…. 벌레. 벌레 대신 내가 그 숲의 주인이 되겠습니다. 초가집에 사는 마을 사람들 우리가 부추깁시다. 숲속의 나무를 잘라서 기와집을 지어주겠다고. 그 괴물을 잡으러 가자고! 내가 앞장설 겁니다.

－극중 장태주의 말

괴물의 배 속에서 비명을 지르는 사람들

〈황금의 제국〉은 대부분의 장면이 실내 세트에서 촬영되었습니다(야외 촬영이 적어서 스태프들이 물개박수를 쳤다는 설도 있지요). 계속해서 같은 공간에 머물러 있는 인물들은 그곳에 갇혀 있다는 인상을 줍니다. 성진그룹의 회장실은 엘리베이터 정면에 있는데, 그 때문에 엘리베이터에서 내리는 성진그룹 일가는 언제나 '회장실'의 존재를 반강제적으로 눈에 새겨 넣을 수밖에 없습니다. 그들의 눈에 그곳은 황금의 낙원으로 통하는 유일한 입구, 혹은 황금의 미궁에서 빠져나갈 수 있는 유일한 출구처럼 보일 테지요.

회장 자리를 코앞에 두고 제동이 걸린 장태주는 무모한 사업을 벌입니다. 누가 말려도 물러설 줄을 모르고, 앞을 장담할 수 없는 모험에 힘겹게 쌓아온 전부를 걸고 폭주하기 시작하죠. 그런 그의 모습은 마치 허먼 멜빌의 소설 『모비 딕』에 나오는 에이해브 선장과 흡사합니다. 모비 딕Moby Dick은 수많은 포경선을 침몰시키고, 수많은 고래잡이들을 물귀신이나 불구자로 만든 거대한 흰 고래의 이름입니다. 에이해브 선장 역시 모비 딕에게 한쪽 다리를 빼앗겼죠. 장태주에게 성진그룹은 바로 다리 한쪽을 앗아간 모비 딕과 같은 존재입니다. 에이해브 선장이 모비 딕에 대한 복수심 때문에 자신과 선원들을 파멸로 몰아넣었듯 장태주 역시 자신을 파멸로 몰아넣습니다.

에이해브 선장에게 '에이해브는 에이해브를 경계해야 한다.'고 충고하고, 잠든 그에게 총구를 겨누었던 1등 항해사 스타벅처럼, 장태주의 측근들도 몇 번이고 그를 폭주 기관차에서 끌어내리려 합니다. 하지만 그는 멈추지 않습니다. 아니, 멈출 수 없습니다. 마음 한구석에서는 자신도 파멸할 걸 알지만 그럴 수가 없습니다. 그는 이겨야만 합니다. 이기지 않으면, 아버지는 영원히 패배자니까요. 장봉구의 아들 장태주가 회장 자리에 앉아야만 아버지를 무릎 꿇린 세상에 완벽한 복수를 할 수 있으니까요.

> 모든 것을 파괴하지만 정복하지 않는 고래여! 나는 너에게 달려간다. 나는 끝까지 너와 맞붙어 싸우겠다. 지옥 한복판에서도 너를 찔러 죽이고, 증오를 위해 내 마지막 입김을 너에게 뱉어주마. 관도, 관대도 모두 같은 웅덩이에 가라앉혀라! 어떤 관도, 어떤

관대도 내 것일 수는 없으니까. 빌어먹을 고래여, 나는 너한테 묶여서도 여전히 너를 추적하면서 산산조각으로 부서지겠다.

－허먼 멜빌, 『모비 딕』, 에이해브의 말

무모한 사업을 벌이다 궁지에 몰린 장태주는 결국, 쥐꼬리만큼 남아 있던 최후의 양심마저 짓밟고 맙니다. 한강 도심 개발 사업을 방해하는 기존 세입자들에게, 자신의 아버지와 똑같은 상황에 내몰린 그들에게—아버지가 당했던 것과 똑같이—경찰에 협조를 요청하여 용역 깡패를 쓴 것이죠. 최씨 일가에게 '나는 당신들과 다르다.'고 당당히 이야기하던 장태주는 벼랑 끝에 내몰린 순간, 그들과 똑같은 괴물이 되어버리고 맙니다. "괴물과 싸우는 사람은 그 싸움 속에서 스스로도 괴물이 되지 않도록 조심해야 한다. 우리가 괴물의 심연을 오랫동안 들여다본다면 그 심연 또한 우리를 들여다보게 될 것"이라는 니체의 말처럼, 오랫동안 황금의 제국만을 들여다보고, 그곳과 씨름해온 장태주는 어느새 황금의 제국의 일부가 되어버리고 만 것이지요.

장태주는 결국 황금의 전쟁에서 패배하게 됩니다. 최동성이 만든 세상에서 최동성의 자식들에게 이길 수는 없었던 겁니다. 황금의 제국의 정상에 닿기 위해 저질렀던 죄들이 만천하에 까발려지고, 장태주는 검찰의 부름을 받게 됩니다. 그는 자신에게 남아 있는 돈으로 한강 도심 개발 사업의 피해자들에게 보상금을 지급하고, 끝까지 자신 곁에 있어주었던 사람들에게도 돈을 나누어준 뒤, 아버지의 뼛가루를 뿌렸던 부두로 가 바다에 몸을 던집니다. 죽음을

아버지를 돕기 위해 과외교사 자리를 알아보러 다니던 시절의 장태주^{왼쪽}.
아버지와 같은 상황에 놓인 세입자들에게 용역 깡패를 쓰라고 명령을 내리는 장태주^{오른쪽}.
괴물과 힘겨운 사투를 벌이던 그는 끝끝내 스스로 괴물이 되어버리고 맙니다.

앞둔 그의 얼굴은 총 24회의 드라마가 진행되는 동안 보아왔던 것 중에, 가장 개운한 표정입니다. 그에게선 더 이상 괴물의 심연을 찾아볼 수 없지요. 그는 죽는 순간에야 인간으로 돌아온 것입니다.

반면 황금의 전쟁에서 승리한 최서윤은 커다란 저택에 혼자 살며, 아무도 없는 식탁에서 혼자 밥을 먹습니다. 성진그룹을 장태주와 최민재에게서 지켜낸 최서윤은 미소 짓기는커녕 회장실에 걸린 아버지의 초상화 앞에서 어린아이처럼 울음을 터트립니다. '좋은 사람이 되지 마라. 남들이 두려워하는 사람이 되거라.'는 최동성의 말처럼, 그녀는 사람들이 두려워하는 숲속의 괴물이 되었습니다. 그녀 혼자 남겨진 숲속에는 괴물을 잡으려는 적들이 앞으로도 쉴 새 없이 몰려오겠지요. 그녀는 영원히 숲을 떠날 수 없을 것입니다. 그리고 숲을 더욱 견고한 요새로 만들기 위해, 아버지가 땀 흘려 만든 성진그룹을 지키기 위해, 피 묻은 황금을 계속해서 끌어안고 있을 것입니다.

괴물의 배 속에서 비명을 지르는 사람들

리바이어던의
배 속에서

성수대교 붕괴 사고가 일어났을 당시 저는 초등학생이었습니다. 텔레비전 화면 가득 끊어진 다리와, 울부짖는 사람들의 얼굴이 클로즈업되었습니다. 현실 같지 않았습니다. 영화에서도 그런 장면은 본 적이 없었습니다. 그 사고로 어린 시절 저를 업어주던 동네 언니가 죽었습니다. 언니는 등교하는 길에 죽었습니다. 1년 뒤에는 언니의 아버지가 돌아가셨습니다. 어른들은 언니가 아버지를 데려갔다고 했습니다. 언니의 아버지가 돌아가시던 해 삼풍백화점이 붕괴되었습니다. 근처에 살고 있었던 터라 피해자나 사망자에 관련된 이야기를 심심찮게 들을 수 있었습니다. 운 좋게 살아남은 사람도 많았습니다. 저는 당일 삼풍백화점에 갈 계획이 없었지만, 제가 생존자로 느껴졌습니다. 삼풍백화점에 한 번이라도 가본 사람이라면 비슷한 감정을 느꼈을 겁니다. 내가 아니어서 다행이다. 내 가족이 아니어서 다행이다.

참사를 연달아 목격한 이후 저는 다리를 건널 때나 오래된 건물에 들어갈 때면 그것이 붕괴되는 상상을 했습니다. 그리고 그런 상황이 닥쳤을 때 어떻게 하면 살아남을 수 있을지 궁리했습니다. 그것은 참사가 남긴 후유증이었습니다. 저는 어른이 되고 나서 이것이 사회적 트라우마라는 걸 알게 되었습니다. 강사로 일하던 시절 이 이야기를 들려준 적이 있는데, 아이들은 처음에는 이것을 이해하지 못했습니다. 하지만 세월호 참사 이후 아이들은 제 이야기에

김현과 신무학, 장태주는 모두 물에 빠져 죽습니다. 김현과 무학은 한강에 쓰레기처럼 버려지고, 장태주는 포효하는 바다로 자진해서 걸어 들어갑니다. 이들은 익사하기 이전에 이미 난파되어, 침몰하는 존재였습니다. 그 사실을 알면서도 끝까지 배에서 뛰어내리지 않았을 뿐. 『YAHOO』와 〈황금의 제국〉은 결국 건물로 아버지를 잃은 아들들이 리바이어던과 사투를 벌이다 수장水葬되는 이야기입니다. 아버지의 복수를 완수하지 못하고 익사하는 햄릿들의 이야기로 볼 수도 있겠네요.

×

(위부터) 성수대교 붕괴 참사, 삼풍백화점 붕괴 참사,
대구 지하철 화재 참사, 세월호 참사.

공포로부터 자유로울 수 없었던 토머스 홉스의 삶처럼, 대한민국의
현대사 역시 불합리한 공포로부터 자유로울 수 없었습니다.

고개를 끄덕이게 되었습니다. 아이들은 자기가 탄 배에 문제가 생기면 무조건 갑판으로 뛰어나가겠다고 말했습니다. 평생 배를 타지 않겠다고도 했습니다. 안타깝게도 우리는 또다시 사회적 트라우마를 공유하게 된 것입니다.

사회적 트라우마는 불합리한 공포로부터 탄생합니다. 붕괴되어서는 안 되는 것이 붕괴되고, 구조될 수 있는 사람들이 구조되지 못하는 불합리함, 그것이 주는 공포와 맞닥뜨렸을 때 저는 압도적인 무기력함을 느꼈습니다. 제가 안전망이 확보된 사회 속이 아니라, 러시안룰렛과 같은 확률의 세계에서 살고 있다는 걸 깨닫게 된 겁니다. 확률이 나를, 내 사람을 비껴갈 때마다 감사하고 안도하는 그 불합리한 공포야말로 제가 세상을 살면서 만난 가장 괴물적인 존재란 생각이 듭니다. 불합리한 공포 앞에서는 망연자실 말고 딱히 할 수 있는 일이 없으니까요.

> 그 앞에서는 아무도 이길 가망이 없어 보기만 해도 뒤로 넘어진다.
> 건드리기만 하여도 사나워져 아무도 맞설 수가 없다. 누가 그와
> 맞서서 무사하겠느냐? 하늘 아래 그럴 사람이 없다.
> 지상의 그 누가 그와 겨루랴. 생겨날 때부터 도무지 두려움을 모
> 르는구나. 모든 권력가가 그 앞에서 쩔쩔매니, 모든 거만한 것들
> 의 왕이 여기에 있다.
>
> ─「욥기」, 41장 1절~34절 중 리바이어던에 관한 묘사

컴컴한 속을 무인카메라가 서서히 움직였습니다. 시체가 가득 찬 어

느 공간에서 천천히 카메라를 360° 돌렸습니다. 산처럼 쌓인 시체들이 보였고… 그 가운데… 시체들 가운데… 왕처럼 거만한 표정으로 카메라를 쏘아보고 있는 김현이 보였습니다. 카메라를 들더니 시체들을 비추더군요. 잘려나간 팔다리, 으깨어진 머리…. 그리곤 비명을 질러댔죠. 비명이라기보다… 울부짖는 것 같았어요…. 사자나 맹수마냥 그렇게 소름끼치는 소리는 처음이었습니다.

-『YAHOO』, 삼풍백화점 붕괴사고에서 김현을 목격한
구조대원의 말

『리바이어던』의 저자 토머스 홉스는 자신이 공포와 쌍둥이로 태어났다고 말했습니다. 그 이유는 스페인의 무적함대가 영국으로 쳐들어온다는 소문을 들은 어머니가 그를 조산했기 때문입니다. 이후에도 홉스의 삶은 여러 종류의 공포로부터 자유로울 수 없었습니다. 영국사에서 가장 격동적인 시기를 살았던 홉스는 안전과 평화, 법적 질서를 최고의 가치로 삼았습니다.[2] 그리고 그 가치들을 지켜내기 위해 절대 주권을 가진 국가를 세워야 한다고 주장했습니다. 그 국가에 대한 방대한 설명서가 바로 『리바이어던』입니다.

책의 제목인 리바이어던Leviathan은 구약성경 「욥기」에 나오는 바다 괴물로, 이 괴물은 하느님의 무한한 힘을 나타내는 증거로서 하느님이 만들고 또 이용하는 짐승으로 묘사되어 있습니다(『모비 딕』에서는 리바이어던을 '고래'로 추정합니다).[3] 홉스는 이상적인 국가가 바로 이 바다 괴물과 같아야 한다고 생각했습니다. 국가가 괴물과 같아야 하는 이유는 '만인에 대한 만인의 투쟁'을 끝내기 위해서입니다.

『리바이어던』초판 표지 중 일부.

홉스는 문명 이전의 원초적 자연 상태에서 제일 무서운 공포는 바로 '폭력적 죽음'이라고 지적했는데요. 만인이 서로 투쟁하였던 자연 상태에서는 언제 어디에서 누구에게 맞아 죽을지도 모른다는 공포심이 있었기에, 인간에게 제일 중요한 것은 바로 '자기보호'라고 보았습니다. 그리고 이런 무자비한 자연 상태를 벗어나기 위해서는 사회의 안전과 평화를 지키도록 하는 힘, 즉 리바이어던처럼 강력하고 무시무시한 국가가 필요하다는 결론에 도달한 것이죠.

『리바이어던』의 표지를 보면 왕관을 쓴 리바이어던(절대권력)이 오른손에는 국가의 힘을 상징하는 칼을, 왼손에는 종교적 권위를 상징하는 사교장을 들고 있습니다. 리바이어던의 몸체는 그를 우러러보는 수많은 사람들로 이루어져 있지요. 사람들이 다른 곳을 보지 않고 오직 리바이어던의 얼굴만을 향하고 있는 것은 국가의 힘과 권위 안에서 개인의 '자기보호'가 확보될 수 있음을 나타내줍니다.[4]

괴물의 배 속에서 비명을 지르는 사람들

하지만 국가가 '자기보호'를 확보해주지 않는다면? 국가라는 틀 안에서 개인이 여전히 폭력적 죽음에 노출되고 있다면? 우리는 안전과 평화를 지켜주는 리바이어던이 아니라, 괴물 리바이어던의 배 속에 갇힌 꼴이 되겠지요. 그리고 그 배 속의 한 부분을 비추어보면 삼풍백화점의 잔해 속에 시체와 함께 누워 있는 김현의 모습이 보일 것입니다. 침몰하는 배 안에서 가만히 구조를 기다리는 세월호 승객들의 모습도 볼 수 있을 테고요.

괴물의 배 속에 오래 살다보면 그것의 뱃가죽을 보호막 또는 세계의 울타리로 착각하게 됩니다. 그것이 나의 안전과 평화를 지켜준다고 믿게 되는 거죠. 모두가 그런 건 아닙니다. 괴물의 배 속에서 살아가고 있다는 사실을 기어코 깨닫는 이들이 있습니다. 이곳이 괴물의 배 속임을 도저히 모른 척할 수 없는 이들이 있습니다. 공포에 익숙해지고, 세상에 무감각해진 사람들은 이들을 배척합니다. 천천히 자신을 녹이는 괴물의 위액보다 이들이 더 위협적인 존재로 느껴지기 때문입니다. 누군가는 말합니다. 그만하라고. 시끄러워서 살 수가 없다고. 철학자 니체는 말년에 채찍을 맞으면서도 꼼짝 않는 말을 부둥켜안고, 채찍질을 멈추라고 울부짖다 정신착란을 일으켰다고 합니다. 그에게는 타인의 고통이 확성기를 댄 것처럼 크게 들렸던 모양입니다. 그는 미쳤을지언정 괴물은 아니었습니다. 타인의 고통에 공감하지 못하는 것이야말로 괴물의 기본 조건이니까요.

우리는 영화나 소설 속에서 괴물이 일말의 연민이나 동정도 없이 인간을 몰살시킬 때 공포를 느낍니다. 하지만 우리가 공포를 느끼는 것은 괴물의 무자비함이 아닙니다. 우리가 공포를 느끼는 이유는 타인의 고통에 반응하지 않는 괴물에게서 기시감을 느끼기 때문입니다. 우리조차 모르고 있던 공포가 눈앞의 괴물로 인해 형태를 갖추고 보이기 때문입니다. 괴물은 여전히 "우리들 자신에 대해 말할 것이 있거나 보여줄 것"을 가지고 있기 때문에 계속해서 되돌아옵니다.[5] 비록 그들이 오락으로 향유되고 소비될지라도.

소설가 제임스 조이스는 '역사란 몸부림치도록 깨어나고 싶은 악몽'이라는 말을 남겼습니다. 우리는 때로 그 악몽을 외면하기 위

『YAHOO』의 마지막 장면.
최윤수 대장이 목숨을 걸고 폭로한 수경대의 비리에 대해
다양한 반응을 보이는 사람들.
대부분의 사람들이 진실을 귀찮아하고 불편해합니다.

괴물의 배 속에서 비명을 지르는 사람들

아트 슈피겔만의 만화 『쥐』의 한 장면.
블라덱은 아우슈비츠 이야기를 믿으려 하지 않습니다.
그것이 감당할 수 없는 현실이기 때문입니다.
그는 결국 훨씬 더 끔찍한 현실과 마주하게 됩니다.

해 승리와 영웅의 역사만을 기억하고, 그 역사를 긍정적으로 기록
한 이야기만을 찾아보지요. 『YAHOO』는 그 악몽을 충실히 재현한,
대한민국 현대사의 기록입니다. 그리고 김현은 자신의 몸을 던져
그 악몽의 주인공이 된 인물입니다. 반면 장태주는 '황금의 제국'의
주인이 되려 한 인물입니다. 김현이 어쩔 수 없이 괴물의 배 속에
갇힌 인물이라면, 장태주는 스스로 괴물의 배 속으로 걸어 들어간
인물입니다. 그들이 괴물과 대면할 때 우리는 그들을 테러리스트
나, 개천에서 난 용으로 칭하며 자신과는 무관한 일처럼 지켜봅니
다. 하지만 우리 또한 그들과 같은 세계에 갇혀 있습니다. 그들도 우
리도, 괴물 같은 세계를 구성하는 일원인 것입니다. 그렇기 때문에
우리는 김현의 비명과 장태주의 절규에 귀를 기울여야 합니다. 괴
물 같은 세상에 그들 혼자 남겨두어서는 안 될 일이기에. 우리의 역

사를 몸부림치도록 깨어나고 싶은 악몽으로 두어서는 안 될 일이기에. 등을 돌리고 귀를 틀어막는 대신, 그들이 보내는 SOS에 응답해야 할 것입니다.

> 자연이나 국가의 크기는 그에 상응하는 시민정신의 크기와 관대함이 없으면 괴물과 같다.
>
> ―월트 휘트먼

주석

불멸하는 매혹자
뱀파이어와의 인터뷰 vs 렛미인

1) 요시다 아츠히코 외 지음, 하선미 옮김, 『세계의 신화 전설』, 혜원출판사, 2010, 142쪽.
2) 장 마리니 지음, 김희진 옮김, 『뱀파이어의 매혹』, 문학동네, 2012, 49쪽.
3) 앞의 책, 50쪽.
4) 마쓰다 유키마사 지음, 송태욱 옮김, 『눈의 황홀』, 바다출판사, 2008, 321쪽.

살아남기 위해 갇힌 사람들
워킹데드 vs 미스트

1) EBS 지식채널e, 〈두 가지 죽음〉 편.

증식하는 팜므 파탈
토미에 vs 카르멘

1) 다카히라 나루미 지음, 이만옥 옮김, 『여신』, 들녘, 2002, 287~288쪽.
2) 데이비드 거쉬 지음, 서원교 옮김, 『인간적인 그리고 인간적인』, 살림, 2008, 53쪽.
3) 앙리에트 아세오, 『집시 – 유럽의 운명』, 시공사, 2003, 27쪽.
4) 앞의 책, 32~33쪽.
5) 시로, 「공포의 모티브, 한을 품은 처녀귀신」, 《페미니스트 저널 일다》, 2007년 6월 4일.
6) 이명옥, 『팜므 파탈』, 시공아트, 2008, 26쪽.

알파포식자의 재림
기생수 vs 블러드차일드

1) 롭 던 지음, 김정은 옮김, 『야생의 몸, 벌거벗은 인간』, 열린과학, 2012, 208쪽.
2) 데이비드 쾀멘 지음, 이충호 옮김, 『신의 괴물』, 푸른숲, 2004, 6쪽.
3) 앞의 책, 207쪽.
4) 다케루베 노부아키 지음, 임희선 옮김, 『판타지의 주인공들』, 들녘, 2000, 26쪽.
5) 같은 책, 28쪽.
6) 김형근, 「늑대를 멸종시킨 '늑대인간'」, 《사이언스타임즈》, 2013년 8월 22일.
7) 마쓰다 유키마사 지음, 송태욱 옮김, 『눈의 황홀』, 바다출판사, 2008, 176쪽.

오염된 괴물로부터의 메시지

괴물 vs 심슨 가족

1) 한혜원, 『뱀파이어 연대기』, 살림, 2004, 59~60쪽.
2) 스베틀라나 알렉시예비치 지음, 김은혜 옮김, 『체르노빌의 목소리』, 새잎, 2011, 한국어판 서문.

괴물보다 더 괴물 같은

검은 집 vs 노인을 위한 나라는 없다

1) 다카하시 도시오 지음, 김재원 외 옮김, 『호러국가 일본』, 도서출판b, 2012, 75쪽.
2) 이형석, 「괴물, 너 잘 만났다 끝장을 보자」, 《주간동아》, 2012년 6월 18일.

더욱 강해져 돌아온 자본가

드라큘라 vs 킹콩

1) 프랑코 모레티 지음, 조형준 옮김, 『공포의 변증법』, 새물결, 2014, 33쪽.
2) EBS 다큐프라임, 〈자본주의 1부 – 돈은 빚이다〉 편.
3) 프랑코 모레티 지음, 조형준 옮김, 『공포의 변증법』, 새물결, 2014, 37쪽.
4) 수잔 벅모스 지음, 윤일성·김주영 옮김, 『꿈의 세계와 파국』, 경성대학교출판부, 2008, 31쪽.
5) 같은 책, 28쪽.
6) 마크 어빙 외 지음, 박누리 외 옮김, 『죽기 전에 꼭 봐야 할 세계 건축 1001』, 마로니에북스, 2017, 엠파이어스테이트빌딩 편.
7) "Reforming American health care – Heading for the emergency room", 2009년 6월 25일, WASHINGTON, DC, From The Economist.

괴물의 배 속에서 비명을 지르는 사람들

YAHOO vs 황금의 제국

1) 쓰지하라 야스오 지음, 김미선 옮김, 『인명의 세계사』, 창조문화, 2008, 31~32쪽.
2) L. M. 존슨 백비 지음, 김용환 옮김, 『홉스의 〈리바이어던〉으로의 초대』, 서광사, 2013, 5쪽.
3) 같은 책, 25쪽.
4) 김용환, 『리바이어던』, 살림, 2005, 102~103쪽.
5) 리처드 커니 지음, 이지영 옮김, 『이방인, 신, 괴물』, 개마고원, 2004, 64쪽.

우리 괴물을 말해요

1판 1쇄   2018년 8월 13일
1판 2쇄   2019년 5월 13일

지은이   이유리, 정예은
펴낸이   김태형
펴낸곳   제철소
등록   2014년 6월 11일 제2014-000058호
주소   (10882) 경기도 파주시 산남로 157번길 192
전화   070-7717-1924
팩스   0303-3444-3469
전자우편   right_season@naver.com
페이스북   facebook.com/from.rightseason

© 이유리 · 정예은 2018

ISBN 979-11-88343-18-8 03300

이 도서의 국립중앙도서관 출판예정도서목록(CIP)은 서지정보유통지원시스템 홈페이지(http://seoji.nl.go.kr)와
국가자료공동목록시스템(http://www.nl.go.kr/kolisnet)에서 이용하실 수 있습니다.
(CIP제어번호: CIP2018023159)